职业教育高速铁路客运服务专业系列教材

Gaosu Tielu Keyun Fuwu yu Liyi

高速铁路客运服务与礼仪

主　编　韩英莉　范先云
副主编　于金宝　张大伟　王　燕

人民交通出版社股份有限公司
北京

内　容　提　要

本教材是职业教育高速铁路客运服务专业系列教材，以铁路客运乘务工作实际为背景，主要内容包括五部分，分别是服务礼仪基础知识、日常行为礼仪、铁路客运服务礼仪、高铁车站客运服务、动车组列车客运服务。

本教材是高速铁路客运服务专业的专业基础课，也适用于铁道交通运营管理专业，亦可以作为岗前培训教材或在岗职工学习参考。

本教材配套多媒体教学课件等辅助教学资源，任课教师可通过加入"职教铁路教学研讨群"获取（教师专用QQ群号：211163250）。

图书在版编目(CIP)数据

高速铁路客运服务与礼仪/韩英莉，范先云主编
.—北京：人民交通出版社股份有限公司，2021.8
ISBN 978-7-114-16746-1

Ⅰ.①高…　Ⅱ.①韩…②范…　Ⅲ.①高速铁路—乘务人员—礼仪—高等职业教育—教材　Ⅳ.①F530.9

中国版本图书馆CIP数据核字(2021)第028567号

职业教育高速铁路客运服务专业系列教材

书　　名：**高速铁路客运服务与礼仪**
著 作 者：韩英莉　范先云
责任编辑：司昌静
责任校对：孙国靖　宋佳时
责任印制：张　凯
出版发行：人民交通出版社股份有限公司
地　　址：(100011)北京市朝阳区安定门外外馆斜街3号
网　　址：http://www.ccpcl.com.cn
销售电话：(010)59757973
总 经 销：人民交通出版社股份有限公司发行部
经　　销：各地新华书店
印　　刷：北京虎彩文化传播有限公司
开　　本：787×1092　1/16
印　　张：14.625
字　　数：347千
版　　次：2021年8月　第1版
印　　次：2023年8月　第2次印刷
书　　号：ISBN 978-7-114-16746-1
定　　价：45.00元

前　　言

铁路是国民经济大动脉、国家重要基础设施和大众化交通工具，是综合交通运输体系骨干，重要的民生工程和资源节约型、环境友好型运输方式，在我国经济社会发展中的地位至关重要。面对铁路建设的飞速发展，无论是铁路客运职工还是职业院校的学生，学礼、知礼、懂礼尤为重要。大至国与国之间，小至个人与个人之间，都离不开“礼”。

本教材以现行的客运规章、铁路旅客运输服务质量规范为依据，理论与实践相结合，使得教材的内容具有可学性、可操作性、实用性、科学性，突出了职业教育的特点，确保了教材与铁路客运发展的一致性，以深化校企合作，为铁路培养更多、更优的专业技术人才。

本教材得到了中国铁路沈阳局集团有限公司客运部的大力支持。由中国铁路沈阳局集团有限公司客运部韩英莉、吉林铁道职业技术学院范先云担任主编，中国铁路沈阳局集团有限公司长春客运段于金宝、中国铁路沈阳局集团有限公司吉林客运段张大伟、中国铁路沈阳局集团有限公司王燕任副主编。参加编写的人员还有吕冰、李胜、孔繁冬、刘静静。

由于编者水平有限，书中难免有疏漏之处，敬请读者指正。

作　者

2020 年 8 月

目　录

项目一　服务礼仪基础知识

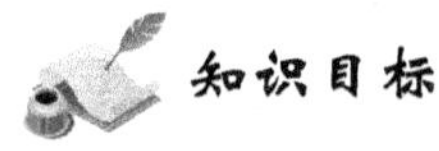

知识目标

1. 掌握礼仪的含义及分类。
2. 了解礼貌、礼节、仪式三者之间的关系。
3. 掌握礼仪的功能及作用。
4. 掌握铁路客运服务礼仪的重要性。
5. 掌握铁路客运服务礼仪应遵循的原则。
6. 了解仪表美的基本要求。
7. 熟知男士仪表的相关要求。
8. 熟知女士仪表的相关要求。
9. 掌握面部仪态(目光、微笑)的基本技巧与要领。
10. 掌握静态仪态(站姿、坐姿)的基本要求与禁忌。
11. 掌握动态仪态(行姿、蹲姿、鞠躬、手势、握手)的标准动作及相关要求。
12. 了解铁路客运人员在服务中的仪态标准。

能力目标

1. 能够依据服务礼仪的各种规范,提高自身的礼仪素养,塑造个人的形象和气质。
2. 能够将铁路客运服务礼仪运用到实际工作中去,与旅客进行顺畅沟通、协调,为旅客提供优质服务。
3. 明确服务礼仪在工作职场中所带来的影响力,为做好服务工作奠定基础。
4. 能够展现仪表美。
5. 能根据自身的特点修饰自己的仪容。
6. 掌握各种仪态的基本要领、标准要求及禁忌规定。
7. 能够提高自身的素质、修养、气质和形象。
8. 通过学习能够准确运用铁路客运服务礼仪,为将来从事服务行业工作打下坚实的基础。

单元 1.1　服务礼仪基本理论

单元导航

人类的一切活动不仅受自然规律的影响和制约,同时也受社会规律及由社会规律所决定的各种社会规范的影响和制约。除道德规范和法律规范外,还有一个非常重要的规范,即礼仪规范。礼仪规范不但关乎他人,同时也塑造自己。当你向别人表达尊敬时,同样也会得到别人的尊敬。

礼仪源于各个民族,是在社会、国家长期发展过程中逐步形成的,是人们社会交往活动应遵守的行为规范与准则,是礼节、礼貌、仪表、仪式等的总称。礼仪有着丰富而复杂的内涵。在我国古代,“礼”和“仪”是两个概念。现在常说的礼仪是指现代礼仪。

铁路客运部门是窗口单位,铁路客运服务人员作为窗口服务的“第一人”“第一张脸”“第一形象”,服务水平的高低直接影响旅客对客运服务的满意度。铁路客运服务人员不仅是铁路运输企业的形象代言人,同时还是礼仪文化的宣传者。

案例导学

“曾子避席”出自《孝经》,是一个非常著名的故事。曾子是孔子的弟子。有一次他在孔子身边侍坐,孔子问他:“以前的圣贤之王有至高无上的德行、精要奥妙的理论,用来教导天下之人,人们就能和睦相处,君王和臣下之间也没有不满,你知道它们是什么吗?”曾子明白老师孔子是要指点他最深刻的道理,于是立刻站起来,走到席子外面,恭敬地回答道:“我不够聪明,哪里能知道,还请老师把这些道理教给我。”

“避席”是一种礼仪,当听到老师要向自己传授道理时,曾子站起身来,走到席子外向老师请教,是为了表示对老师的尊重。“曾子避席”的故事被后人广为传诵。

相关知识

一、礼仪的含义

中国素有“礼仪之邦”之称。“礼”是中国传统文化的核心,是指人的心理态度,展示自身修养,满足自身心理需求的处世观念;“仪”是指人的行为习惯,待人接物、社会交往的标准化行为。

(一)我国古代礼仪的含义

我国古代礼仪有很多含义,其中“三礼”是指《周礼》《仪礼》《礼记》。

1.《周礼》

《周礼》把“礼”分为吉礼、凶礼、军礼、宾礼和嘉礼,合称“五礼”。

(1)吉礼

古人祭祀意在祈求吉祥,所以祭祀的礼仪叫吉礼。吉礼的范围很广,包括祭祀天神、地祇、人鬼三大类。

(2)凶礼

凶礼是指有关哀悯、吊唁、忧患的典礼,大多是在发生不幸事件之后,用以祈求和平和减轻灾祸。主要包括丧礼和荒礼两大类。

(3)军礼

军礼是指有关军事活动的礼仪,包括用兵征伐、均土地和征赋税、定疆封土等活动中的礼仪。

(4)宾礼

宾礼是指天子接见诸侯、宾客,以及各诸侯国之间相互交往时的礼仪。后将外来使者朝贡、觐见及相见之礼等也归入宾礼。

(5)嘉礼

嘉礼是饮食、婚冠、宾射、燕飨、脤膰、贺庆之礼的总称。“嘉”是善、好的意思。婚冠礼是嘉礼的核心。所谓冠礼,是指古代男子在20岁时的成年礼。古代男子加冠后就被认为已成年,从此有“执干戈以卫社稷”等义务,同时也就有了娶妻生子等成年男子所拥有的权利。冠礼的主体部分是三次加冠,每次愈尊,隐喻冠者德行与日俱增。

2.《仪礼》

《仪礼》是我国现存最早的记载上古礼仪程式的典籍。

3.《礼记》

古人把解释经典的文字称为“记”,《礼记》就是对《仪礼》的经典解释。

(二)现代礼仪

礼仪是一个复合词,由“礼”和“仪”两部分组成。在现代社会中,礼仪是人们在平等互敬的基础上进行交往时用以规范行为、沟通思想、交流情感、促进了解的重要形式,是人的道德修养和文明程度的外在表现,是建立和谐有序社会的重要保障。

从广义的角度讲,礼仪是人们在社会交往活动中形成的行为规范与准则,是礼节、礼貌、仪表、仪式等的总称。礼仪涉及社会、道德、习俗、宗教信仰等方面,是个人或社会整体文明程度的一种外在表现。

从狭义的角度讲,礼仪是指国家、政府机构或人民团体、企业机构在某种正式活动和一定环境中采取的行为、语言规范;是指在较大或较隆重的正式场合,为表示对接待对象的尊重所举行的合乎社交规范和道德规范的仪式;是社会交往中在礼遇规格、礼宾次序等方面应遵循的礼貌、礼节要求,一般通过集体的规范仪式和程序行为来表示。

礼仪不是随意制定的,是人们在人际交往中以一定的约定俗成的程序、方式表现的律己、敬人的过程,涉及穿着、交往、沟通、情商等方面的内容。这种律己、敬人的行为规范,从个人修养的角度来看,是一个人内在素质和修养的外在表现;从道德的角度来看,是为人处世的行为规范和行为准则;从交际的角度来看,是一种交往的方法和技巧;从民俗的角度来看,是沿袭下来的待人接物的习惯做法;从审美的角度来看,是人的心灵美的具体表现。

礼仪是人类为维系社会正常生活而要求人们共同遵守的最起码的道德规范,它是人们在长期共同生活和相互交往中逐渐形成,并且以风俗、习惯和传统等方式固定下来的。对于个人来说,礼仪是一个人的思想道德水平、文化修养、交际能力的外在表现;对于社会来说,礼仪是一个国家、社会文明程度、道德风尚和生活习惯的反映。礼仪是我们在生活中不可缺少的一种能力。

当我们用礼仪这把尺子衡量他人的时候,他人也同样用这把尺子衡量我们。礼仪其实就是“敬人、律己”,要从自我做起。“礼”在内,“仪”在外,“礼”是做人的根本,“仪”是行事的方略。

二、礼仪的种类

我国是历史悠久的文明古国,几千年灿烂的文化,形成了高尚的道德准则和完整的礼仪规范,被世人称为“礼仪之邦”,礼仪文化源远流长。

(一)中国传统礼仪分类

1. 行走之礼

在行走过程中同样体现人际关系的处理,因此有行走的礼节。古代常行“趋礼”,即地位低的人在地位高的人面前走过时,一定要低头弯腰,以小步快走的方式对尊者表示礼敬。

在传统行走礼仪中,还有“行不中道,立不中门”的原则,即走路不可走在路中间,应该靠边行走;站立不可站在门中间,既表示对尊者的礼敬,又可避让行人。

2. 见面之礼

人们日常见面既要态度热情,也要彬彬有礼。与不同身份的人相见,有不同的规矩。比如一般性的打招呼,在传统中为行拱手礼(图 1-1)。

拱手礼是我国古代最普通的见面礼仪,方式是双手合抱(一般右手握拳在内,左手加于右手之上)举至胸前,立而不俯,表示一般性的客套。如果是去做客,在进门与落座时,主客相互行礼谦让,行的是作揖之礼,称为“揖让”。作揖同样是两手抱拳,拱起再按下去,同时低头,上身略向前屈(图 1-2)。

图 1-1　拱手礼

图 1-2　作揖礼

作揖礼在日常生活中为常用礼仪。除了上述社交场合外,向人致谢、祝贺、道歉及托人办事等也常行作揖礼。身份高的人对身份低的人回礼也常行作揖礼。传统礼仪中对至尊者还有跪拜礼,即双膝着地,头、手有节奏触地叩拜,即所谓叩首。现如今跪拜礼只在偏远乡村的拜年活动中能够见到,一般不再施行。在当今社会,人们相见时一般习用西方社会传入的握手礼。

3. 入坐之礼

在传统礼仪中,坐席亦有主次尊卑之分,尊者上坐,卑者末坐。不同身份坐不同位置是有一定规矩的,如果自己不能把握,最好的办法是听从主人安排。室内座次以向东为尊,即贵客坐西席上,主人一般在东席作陪。年长者可安排在向南的位置,即北席。陪酒的晚辈一般在向北的位置,即南席。入坐的规矩是,饮食时人体尽量靠近食案,非饮食时身体尽量靠后,所谓“虚坐尽后”。有贵客光临时,应该立刻起身致意。

4. 饮食之礼

饮食礼仪在中国文化中占有极其重要的位置。先秦时期,人们“以飨燕之礼亲四方宾客”。古代聚餐会饮常常是一幕幕礼仪话剧。迎宾的宴饮称为“接风”“洗尘”，送客的宴席称为“饯行”。宴饮之礼无论迎送都离不开酒品，“无酒不成礼仪”。宴席上饮酒有许多礼节，客人需待主人举杯劝饮之后，方可饮用。所谓“与人同饮，莫先起觞”。客人如果要表达对主人盛情款待的谢意，也可在宴饮中举杯向主人敬酒。

在进食过程中，同样先有主人执筷劝食，客人方可动筷。所谓“与人共食，慎莫先尝”。古代还有一系列进食规则，如“当食不叹”“共食不饱，共饭不泽手”“毋投骨于狗”等，主客相互敬重，营造和谐进食、文明进食的良好氛围。

5. 拜贺庆吊之礼

中国自古就是一个人情社会，人们相互关怀、相互体恤，在拜贺庆吊中有许多仪礼俗规。拜贺礼一般行于节庆期间，是晚辈或低级地位的人向尊长的礼敬，同辈之间也有相互拜贺，如古代元旦时的官员朝贺、民间新年的拜年之礼。行拜贺礼时，不仅态度要恭敬，口诵贺词，俯首叩拜，同时也得有贺礼奉上。庆吊之礼主要行于人生大事时。人的一生要经历诞生、成年、婚嫁、寿庆、病亡等若干阶段，围绕着这些人生节点，形成了一系列人生礼仪。子孙繁衍是家族大事，诞生礼自然隆重热闹。

（二）现代礼仪分类

依据适用对象、适用范围的不同，现代礼仪可分为政务礼仪、商务礼仪、服务礼仪、社交礼仪和涉外礼仪等几大类。

1. 政务礼仪

政务礼仪亦称国家公务员礼仪，是指国家公务员在执行国家公务时所应遵守的礼仪。

2. 商务礼仪

商务礼仪是指企业的从业人员以及其他一切从事经济活动的人士，在经济往来中应遵守的礼仪。

3. 服务礼仪

服务礼仪是指各类服务行业的从业人员，在自己的工作岗位上应遵守的礼仪。

4. 社交礼仪

社交礼仪亦称交际礼仪，是指社会各界人士在交际应酬中应遵守的礼仪。

5. 涉外礼仪

涉外礼仪亦称国际礼仪，是指人们在国际交往中，在同外国人打交道时应遵守的礼仪。

三、礼仪与礼貌、礼节、仪式的关系

1. 礼貌

礼貌是礼仪的基础，礼节是礼仪的基本组成部分。换言之，礼仪在层次上要高于礼貌、礼节，其内容更深、更广。它实际上是由一系列具体表现礼貌的礼节所构成，不像礼节只是一种做法，而是一个表示礼貌的、系统的、完整的过程。

礼貌主要是指在社交过程中，通过言语、动作向交往对象表现出的敬重、友善和得体的气度与风范。它体现了时代的风尚与人们的道德品质，体现了人们的文化层次和社会的文明程度。通常所说的礼貌修养好，主要表现为个人对仪表、仪容的适度修饰，较高的涵养，待人接物的彬彬有礼，言谈举止的端庄、优雅等。在日常社会生活中，人们总是会发生这样或那样的矛盾,如果能够讲究礼貌,相互尊重,相互谅解,矛盾就容易得到化解,生活就会充满友好和温馨。在不同的国家、不同的民族,处于不同的时代和不同的行为环境中,表达礼貌的形式会有所不同,但在相互尊重、友好相处这一点上却是相同的,在诚恳、谦恭、和善、适度的要求上也是一致的。讲礼貌的人往往待人谦虚真诚、热情大方、外表整洁、行为举止得体。相反,如果一个人衣冠不整、出言不逊、冷漠自负、动作粗俗,那么他肯定是没有礼貌的。礼貌应当是一个人良好道德品质的真实体现,对人的尊重友好必须是发自内心的,表面虚伪的客套不是礼貌。讲礼貌应当做到彬彬有礼、落落大方,热情过度、过分殷勤、低声下气并不是礼貌。礼貌的思想核心和首要内容就是一种敬人的态度。如铁路客运人员在为旅客服务时,要求"热情周到、礼貌待客""以服务为宗旨,待旅客如亲人",用优质的服务让旅客满意而来、满意而归,这就是铁路运输企业为旅客服务的理念。同时在服务中也必须使用"请""您好""谢谢""对不起""再见"等文明用语,这些都是礼貌在服务过程中的体现。

2. 礼节

礼节是礼仪的具体表现形式,是指人们在社会交往过程中表示尊重、祝颂、迎来、送往、致意、问候等心意时惯用的各种规则和形式。这些形式和规则往往是约定俗成、相沿成习的。如尊重师长,可以通过见到长辈和教师时问安行礼的礼节来体现;欢迎客人的到来,可以通过见到客人时起立、握手等礼节来表示;得到别人的帮助,可以说声谢谢来表示感激的心情。借助这些礼节,对他人的尊重与友好得到了适当的表达。不懂得礼节,在与别人交往时,心中虽有对别人尊重的愿望却无以表达。因此,礼节不单纯是表面上的动作,而是一个人尊重他人的内在品质的外化。礼貌与礼节之间的关系是互为表里的。没有礼节,无所谓礼貌;有了礼貌,则必然伴有相应的礼节。礼节的应用强调的是得体,即根据不同的交际对象和交际场合施以恰当的礼节。铁路旅客运输行业的礼节是铁路客运人员对交往、接待、服务的对象由衷表示欢迎、尊敬、和善与友好的行为方式。比如在为旅客提供服务的过程中,对站姿、行姿、坐姿的基本要求必须达到规定的标准,让旅客感受到铁路运输企业的良好风貌。

3. 仪式

仪式是由一系列具体表现礼貌的礼节构成的,通常是指围绕一定主题所举行的具有某种专门规定的程序化行为规范的活动,场合一般较大且较隆重,以表示重视、尊重和敬意,如升旗仪式、庆祝典礼、签字仪式等。与仪式相比,礼节只是表示礼貌的一种做法,而仪式则是表示礼貌的系统、完整的过程,但是它们之间的关系是一环扣一环的。

礼貌侧重表现人的品质和素养,它的核心是尊重他人的一种态度,是礼节的基础,从社会学的角度讲,是人的行为的一种道德规范。它决定一个人待人处世的基本行为倾向,较之礼节更为根本。礼貌只是大致指出人的行为方向和轮廓,并不具体规定和说明人的行为方式和方法。从这个角度来讲,礼貌还是比较抽象的。礼节则体现礼貌的行为细节,尊敬他人的态度要以相应的礼节配合才能体现出来。两者之间的关系实为内容与形式的关系。仪式主要是作为一种集体性的社交活动形式来说的,在仪式中对礼貌、礼节又有不同的要求。三者之间既有联系又有区别,也都有各自的特点及内容。

总之,礼仪不仅是一种形式,而且是一个人、一个集体乃至一个国家精神文明的象征。

它是道德的一种外在表现形式。人类社会要发展、要进步，就必须弘扬、推行礼仪。我们必须具备良好的礼仪素养，使自己的言行举止符合礼仪的要求，展现良好的精神面貌。

四、礼仪的功能和作用

（一）礼仪的功能

“读书是学习，使用也是学习”，学习的目的在于会运用。礼仪之所以被人们所提倡、所认可，被人们所普遍重视，是因为它具有很重要的功能，是人际关系的调节器和润滑剂，不但有利于个人，同时还有利于社会。礼仪主要有以下几个方面的功能。

1. 约束功能

有人说“礼仪是一种约束”，也有人说“礼仪是一种享受”。礼仪是令你所处的环境更令人愉悦呢？还是会影响到别人？你怎么看待？比如道德，要辩证地看待它，一点点的约束带来更多的自由，肯定是好的。礼仪作为一种约定俗成的行为规范，一旦形成，对人们的行为就形成了一种强大的约束作用。如果谁违反了这一规范，就会被视为没有礼貌。比如在一个非常严肃的会议上，要求所有人的手机都设置成静音或者振动模式，而有人就没有这样做。当会议进行时，会议室内一片安静，突然响起手机铃声，会被认为是极不礼貌的、不尊重他人的表现。

2. 协调功能

人是社会关系的总和，在人际交往中，维系人际之间沟通与交往的礼仪，是人类社会关系中极为重要的关系。社会有很多规范，虽然发生作用的方式及渠道不同，但是由于受教育程度不同、成长环境不同，再加上职业、年龄、性别等方面的差异，在人际交往中人的价值取向亦有所不同。

在人际交往中，人们在行为方式上往往不同程度地带有“利己排他”的倾向，为了维护自身利益，可能会造成交往双方发生不同程度的矛盾和冲突。这时礼仪的原则和规范就会约束彼此的动机，指导人们立身处事的行为方式，从而更好地协调人与人之间的关系，使人们在相互理解、相互尊重的前提下和睦相处，维护良好的社会秩序和人际关系。

礼仪规范已经渗透到生活的方方面面。可以说，缺少礼仪规范的社会是不和谐、不稳定的社会。社会上人人讲礼、习礼、用礼，就能够净化和提升社会风气，也是和谐社会的直接体现。一个社会进步还是落后，文明还是野蛮，通过礼仪这个窗口就能够判断出来。越进步、越文明的社会越讲究礼仪。

3. 教化功能

对个人来说，礼仪是思想道德水平、文化修养、交际能力的外在表现；对社会来说，礼仪是一个国家社会文明程度、道德风尚和生活习惯的反映。礼仪是人类为维护社会正常生活而要求人们共同遵守的最起码的道德规范。它是在人们长期共同生活和相互交往中逐渐形成的。重视开展礼仪教育已成为道德实践的一个重要内容。礼仪作为一种道德行为规范，对社会中的每名成员都起着潜移默化的影响作用。

礼仪教育内容涵盖社会生活的方方面面。从内容上看，有仪容、仪态、举止、行为、表情、服饰、待人接物等；从对象上看，有个人礼仪、待客礼仪、餐桌礼仪、馈赠礼仪等。如今，许多学校把礼仪教育列入了专业素质教育体系，这对提升专业技术人员综合素质意义重大。

（二）礼仪的作用

礼仪的作用具体表现在人际关系和公共关系中。礼仪在公共关系中的地位和作用十分重要，既是社会公德、职业道德的行为规范，又协调着公共关系中的诸多关系。礼仪是在人类历史发展中逐渐形成并积淀下来的一种文化，始终以某种精神的约束力支配着每个人的行为，是适应时代发展、促进个人进步和成功的重要途径。礼仪具体的作用有以下几点。

1. 有助于提高人们的自身修养

在人际交往中，礼仪往往是衡量一个人文明程度的准则。自身修养是一个人在心灵深处的自我认识、自我解剖、自我教育和自我提高的过程后所达到的境界。礼仪不仅反映一个人的交际技巧与应变能力，而且还反映着一个人的气质风度、阅历见识、道德情操、精神风貌等。因此，有道德才能高尚，有教养才能文明。而自身修养作为一种无形的力量，约束着我们的行为。任何一个人只有具有良好的个人修养，才会被人们所尊重。当然，自身修养的内容并不是一成不变的，而是随着社会的发展和人生实践活动的深入变得更加丰富多彩。学习礼仪、运用礼仪、理论与实践相结合，才能有助于提高个人的修养与文明程度。

2. 有助于良好的人际沟通

不同群体的集合构成社会，而群体又是由多个个体汇合而成，个体的差异性是绝对的，如性别、年龄、贫富、尊卑等。人与人之间应该做到相互理解、相互尊重、和谐相处。而礼仪是社会交往的润滑剂，通过沟通了解增进友谊，让人与人之间的相处更加融洽。

3. 有助于美化自身美化生活

个人形象是一个人仪容、仪态、举止、服饰、教养的集合，因此，学习礼仪、更好地运用礼仪，就是让人们更好地、更规范地设计和维护个人形象，展示个人的良好教养和优雅风度。当每个人都重视美化自身，以礼相待、真诚相处时，人与人之间将会更加和睦友好，人们的生活将变得更加美好温馨。

4. 有助于促进社会交往，改善人际关系

古人说："世事洞明皆学问，人情练达即文章。"这句话讲的其实就是交往的重要性。人与人之间只要打交道，就必须讲礼仪，更好地运用礼仪，这样才能够帮助人们规范彼此的交际活动，更好地向交往对象表达自己的尊重与敬佩、友好与善意，增进彼此之间的了解与信任，才能使礼仪更好地传承。

5. 有助于净化社会风气，推进社会主义精神文明建设

一个人的教养能够反映出这个人的素质高低，素质又体现于生活中的每个细节，是人类文明的标志之一。一个人、一个企业、一个国家的礼仪，能反映出这个人、这个企业、这个国家的文明水平和整体素质。荀子曾说过："人无礼则不生，事无礼则不成，国家无礼则不宁。"

五、铁路客运服务礼仪

（一）铁路客运服务礼仪的重要性

1. 服务礼仪是提高铁路运输企业服务水平和服务质量的重要手段

铁路运输企业的服务理念是"以服务为宗旨，待旅客如亲人"。服务质量是企业管理水平的综合反映，服务质量的优劣是判断企业管理水平的重要标志。服务质量提高了才能吸

引更多的旅客,原有的服务水平已经不适应现代铁路的发展需要,提高服务质量势在必行。随着高速铁路的修建、动车组列车的普及,在一定程度上加强客运服务人员服务礼仪的培训已成为铁路客运工作不可缺少的一部分。通过培训提高客运服务人员的自身素质,可以为铁路客运工作奠定良好的基础。

2.服务礼仪是铁路运输企业赢得市场竞争的重要筹码,是增强企业竞争力的重要环节

铁路是国民经济大动脉、国家重要基础设施和大众化交通工具,是综合交通运输体系骨干,重要的民生工程和资源节约型、环境友好型运输方式,在我国经济社会发展中的地位至关重要。随着航空、公路运输的激烈竞争,如何赢得市场是现代铁路发展面临的新问题。要赢得市场,必须提高铁路运输服务质量。这就要求铁路企业必须加强职工的服务礼仪培训,要使职工真正"待旅客如亲人",用真心、诚心、热心满足旅客的需求,赢得更多的旅客。

3.服务礼仪是铁路运输企业塑造良好形象的有力工具

在交通运输体系中,航空企业在服务礼仪方面一直起着表率作用。中国国际航空公司依据"用心服务"的理念开展了"四心服务"工程。这"四心"就是要让旅客放心、顺心、舒心和动心,即:以安全的飞行确保让旅客放心;以保证购票、登机等方面的无障碍让旅客顺心;以空乘服务员的美丽、温婉让旅客舒心;以用心用情的真诚服务让旅客动心。作为铁路运输企业,要对旅客做到"三要、四心、五主动"。其中,"三要"即接待旅客要文明礼貌,纠正违章要态度和蔼,处理问题要实事求是;"四心"即迎接旅客热心、解答问题耐心、接受意见虚心、工作认真细心;"五主动"即主动迎接旅客、主动征求旅客意见、主动介绍旅行常识、主动扶老携幼、主动解决旅客困难。对待重点旅客(老、幼、病、残、孕)做到"三知三有"。"三知"即知到站、知坐席、知困难;"三有"即有服务、有登记、有交接。这样才能以优质的服务、亲切的话语、体贴的照顾,在市场竞争中赢得更多的旅客,为铁路企业创造更多的价值。

(二)铁路客运服务礼仪应遵循的原则

1."旅客至上"原则

有句话说得好:"旅客就是我们的衣食父母。没有了衣食父母,我们就得到处找工作。"所以做好服务工作是铁路运输企业的重中之重,必须牢固树立"旅客至上"的理念。世界著名企业万豪集团的创始人约翰·威拉德·马里奥特先生提出的"顾客永远是对的"这句箴言改变了世界的服务理念。在铁路旅客运输服务过程中,转变思想观念尤为重要,应当把旅客当成我们的亲人和朋友来对待,热情地为他们服务,解决他们在旅途中的困难,让他们感受到列车大家庭的温暖。

2."用心服务"原则

不同的旅客有着不同的需求,铁路客运服务人员应根据旅客的实际需求提供相应的服务。铁路客运服务人员每天要接待数以万计、形形色色的旅客,尤其是在春运、暑运、节假日期间,出行的旅客人数成倍增加,工作量翻倍,非常劳累。然而无论怎样,铁路客运服务人员都应该时刻牢记自己的职责,始终保持最佳的服务状态,用心地服务好每位旅客,养成良好的职业习惯。只有这样才会获得旅客的认可与肯定。

3."持之以恒"原则

铁路客运部门是服务窗口单位,做好服务工作是每位铁路客运服务人员的职责。既然是服务行业,就应该规范自己的言谈举止,文明礼貌地为旅客服务。铁路客运服务礼仪是规

范化服务的重要内容之一,每名铁路客运服务人员都应接受服务礼仪系统培训。同时要善于保持心理平衡,持之以恒。这样才能将职业要求逐步转化成职业习惯,在服务旅客时让旅客满意而来、满意而归。

技能练习

(1)5名学生一组,结合自己的学习和生活,谈谈提高自身素养的方法。

(2)6名学生一组,模拟练习拱手礼,掌握拱手礼的基本动作要领以及在什么情况下使用拱手礼。

(3)6名学生一组,模拟练习入座之礼,不同的学生扮演不同的身份进行模拟演练。

(4)6名学生一组,模拟练习饮食之礼,不同的学生扮演不同的身份进行模拟演练。

(5)5名学生一组,结合理论和实际,谈谈服务礼仪在生活中的重要性。

(6)5名学生一组,思考总结作为一名铁路客运服务人员,如何提高服务质量才能赢得更多旅客的认可。

课后习题

一、填空题

1. 中国素有__________之称,"礼"是中国传统文化的核心。

2. 中华礼仪的根基,是人内在的__________,只有在内心建立起"德"的根基,外在的规范言行才是真正意义上的__________。

3. 男子加冠后就被认为已成年,从此有__________等义务,同时也就有了娶妻生子等成年男子所拥有的权利。

4.《周礼》把礼分为吉礼、__________、__________、__________和嘉礼,合称"五礼"。

5. 有关军事活动的礼仪称为军礼,包括__________、__________、__________等活动中的礼仪。

6. 古人把解释经典的文字称为__________,《礼记》就是对《仪礼》的经典解释。

7. 中国传统礼仪分为__________、__________、__________、__________、__________。

8. 在古代餐饮四面坐时,室内最尊的座次是坐__________面__________,其次是坐__________面__________,再次是坐南面北,最卑是坐东面西。

9. 礼仪的功能有__________、__________、__________。

10. "曾子避席"出自__________。

11. 铁路客运服务礼仪应遵循的原则有__________、__________、__________。

二、选择题

1. 儒家所说的"乐"是指具有(　　)作用的德音雅乐。

A. 道德教化　　B. 思想教化　　C. 教化　　D. 品质教化

2."三礼"指(　　)。

A.《周礼》　B.《仪礼》　C.《礼记》　D.《曲礼》

3.有关哀悯、吊唁、忧患的典礼称为凶礼,大多是在发生不幸事件之后,祈求和平和减轻灾祸的礼仪,主要包括(　　)和(　　)两大类。

A.丧礼　B.宾礼　C.荒礼　D.吊礼

4.(　　)是嘉礼的核心。

A.丧礼　B.婚礼　C.婚冠礼　D.宾射

5.礼仪是人们在社会交往活动中形成的行为规范与准则,是(　　)等的总称。

A.礼节　B.礼貌　C.仪表　D.仪式

6.下列不属于现代礼仪的是(　　)。

A.政务礼仪　B.商务礼仪　C.服务礼仪　D.作揖礼

7.我国现存最早的记载上古礼仪程式的典籍是(　　)。

A.《周礼》　B.《仪礼》　C.《礼记》　D.《论语》

8.嘉礼是饮食、(　　)、宾射、(　　)、脤膰、贺庆之礼的总称。

A.婚礼　B.婚冠　C.燕飨　D.吊唁

9.吉礼的范围很广,包括祭祀天神、地祇、(　　)等三大类。

A.人鬼　B.魔鬼　C.魔兽　D.恶鬼

10."礼"在内,"仪"在外,"礼"是做人的根本,(　　)是行事的方略。

A.礼　B.仪　C.貌　D.样

11.入坐的规矩是,饮食时人体尽量靠近食案,非饮食时,身体尽量靠后,所谓(　　)。

A.实坐尽前　B.虚坐尽后　C.虚坐尽右　D.实坐尽左

三、判断题

1.《仪礼》是我国现存最早的记载上古礼仪程式的典籍。(　　)

2.古人把解释经典的文字称为"礼记",《礼记》就是对《仪礼》的经典解释。(　　)

3.凶礼是指有关悲伤、吊唁、忧患的典礼。(　　)

4.所谓冠礼,是指男子在18岁时的成年礼仪。(　　)

5.冠礼的主体部分是三次加冠。(　　)

6.礼仪其实就是"律人、律己",要从自我做起。(　　)

7.古代常行"趋礼",即地位低的人在地位高的人面前走过时,一定要低头弯腰,以小步快走的方式对尊者表示礼敬。(　　)

8.拱手礼是最特殊的见面礼仪,方式是双手合抱,举至腹前,立而不俯,表示一般性的客套。(　　)

9.拜贺礼一般行于节庆期间,是晚辈或低级地位的人向尊长的礼敬,同辈之间也有相互拜贺。(　　)

10."程门立雪"出自《孝经》。(　　)

四、简答题

1.何为礼仪?

2.中国传统礼仪的种类有哪些?

3. 现代礼仪根据适用对象、适用范围是如何进行分类的？
4. 简述礼仪与礼貌、礼节、仪式之间的关系。
5. 礼仪的功能是什么？
6. 礼仪的作用是什么？
7. 铁路客运服务礼仪的重要性是什么？
8. 铁路客运服务礼仪应遵循的原则是什么？

单元 1.2　服务人员仪表礼仪

单元导航

仪表是人的内在和外在的综合体现，外在的体现包括人的形体、容貌、健康状况、姿态、举止、服饰、风度等方面，是人举止风度的外在表现。得体的仪表反映着人们的修养和审美观，是人际交往活动的有力武器。人们常常将仪容仪表并重，强调的是一个人容貌、服装等的修饰。恰当的着装与修饰，不仅可以改善人们的外表形象，更是人们社会交往的第一张名片。仪表在人际交往中决定着人们给别人的第一印象。在社会交往中，注重外表修饰不仅可以展示人们良好的形象、精神和修养，同时也是尊重交往对象的重要表现。所以，仪表礼仪是铁路客运服务人员首先要学习的内容。一个讲究仪表的人不仅能给他人留下良好的印象，也容易赢得他人的信赖。

案例导学

一位40多岁的优雅母亲领着她的儿子走进某著名企业总部大厦楼下的花园，并在一张长椅上坐下来吃东西。不一会儿，母亲往地上扔了一张废纸。不远处有个老人正在修剪花木，他什么话也没说，走过去捡起废纸，把它扔进一旁的垃圾箱里。

过了一会儿，这位母亲又扔了一张废纸，老人再次走过去把废纸捡起来扔到了垃圾箱里。就这样，老人一连捡了三次。

这位母亲指着老人对她的儿子说："看见了吧，你如果现在不好好学习，将来就跟他一样没有出息，只能做这些简单的工作。"

老人听后放下剪刀走过来说："您好，这里是集团的私家花园，您是怎么进来的？"中年妇女高傲地说："我是刚应聘来的部门经理。"

这时一名男子匆匆走过来，恭恭敬敬地站在老人面前，对老人说："总裁，会议马上就要开始了。"老人说："我现在提议免去这位女士的职务！"这名男子马上回答："是，我立刻按您的指示去办！"

老人吩咐完后径直朝小男孩走去，伸手抚摸了一下男孩的头，意味深长地说："我希望你明白，在这个世界上最重要的是学会尊重每个人和每个人的劳动成果……"

这位母亲被眼前骤然发生的事情惊呆了，一下子愣坐在长椅上。她如果知道这位老人是总裁，一定不会做这种无理的事。可是她做了，还是在总裁面前做的。

尊重每个人，不以身份高低区别对待，是一种风度。风度是装不出来的，总会暴露出人们真实的一面。

财富不是一辈子的朋友，学会尊重才是一辈子的财富，才是人生的最高境界。

相关知识

一、仪表美

（一）仪表美概述

仪表堂堂为众人所羡慕，但却并非人人皆能如此。仪表美不仅来自先天的生理条件，而且来自后天的自我塑造、美化与修养。仪表美之所以吸引人，是因为它涵盖了人作为社会人全部的美，将人的内在美与外在美有机统一。

仪表是指人的外表，是一个人的精神面貌、内在素质的外在表现。仪容是仪表的重要组成部分，主要指一个人的容貌。铁路客运服务人员服务于旅客，注重个人仪容仪表，对建立良好的个人形象有着重要的作用。因为个人仪容仪表不只反映一个人的精神面貌，同时也代表着中国铁路企业的形象。一个人的仪容仪表，不单是由其先天的生理条件决定，也不仅仅是穿戴和修饰的问题，还与他的道德品质、思想修养、文化素质、生活情调等密切相关。

爱美是人的天性，追求仪表美是人们热爱生活的重要表现。随着人类社会文明程度的不断提高，追求仪表美越来越成为人们的一种共识。人们通常用仪表端庄、举止文雅、风度翩翩等来赞扬一个人的仪表美。仪表美使人赏心悦目，能赢得人们的喜爱和欢迎，所以大家一定要注重体现自己的仪表美。

（二）仪表美的内涵

仪表美是一个综合概念，应当包括以下三个层次的含义。

①仪表美是指人的容貌、形体、体态等的协调优美。

先天的生理因素（如身材匀称、五官端正、天生丽质……）是仪表美的基本条件。

②仪表美是指经过修饰打扮及后天环境的影响形成的美。

天生丽质并不是每个人都能够具备的先天条件，而仪表美却是每个人都可以去追求和创造的。即使天生丽质，也需要用一定的形式表现出来。无论一个人的先天条件如何，都可以通过化妆、服饰、外形设计等多种方式使自己拥有仪表美。

③仪表美是一个人美好高尚的内心世界和蓬勃旺盛的生命力的外在体现，这是仪表美的本质。

真正的仪表美是内在美与外在美的和谐统一。一个人即使有良好的先天条件，如果没有道德、情操、智慧等内在美作为基础，那么也只是有一种肤浅的外在美，缺少丰富而又有深刻内涵的美，在他人面前无法产生长久的引人注目的魅力。因此，一个人的仪表美是其内在美的一种自然展现。

（三）仪表美的重要性

在现代社交活动中，注重仪容仪表已经是一个不容忽视的问题。塑造良好的自我形象，能产生意想不到的社交效果，具有非常重要的意义。

1. 仪表美可以给人留下良好的第一印象

在社会交往中，人们首先是通过仪表开始相互认识的。比如应聘工作面试时、踏入职场初次上班时、出席会议初次邂逅与会者时、初次拜访亲朋好友时，我们无不希望经过精心打扮的自己能给别人留下一个美好的第一印象，从而顺利地打开人际交往的第一扇大门。心理学家把这种效应叫作“第一印象效应”。

在最初的交往中，仪表往往比一个人的档案、介绍信、证明、文凭等的作用更直接，更能产生直接效果。所以，外表给人的第一视觉印象常常会使人形成一种特殊的心理定势和情绪定势。修整得体的仪表能够给人留下深刻的印象，无形地左右着人们相互交往的进展与深度。从这个意义上说，仪表美是社交活动的“通行证”，是最权威的“介绍信”。

2. 仪表美是自尊自爱的需要

衣冠不整、不修边幅，会被认为是作风拖沓，生活懒散，社会责任心和责任感不强，难以得到人们的信任和认可。一个热爱生活、工作作风严谨、有理想有梦想的人，会注重自己的仪表。所以仪表端庄大方、整齐美观，不但能体现一个人的精神面貌，也是自尊自爱的表现。仪表美还体现了一种安全感，一种认真的作风，一种自信、热情、向上的精神面貌。

3. 仪表美是尊重他人的要求

注重仪表是讲究礼节、礼貌的表现，是对他人的一种尊重。仪表美使铁路客运服务人员与旅客之间无论是在思想上，还是在感情上更容易沟通和协调，在工作上能够和旅客更好交流，从而增进相互之间的了解和友谊。同时，仪表美在一定程度上也起到调节客运服务人员与旅客之间的关系，满足旅客在旅途中的需要的作用。

4. 仪表美是体现企业管理水平和服务水平的需要

作为一名铁路客运服务人员，应该时刻注意自己的仪容仪表，因为它不仅代表着一个人的形象，更重要的是代表铁路运输企业的形象。铁路客运服务人员每天接触形形色色、各行各业的旅客，其仪表美会产生积极的宣传效果，给旅客留下良好的印象。铁路客运服务人员的仪容仪表也能反映出铁路运输企业的管理水平和服务质量。特别是在与民航和公路客运企业的激烈竞争下，要想紧跟时代的步伐，必须提供优质、热情的服务，再加上美观整洁、端庄大方的仪容仪表，才能给旅客留下美好的印象，有利于服务质量的提高。

（四）仪表美的基本要求

仪表是一个人精神面貌、内在气质的外在表现，对仪表美的具体要求包括：容貌端正、举止大方、行为端庄、态度诚恳、待人亲切、热情友好、服饰整洁、着装得体、彬彬有礼、面带微笑、诚实守信（图 1-3）。总体要求可以概括为以下几点。

1. 要追求秀外慧中

仪表美必须是内在美与外在美的和谐统一。要想有美的仪表，必须从提高一个人的内在素质入手。没有文明礼貌、文化修养、知识才能等内在因素作为基础，所有外在的容貌、服饰、举止等都会被人视作矫揉造作，缺乏美感。

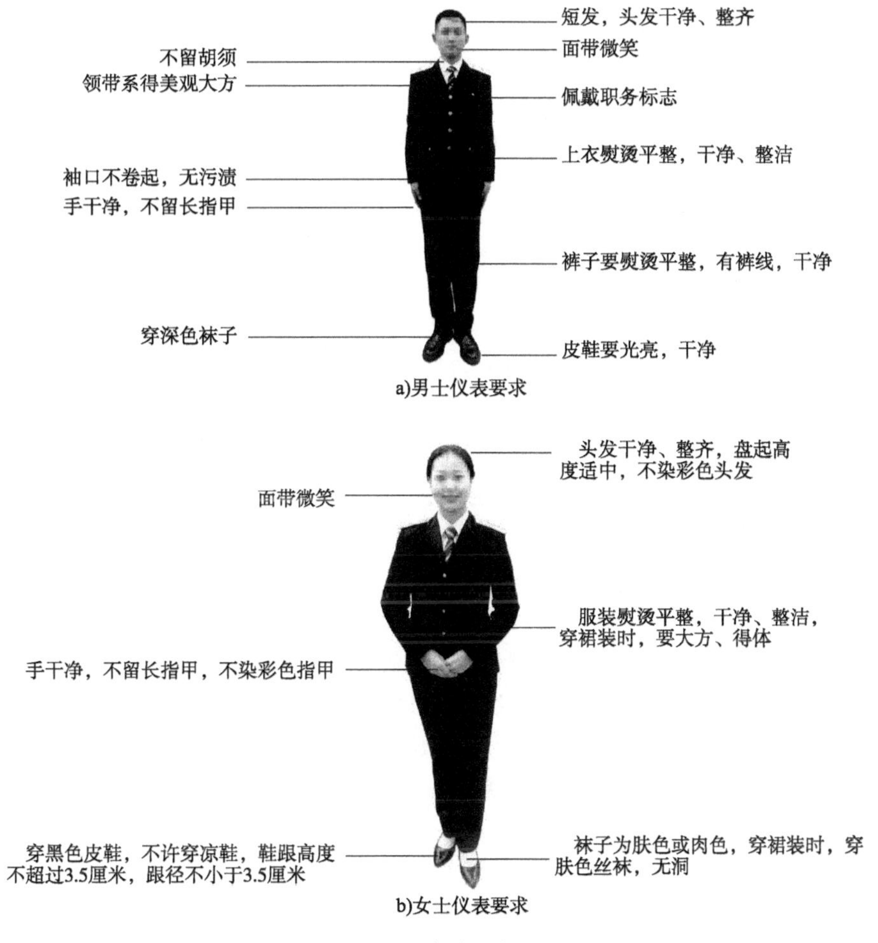

a)男士仪表要求

b)女士仪表要求

图 1-3　仪表要求

2.要强调整体效果

仪表美应当是整体的美，强调的是整体形象效果。形象佳者容易被人所接纳、所喜欢，形象不佳者常常会遭到冷遇；形象佳者每每能化险为夷，形象不佳者往往会举步维艰、困难重重。同样，通透的皮肤、端正的五官，令人赞叹；修长的身材、优美的线条，让人羡慕；时髦的服装、精美的饰品，更使人增加几分姿色。但某一局部的美不等于仪表美，而且过分突出某一局部的美，会使美变得支离破碎，破坏整体的和谐。一味追求面面俱到的美，也会使美失去平衡。所以不要去模仿他人，要有自己独特的美。美是风格，美是和谐，美是设计，仪表美应当是一种独具匠心的和谐的整体美。

3.要讲究个人卫生

要做到仪表美，还必须讲究个人卫生。在与人交往时必须注意仪表的修整与清洁，即使在物质贫乏的年代也有“笑脏不笑破”的讲究。具体应做到以下几点。

①勤洗澡，勤换衣。

②保持口腔清洁，养成刷牙习惯，防止口臭。

③工作前一般不要食用葱、蒜等有刺激性气味的食物。

④工作时间不要浓妆艳抹和佩戴华贵的饰物。

⑤头发要适时梳洗,发型要大方得体,指甲要经常修剪,保持两手的清洁。

以上是仪表美的基本要求。另外还要注意动态仪表的修饰,要面带微笑,这样能够拉进与旅客的距离,受到人们的欢迎。在与人交往的过程中,态度要诚恳,为人要热情友好,谈笑要有节制,对人多一些尊重、宽容、理解和善意。

二、男士仪表

(一)仪容

仪容即容貌,既要修饰,又忌讳标新立异、"一鸣惊人",简练、朴实最好。人们应依照规范与个人条件,对仪容做必要的修饰,扬长避短,设计、塑造出美好的个人形象,在人际交往中尽量令自己显得有备而来、自尊自爱。每个人的仪容都会引起交往对象的特别关注,并影响到对方对自己的整体评价。在个人的仪表问题中,仪容是重中之重。

对于男士来说,适当的容貌修饰还是必要的,但是不能过分。讲究个人卫生是最基本、最简单、最普通的容颜修饰。

1. 头发干净、自然

好形象要从"头"开始。男士的发型、发式标准就是干净整洁,要注意经常修饰、修理。头发不应过长,前部的头发不要遮住眉毛,侧部的头发不要盖住耳朵,后部的头发不要长过西装衬衫领子的上部,头发不要过厚,鬓角不要过长,要勤于梳理,不要给人油光发亮、头屑四散的感觉。中国铁路总公司《铁路旅客列车服务质量规范》中规定:男性不染彩色头发,不留胡须,不留长发,前发不覆额,侧发不掩耳,后发不过领,不剃光头,不留怪形鬓角。

2. 面部清洁、不留胡须

很多男士并不是很喜欢进行面部清洁,觉得太麻烦,但是整个面部的气色却是很重要的,会让自己看起来更清爽,不油腻。男士在进行商务活动的时候,每天要剃须修面,以保持面部清洁。

3. 口腔清洁与卫生

口腔是食物的必经之地。口腔中每一平方厘米就有超过一亿个微生物,其中有好的菌群,也有相当一部分坏的微生物,这是导致口臭的罪魁祸首。它们寄生在牙齿之间和舌头上,在分解食物残渣和唾液的同时,产生难闻的硫化合物。

要保持牙齿清洁,保持口腔清洁卫生,无异味、无异物。早晚认真刷牙,刷牙前先用牙线清理牙缝,刷完牙再清洁一下舌头,因为残留在舌头上的细菌同样会破坏口气。上班前或出席会议、进行访问、参加集会前,不要吃葱、蒜、韭菜等有异味的食物,同时也不要饮酒。

4. 手部清洁与卫生

手是日常工作中使用最频繁的肢体,与人及物品直接接触,又无衣物包裹,所以必须保持洁净。服务工作者更应该注意手部皮肤的保养,不要留长指甲,指甲内不留异物。中国铁路总公司《铁路旅客列车服务质量规范》中规定:不染指甲,不留长指甲(长度不超过指尖2毫米)。

5. 鞋袜清洁与卫生

鞋虽然只占人们服饰的很小一部分,而且处于不为人注目的"最底层",但是一双鞋设计是否合理，造型是否美观，穿着是否舒适干净，不仅关系到人的仪表风度，甚至影响到步履和健康。

很多人从上衣到鞋子都穿得很有品位，一坐下来，在黑色的皮鞋里面却穿一双雪白的袜子，有损个人形象。参加商务活动，要注意鞋袜与整体装束的协调，其颜色至少与皮带、表带保持一致。穿鞋应注意鞋面无尘、鞋底无泥、鞋内无味、鞋垫合适。要勤换袜子和鞋垫。

6. 身上无异味

男性的汗腺比较发达，出汗后身上会产生异味，使人"敬而远之"。大汗刚过的男士如有可能，应换上干净的衣服，再前往公众场所，或注意与他人保持一定距离，还可在腋下、胸前等易出汗的部位涂抹止汗香剂。吸烟的男士最好在与人交谈时停止吸烟，注意不要过近地与人面对面地谈话，吸烟后最好能嚼口香糖等能消除异味的食物。

（二）饰品

饰品早已不再是女性的专利。男性装饰品与女性装饰品的最大区别在于，前者讲究实用与装饰的结合，而后者则更偏重于修饰。男性装饰品还可表现男人的自信和气派。男性佩戴饰品的比例较女性低，一方面是嫌其累赘，另一方面是其装饰效果不佳。

1. 靠眼镜塑造男性形象

男士的配饰较少，因此眼镜的作用就十分明显了。眼镜具有改变男士外在形象的作用，可以使男士看上去既权威又有智慧，还会使年轻男士看上去更加沉稳。

(1)镜架及颜色的选择

镜架的形状应该符合佩戴者的面部线条。例如，圆形镜架戴在圆脸上就显得滑稽可笑；飞机驾驶员式的眼镜戴在方脸上则给人过于严肃和不安的感觉。镜架既不应宽于佩戴者的脸，也不应看上去像要掉下来一样。另外，镜架的下沿不应低于鼻孔的位置。当然，人们可以根据自己的喜好选择镜架。

镜架的颜色应该与佩戴者的面色、发色相协调。金、银色金属镜架透露着高贵典雅的气质，尽显成功人士的智慧光彩；宝石蓝及茶褐色镜架很受追求个性与创意的新潮人士的欢迎。

(2)眼镜要与脸型相配

脸型决定镜架的形状。关键是要选择适合佩戴者面部特征的眼镜，尽可能使圆脸变得有棱角一些，或者使方脸变得柔和一些。镜架的上沿应该与眉毛平行，否则看上去就像有两道"眉毛"，眼睛就显得不那么突出了。眼睛必须正好位于镜片的中央。仔细观察自己的脸部，看看何处比较高，何处比较平。选择镜架时，应该根据面部的情况反其道而行之。脸型不同，眼镜的选择也相应不同。

(3)眼镜的样式显风格

传统的大边框眼镜是政务人士稳妥的选择；无镜框及小镜片眼镜是时尚款式，非常受商业人士尤其是年轻人的喜爱。佩戴纤细镜框眼镜的男士显得细致、温文尔雅，而佩戴粗重镜框的眼镜则显得既时尚又沉稳。如果鼻子比较大，就应该选择一副窄而明亮"搭桥"的眼镜，而位置低一些的"搭桥"会有效地"缩短"鼻子的长度。

(4)镜片的颜色应慎重

不要不分场合总是戴变色镜。略带一些色彩的镜片不会太引人注意，在室内佩戴也很舒适。在室外,为了减小光线对眼睛的刺激,可以戴太阳镜或变色镜。太阳镜和变色镜不适合在室内戴,这也是不尊重别人的表现。服务人员在岗工作时绝不能戴墨镜。

(5)镜片应擦拭干净

镜片应随时保持干净。无论工作有多忙碌,都不要忘记经常擦拭镜片,保持镜片的干净。这样不仅对视力有保护作用,也会令别人觉得舒服。

2. *腰带是凸显品位不可忽视的元素*

俗话说腰带是男人腰间的一张“脸”,可见其重要性是其他服饰配件无法取代的。传统的腰带一般少有修饰,以黑色和棕色为主,带有银色或金色的腰带扣。随着近年来休闲服装的兴起,腰带与领带一样,日趋个性化。尤其样式日益多样,如纯牛皮、羊皮、鳄鱼皮以及休闲的帆布腰带等(图1-4)。

图1-4　各种男式腰带

男士选择腰带时应注意如下方面。

①装饰性是其首要作用,不要再携挂其他物品,要简洁、干练。

②长度要合适,系好后尾端应介于第一和第二裤襻之间。

③宽度应在3厘米左右。太窄会失去男性阳刚之气,太宽只适合休闲、牛仔风格的装束。

④应慎用镶嵌珠宝或印有广告语的腰带。

男士穿西装时都要系腰带,而其他的服装(如运动、休闲装)可以不系。夏季把衬衫扎到裤子里的时候也要系上腰带。

3. *公文包也是展示男士形象的重要组成部分*

无论男人还是女人,包都是生活和工作中必备的配件,同时也是形象的一部分。所以,应该注意选择适合自己的公文包。

男士的公文包被称为“移动式办公桌”。面料以真皮为宜,并以牛皮、羊皮为佳。线条简洁,黑色、棕色是最佳选择。形状多为手提式的长方形或方形,大小以能够装下普通文件夹为宜。选择时,应考虑色彩与服装的协调,既不能完全一致,又不宜反差过于强烈。

男性使用公文包有以下四点基本要求。

(1)用包不宜多

包不宜过多,要选择适合自己和为自己形象加分的。当外出办事时,可以携带公文包,手机、钥匙、名片、纸和笔都可以放入公文包内。

(2)用包不张扬

使用公文包前,须先拆去所附真皮标志。不要在包上佩戴任何挂饰,同样不应在他人面前炫耀自己所用的公文包如何名贵高档,只要干净光亮就行。选择的公文包应与自己的职业、职位、办公环境相协调。

(3)用包不乱装

将随身携带之物尽量分类装入公文包内的既定位置,方便取用。无论在什么场合,都不应将包装得鼓鼓囊囊,包固然是用来装东西的,但同时也展示着个人形象。

(4)用包不乱放

拜访他人时,应将公文包自觉放在自己就座之处附近的地板上,或是主人指定之处,切勿随意乱放。

总之,尽管公文包是个小配件,但是有时也会影响到男性的形象,搞不好的话也会给工作带来不便。

(三)服饰

“佛靠金装,人靠衣装。”衣着是一种无声的语言,能反映出一个人的气质、性格和内心世界,给他人留下深刻的印象。合适而具有美感的着装能给人以好感,同时还直接反映出一个人的良好修养、气质与情操。

美国一名商人在创业之初,就意识到了服饰的作用,清楚地认识到商业社会中一般是根据一个人的衣着来判断对方实力的,因此他首先就去拜访裁缝。靠着往日的信用,他订做了几套昂贵的西装,共花了 275 美元。而当时他的口袋里仅有 1 美元。之后他又买了一整套最好的衬衫、衣领、领带等,而这时他的债务已经达到了 675 美元。

每天早上,他都会穿上全新的衣服,在同一个时间、同一个街道与某位出版商“邂逅”,和他打招呼,并说“你现在混得不错”。他的衣着和他所表现出来的这种极有成就的气质,再加上每天一套不同的新衣服,引起了出版商极大的好奇心,很想知道他从事哪种行业。于是他告诉出版商:“我正在筹备一份新杂志,打算在近期出版。”出版商说:“我是从事杂志印刷及发行的,也许我可以帮你的忙。”

这位美国商人在购买新衣服时,心里已设想过这一刻。后来出版商邀请他共进午餐,在咖啡尚未送上桌前,商人已说服了出版商答应和他签约,并答应向他提供资金且不收取任何利息。

据社会心理学家分析,第一印象的 93% 是由服装、外表修饰和非语言信息组成。服饰是一个人的内心世界,在很大程度上决定了他人对某个人的喜欢程度。

1. 着装的基本原则

“TPO”原则(Time——时间、Place——地点、Occasion——场合)是世界通行的着装打扮的最基本原则。它要求人们的服饰应以和谐为美。“TPO”原则即着装与时间、地点、场合相配的原则。

(1)时间原则

时间原则一般包含三个含义:一是指一天中时间的变化;二是指一年中四季的不同;三是指时代的差异。日间着装要根据工作性质,以庄重大方为基本原则,其中社交活动或公关活动以典雅端庄为基本着装格调。晚间有宴请、赴舞会等社交活动,着装以晚礼服为宜。另外,一年四季气候条件的变化对着装的心理和生理也会产生影响,应做到冬暖夏凉、春秋适宜。夏天的服饰应以凉爽、轻柔、简洁为原则,冬天的服饰应以保暖、轻快、简单为原则。

(2)地点原则

地点原则即环境原则。着装随着环境的不同应表现出明显的差异,打破常规的穿着往往会令人尴尬。不同的环境需要与之相协调的服饰,从而获得视觉与心理上的和谐感。与环境不协调的服装,甚至会给人以身份与穿着不符的感觉,或华而不实的感觉等。这些都有损于一个人的形象。避免这种情况的最好办法是“入乡随俗”,穿着与环境地点相适合的服装。

(3)场合原则

着装要与场合相和谐,更要和想达到的目的相一致。如参加重要典礼或者签字仪式时,要穿着合体的、质地和款式都很庄重大方的西装。在这种场合穿便装或打扮得花枝招展都不适宜,不能达到预期的目的。

2. 西装的选择

西装,又称西服,起源于欧洲,是目前全世界最流行的一种服装,也是男士在正式场合着装的优先选择。西装的造型典雅高贵,穿在男士的身上会使之显得英武矫健、风度翩翩、魅力十足。

选择西装时应从面料、款式、颜色、造型及尺寸等方面进行精心的挑选。

(1)面料

西装面料的挑选原则很简单,但应力求高档。纯毛料是最好的选择,全棉的面料也是很好的选择。高档毛料制作的西装,具有轻、薄、软、挺的特点,最能体现西装平展、挺括之美。为防止西装出现褶皱等,尽量不要选择不透气、不散热、无光泽感的化纤面料。

(2)款式

西装款式看起来层出不穷、变化繁复,挑选时会让人眼花缭乱。其实不论选择何种款式,目的都是为了让自己的身型看起来更健康、更挺拔。

西装的款式根据领型、件数、纽扣等有不同的区分方法,常见的区分法有如下两种:

①按件数划分。

西装分为单件和套装。依照惯例,单件西装是一件和裤子不配套的西装上衣,常被称为休闲西装,仅适用于非正式场合。西装套装又可分为两件套和三件套。两件套西装套装包括上衣和长裤;三件套西装套装包括上衣、长裤和马甲。按照传统观点,三件套西装比两件套西装显得更为正式,一般参加高层次的对外活动时穿着。

②按照西装上衣的纽扣数量来划分。

一粒扣西装:其纽扣与上衣袋口处于同一水平线上。这种款式源于美国的绅士服,最初在庆典和宴会等重要场合穿着,20 世纪 70 年代较为流行,现在已不多见。

两粒扣西装:分单排扣和双排扣两种。单排两粒扣款式最为经典,穿着普遍,是生活中常穿的款式,也是男式西装的基本样式,从纽扣位置的高低和驳领开头的变化可以反映出不同风格。双排两粒扣西装多为枪驳领,下摆方正,衣身较长,具有严谨、端庄的特点。

三粒扣西装:其特点是穿时只扣中间一个纽扣或扣上两个纽扣,风格庄重、优雅。三粒扣西装最为正式,常在商务场合和正式宴会时穿。

四粒扣西装:这种款式西装是双排扣西装的标准款式,尖角驳领,衣身长且大,既是上衣,又可做外套。可系条形领带,也适合蝶形领结。由于四粒扣西装纽扣钉的位置不同,还可分为扣上纽西装和扣下纽西装两类。四粒扣西装多用于官员礼服。

(3)西装的颜色

正装西装与休闲西装的颜色有很大差异。休闲西装的色彩多样,不受约束,而正装西装的颜色必须庄重、严肃。正装西装的上衣和长裤必须颜色一致,以深色为宜,花纹越暗越好、越少越好,既严肃又不失优雅。深蓝色、灰色是首选。

要想给人以权威感,最好穿深蓝色西装。传统深蓝色西装的优点在于它不太引人注目,连穿几天都不会有人注意,只是需要经常换衬衫、领带和胸袋手帕。

另一种传统的适合正式场合的颜色是灰色,它和深蓝色一样适用范围很广。灰色要比深蓝色柔和一些,感觉较为友善。若要与人谈心交往,最好穿灰色西装。穿灰色西装显得精神饱满,但不宜穿白色衬衫。

现在,男士对西装颜色的选择余地越来越大。可以穿各种中性颜色的西装,如橄榄色、灰蓝色或绿色。在很多正式场合,若穿着得体,这些颜色的西装就能很好地代替传统的深蓝色和浅灰色西装。

(4)西装的造型

西装的造型,也称版型,相当于西装的骨架。只有版型合适,西装才能为身材加分。目前西装主要有以下四种造型:

①美版西装。

美版西装的基本轮廓是O形,肩部不加垫衬,中间开一个衩,整体宽松肥大,腰部宽大,简洁素雅,造型修长,便于活动(图1-5)。

②英版西装。

英版西装多为单排扣式,基本轮廓是倒梯形,不刻意强调肩宽,而讲究的是穿在身上舒服、自然、贴身,上衣下部开两个衩,最早是为了绅士在骑马时外套可以漂亮地垂在鞍尾上,垫肩较薄,衣领较宽,是正规的经典款(图1-6)。

图1-5　美版西装

图1-6　英版西装

③日版西装。

日版西装的基本轮廓是H形,更适合亚洲男性的身材,不过分强调肩部与腰部。日版西装多是单排扣式,后摆也不开衩,垫肩不高,领子较短、较窄(图1-7)。

④欧版西装。

欧版西装的基本轮廓是倒梯形,多为双排扣式,而且纽扣的位置较低。强调肩部和后摆,不重视腰部和垫肩,袖笼较高,腰身中等,后摆不开衩(图1-8)。

图1-7　日版西装

图1-8　欧版西装

(5)西装的尺寸

西装的选择必须以合体为标准,过大、过小、过紧、过松都会破坏穿着者良好的形象。合体的西装尺寸如下。

上衣:上衣的长度应以站立时从颈部至鞋跟距离的1/2为宜。

袖长:衬衫的袖长应比西装上衣袖子长出1～1.5厘米,这样可以用白色衬衫衬托出西装的美观,显得活泼有生气。

裤长:站立时,以前片裤脚刚刚碰到皮鞋鞋面为宜。

衣腰围:扣上上衣第一粒纽扣,纽扣和衬衫之间刚好有可以放入一个拳头的宽度。

裤腰围:系好扣子、拉上拉链后,可以插入一个手掌。

臀围:符合身体尺寸,裤袋内不装入任何东西,可以自如地做下蹲动作或抬腿动作。

(6)衬衫的选择

要想有个好形象必须有适合不同场合穿的衬衫。衬衫以浅色为佳,花纹越淡越好、越少越好。重要的场合宜穿素色、单色衬衫。白衬衫是最正式、最庄重的。主持会议时,不能穿细条纹衬衫,容易使人分心。

衬衫袖口也和其颜色、面料一样有很多种类,基本款式有两种:单层和双层。双层看上去更为优雅,是身份的象征,价格要贵一些,能体现一个人的个性和地位,是单层袖口所无法比拟的。

衬衫领子也很重要。对于脖子和脸形不太标准的男士来说更是如此。比如,脖子细长的男士不能穿窄边或又长又尖的衣领,否则会使脖子显得更加细长,而穿宽边衣领较好。相反,脸形较大、脖子较短的男士最好穿窄领的衬衫,不要穿短领或宽领的衬衫。

好的西装衬衫应该是没有胸袋的,虽然很多人都喜欢有个胸袋,可以放铅笔、香烟盒或其他小物品。不过,衬衫口袋里装得满满的会有失风度。由此可知,即使衬衫有口袋,也不要用。

总地说来,男士无论穿哪一类衬衫,都应当合身。第一个必须合身的部位是腰围。第二个必须合身的部位是身长。一件衬衫应当足够长,这样在做正常动作时,就不至从裤子里被拉出来。第三个必须合身的部位是领子。

(7)领带

领带是男士衣着品位和绅士风度的象征,是男士打扮的焦点,是男士最重要的饰品。凡在比较正式的场合,穿西装都须系领带。同一套西装如果巧妙地搭配不同的衬衫与领带,便可适合不同场合。系上领带能显示出一个人的气质,系不同的领带能体现出不一样的自我。领带应选真丝面料的,不能有褪色、抽丝、变形、褶皱等迹象(图1-9)。

领带的系法有普通结(小结)、小温莎结(中结)和温莎结(大结)三种。

领带的长度应以底部三角处于腰带扣上端为宜。领带夹多与制服配套使用,是企业或组织的形象标识。领带夹一般夹在衬衫自上而下的第四和第五粒纽扣之间。除此之外,日常生活与工作中一般不佩戴领带夹。

(8)鞋袜

由于西装的颜色多为深色,因此皮鞋与袜子的颜色也应是深色。按照"西装革履"的要求,穿西装配黑色皮鞋才是最得体的选择,袜子宜为深蓝色、深灰色或者黑色。穿西装时所穿的袜子最好是纯棉、纯毛制品。同时,袜子的长短要合适。袜子过短易露出小腿,显得不雅观。忌穿白色袜(图1-10)。

图1-9　西装领带

图1-10　穿西装时忌穿白色袜

三、女士仪表

(一)仪容

很多人都认为"以貌取人"的观念是错误的,但事实上人们常常习惯凭借相貌来判断一个人,所以女性要高度重视自己的容貌,力求给人留下美好的印象。面容是人的仪表之道,也是最动人之处。面容的修饰尤为重要。

仪容要美化,形象才优化。在社交场合中,令人赏心悦目的好形象,能使你赢得他人的欢迎和喜爱。然而,仪容美不仅来自先天的生理条件,而且来自后天的自我塑造、美化与修养。

仪容美首先要求仪容自然美,其次要求仪容修饰美,最后要求仪容内在美。真正意义上的仪容美,是这三个方面的高度统一。

1. 护肤

太阳光和寒风是皮肤的两大敌人。人的皮肤之所以会变黑,是因为过多地晒太阳,使皮肤基底层的黑色素细胞活跃性增加,导致黑粒子的复原反应不正常,黑粒子不能迅速变为正常粒子。除了太阳光的危害,寒风对皮肤的损坏也是不可小觑的。风会破坏皮肤表皮,使真皮内的水分快速流失,引起皮肤干燥,并逐渐粗糙,产生皱纹。在深秋、冬季和初春季节尤其要重视风对皮肤的危害。

护肤可以分为日常基础护理和专业护理两类。日常基础护理是每天都必须进行的护肤步骤。若皮肤出现问题,每日还需加强保养。专业护理又称每周特殊护理,是指每周要进行的磨砂、按摩、敷面等步骤,以促进面部的血液循环,增加肌肤的弹性与光泽,供给肌肤水分和养分,保持肌肤健康。护肤重在保护和给皮肤增添营养,延缓衰老。护肤需要长期坚持,并且要护理得法,切忌急于求成。无论采取什么方式来保养皮肤,有三大基本原则必须要把握,即洁肤、爽肤、润肤。

(1)洁肤

人的面部肌肤是裸露在外的,每天需要面对沙尘、灰尘、纤维、化学物质等物质的伤害。不单是空气中的一些原有的脏污,不同的工作场所还会有不同的污染物质。计算机产生的辐射就是很严重的污染源。实验表明,计算机产生的辐射不仅会导致皮肤干燥缺水,加速老化,严重的甚至会导致皮肤癌。如果没有做好防护,几天之内足以让原本细腻的肌肤粗糙老化。在工厂作业也会面临很多的污染问题,在户外工作会接触到更多有害物质。这些不利于肌肤健康的物质很容易使肌肤提早老化。

①洁肤品的选择。

选择专业的洁面产品和正确的洁面方法极其重要。好的洁面产品既能温和彻底地清洁肌肤,又不会使肌肤干涩紧绷,还会使肌肤保持滋润,防止皮肤衰老。选择适合自己肤质的洁面产品,可彻底清洁残存在毛孔中的污垢,使皮肤重新呼吸到新鲜空气,让皮肤放松。洁肤品的种类繁多,主要可分为洁面霜、洁面乳、洁面凝胶及洁肤棉等。

洁面霜多适合油性皮肤使用,洁面乳多适合干性皮肤使用,洁面凝胶多适合中性皮肤使用。

②洗脸时水温的调节。

用冷热交替法洗脸。冷水能使毛细血管收缩,汗腺口和毛孔闭合,具有清凉镇静的作用,但清洁不够彻底。凉水会刺激皮肤的毛细血管紧缩,使脸上的污垢甚至是洁面产品的残余不易清洗干净,而残留在毛孔内,久而久之会堵塞毛孔,引发各种肌肤疾病。正确的方法是先用温水洗脸,让毛孔张开,然后涂上洗面奶把毛孔里的脏东西洗出来,再用冷水洗,以收缩毛孔。温水和热水都能溶解皮脂,松弛皮肤,扩张血管,开放汗腺口,促进代谢产物的排出。因为热水去污作用较冷水强,所以油性皮肤的人宜用热水洗脸。但过多地使用热水洗脸又会使皮脂减少而使皮肤干燥。

交替用热水和冷水洗脸,可促进皮肤的血液循环和新陈代谢,使皮肤富有光泽和弹性。只有毛孔畅通了,才能更好地吸收护肤品,才能达到事半功倍的护肤效果。

(2)爽肤

①爽肤的目的。

洁面之后,由于油脂被洗去,也因此失去对水分的保护作用。所以洗完脸之后使用爽肤水,可以迅速补充水分,软化角质层,增加肌肤吸收护肤品的能力。清洁肌肤以后,爽肤水还能再次清洁脸部的残余污垢,等于是洁肤的保障。

②爽肤水的分类及选择。

专家建议油性皮肤使用紧肤水，中性皮肤使用爽肤水，干性皮肤使用柔肤水，混合性皮肤T区使用紧肤水，敏感性皮肤选用敏感水、修复水。

③爽肤水的使用方法。

第一种是擦拭法：把爽肤水倒在化妆棉上，并使其充分吸收。由内向外顺着肌肤的纹理轻轻擦拭，以免过分拉扯肌肤，致使细纹的出现。额头与鼻子处于"T"字部位，油脂分泌较多，可以多擦拭一些爽肤水。

第二种是拍打法：将爽肤水涂在脸上，用拍打的方式使皮肤充分吸收。

(3)润肤

皮肤需要适度的水分与油脂来维持其润滑、光泽的外观。可是，皮肤又很容易受到外在环境的影响而失去其水油平衡状态，变得干燥、粗糙、黯淡。因此，每日必须给皮肤提供适量的水分和油脂。润肤品的种类依其形态可分为润肤霜、润肤乳和润肤凝脂。

①润肤的目的。

乳液，是为使营养化妆水和营养霜能更好地被皮肤吸收而使用的一种护肤品，以亲水性的保湿剂及亲油性的阻水成分为主。它含有皮肤所需要的营养、水分，流动性较好，能对皮肤起到一定的滋润和保护作用。

乳液具有三个方面的作用：去污、补充水分、补充营养。

第一，去污。乳液可以代替洁面剂清除面部污垢。

第二，补充水分。由于乳液中含有10%～80%的水分，可以直接给皮肤补充水分，使皮肤保持湿润。

第三，补充营养。由于乳液中含有少量油分，当脸上皮肤发紧时，乳液中的油分可以滋润皮肤，使皮肤柔软。

②润肤品的选择。

根据自己的肤质挑选润肤品。在选润肤品之前，必须充分了解自身皮肤的特点。肤质一般分为油性、中性、干性、混合性、敏感性五种，各种肤质的特点也比较鲜明。

油性肌肤：毛孔粗大，油脂分泌旺盛，洗完脸没多久就满脸油光，爱长痘。

干性肌肤：毛孔比较细小，干燥紧绷，有时会起皮，细纹比较明显。

中性肌肤：是最好的皮肤状态，不油不干，没有痘痘，不会过敏。

混合性肌肤：水油不平衡，脸部T区爱出油，两颊却很干燥。

敏感性肌肤：角质层薄，易红肿、过敏。

所以，针对五种肤质，要采取各自不同的护肤方式。

油性肌肤：控油、祛痘，维持水油平衡，锁水，收毛孔。

干性肌肤：补水，补营养，抵抗细纹。

中性肌肤：日常补水维持即可。

混合性肌肤：调整局部水油平衡，干燥部位补充营养，全脸补水。

敏感性肌肤：选择不过敏的护肤品进行日常保养，并着手改善过敏肌肤，增强皮肤抵抗力。

根据肤质就可以判断出大概需要的护肤品类别，例如抗痘的、强补水的，或者深层滋润的等。

2. 化妆

化妆不仅能改变女性的形象,还能改变女性的心理状态。对于从事服务工作的女性而言,化妆上岗更是行业的普遍要求。服务员的恰当装扮和修饰不仅令顾客赏心悦目,而且也是热爱本职工作、恪尽职守的表现。

(1)得体的化妆要遵守“8 字箴言”

正确:正确是化妆最基本的要求,是化妆一定要把握的基本原则。比如画眉毛,要知道眉毛正确的起始点和高度、角度等。一般来说,眉头的起始位置和内眼角的位置是一致的。“三庭五眼”所说的“五眼”便是在两个眉头之间可以放下一个眼睛的长度。如果眉头超出内眼角,两眼之间距离过短,人会显得压抑、狭隘;相反,如果两眉之间的距离过宽,人则会显得呆板、缺乏活力。因此,在初学化妆时,一定要搞清楚各部位化妆的基本要求,掌握正确的化妆方法。

精致:精致是化妆过程中比较容易做到的,只需多一些细心和耐心,再加上用心即可。比如涂口红,一定要选择适合自己肤色的颜色,同时一定要注意边沿是否整齐清晰,应该先用唇线笔勾勒唇部轮廓,再涂口红。

准确:准确是在正确基础上的进一步要求。掌握了正确的化妆原则,剩下的就是做到准确,把正确的化妆原则完全体现出来。比如唇形化得好不好,不能单从大小、厚薄等方面来评价,还要学会与自己的脸形、气质等相匹配。要达到准确的化妆效果,需要经过充分和反复的练习。

和谐:和谐的妆容能自然而得体地表现出一个人的个性和品位。和谐包含三个层面。第一个层面是妆面的和谐,表现在各个部位的化妆上,风格、色彩都要统一,比如如果眼影是暖色调的,那么口红也要相应地涂成暖色调的,这样才能在整体上达到一种和谐的效果。第二个层面是妆面与整体形象的搭配。面部妆容要与发型、服饰、饰物等相搭配。第三个层面是妆容与外部环境的和谐搭配。

化妆不仅是一种美化外表的手段,同时也是表达情感的方式。它可以体现出女性的生活态度。妆容精致的女性能够传达出她热爱生活、尊重别人以及积极的生活态度,这样的女性往往具有无穷的魅力。

(2)化妆的原则

①自然、真实。

自然、真实的妆扮往往更加吸引人,具有生命力。而打扮艳丽,妆化得浓一些,则非常适合于舞台的效果。一名铁路客运服务人员,在工作岗位浓妆艳抹的话,会给旅客不庄重、轻浮的感觉。自然、真实就是要将本色美与修饰美有机结合,使本色美在修饰美的映衬下变得尤为突出,显得天然美丽。

②扬长避短。

化妆时必须充分发挥原容貌的优点,修饰和掩盖不足,这是化妆的重要原则。在此基础上还应根据环境、服装等特点进行化妆,这样才能达到扬长避短的效果。

③个性突出。

在生活中,每个人化的妆都是不一样的,这就是人与人的个性差异。成功的化妆就是要因人而异地体现出个性特征。个性特征既包括外部形态特征，也包括内在性格特征。

④整体协调。

化妆应注意整体的配合。应使妆面协调、全身协调、场合协调、身份协调，以体现出自己与他人品位的不同。这就要求妆面的设计、用色应同发型、服装服饰相配合，使之有整体美感。还有一点，在造型化妆设计时还应考虑化妆对象的气质、性格、职业等内在特征，取得和谐统一的效果。

(3)不同脸形的化妆方法

化妆的方法会根据脸形的不同而不同。想化一个适合自己的妆，让自己的形象看起来更好、更引人注目，一定要了解自己的脸形。那么不同的脸形应该如何化妆呢？

①长脸化妆法。

脸形较长者在化妆时应力求达到增加面部宽度的效果。脸庞过长者宜使用腮红，以颧骨为中心横向刷，延伸至鬓，脸上较为饱满的地方则无须画腮红。腮红应注意离鼻子稍远些，在视觉上拉宽面部，可沿颧骨的最高处与太阳穴下方所构成的曲线部位向外、向上涂抹。若额部窄小，应在额部涂以浅色调的粉底，造成光影效果，使之变得丰满。强调眉、眼、唇等有表情的部分，描画锐角粗浓的长眉，并在眼角与眼尾横向画渐层眼影，涂染睫毛膏，使眼睛顾盼生辉。口红须涂得比嘴唇略宽，画出清晰的唇山与嘴角。

②方脸化妆法。

方形脸化妆时，要设法增加柔和感，尽量改变棱角分明的形象，用阴影渲染，造成曲线柔美的感觉。眉毛宜微微上挑，呈长弧形，稍宽一些，以褐色系为主色。眼部亦选用褐色眼影，显得自然柔和。唇部选用深色唇膏，要涂得丰润柔顺，避免锐角。

③圆脸化妆法。

圆脸在化妆时，为了使面孔看起来狭长些，脸部的阴影应从脸颊后方往前渐渐变淡，然后由腮的中央向下渐渐变淡，直到下巴的地方逐渐消失。这时应注意的是脸颊上的腮红看起来不应该有突起的感觉，要有一种柔和感。涂口红时，上唇的中央应涂多一点，两边逐渐缩小，下唇应从嘴角处向中央涂。画眉毛时在眉毛的转角处，也就是眼角的上方画一个小角度。而眉毛较短的人，眉毛末端应用眉笔延长一点儿。化眼妆时无论使用睫毛膏还是眼影，都应由眼睑中央开始向外且顺着眉毛方向画。鼻梁部分应使用提亮的化妆品，使脸部具有立体感。

④心形脸化妆法。

心形脸在化妆时，眉形以一字眉为主，但为了有和蔼可亲的感觉，建议使用浅啡色，可先以眉笔画出眉形，再以眉粉扫上填满空隙。眼妆偏淡，建议使用含珠光的淡金色眼影或浅啡色眼影，轻扫于眼窝位置，扫出眼部轮廓即可。先以眼线笔画上内眼线，再于眼尾位置拖长约2毫米，放大眼形。这种隐形眼线即使合上双眼亦看不到妆感，亲和度高。于笑肌位置先扫上深粉色腮红，再往上至眼底位置扫上含珠光的浅粉色腮红。涂上淡粉色的唇膏，然后再涂上具透明感的粉红色唇彩，修饰唇纹。

⑤椭圆形脸化妆法。

椭圆形脸（俗称“鸭蛋脸”）线条圆滑，给人以温柔、贤淑的感觉。椭圆形脸为最佳脸形，在化妆的时候多以其作为标准修饰脸形。椭圆形脸的长与宽之比约为4∶3。椭圆形脸画眉时眉头应与眼头成直线，慢慢高起，至眉峰处往下斜，眉峰应在眼球的外围。眉头较粗，眉尾较细，这是眉毛的标准画法。而长形脸的眉毛应画平形，只能稍微弯一点，不必画眉峰，眉头与眼头成直线，以缩短脸的长度。

(4)化妆禁忌

①不宜面部喷香水。

喷了香水的部位，经太阳光线照射会引起化学变化，产生红肿刺痛，严重的还会发展成皮炎。

②不宜化妆前拔眉毛。

拔眉毛会给人一种光秃的造型感，从医学角度看不仅会损害生理功能，而且会破坏毛囊，再通过化妆品的刺激，导致局部感染。

③不宜多用口红。

口红中的油脂能渗入人体皮肤，而且有吸附空气中飞扬的尘埃、各种金属分子和微生物等副作用。通过唾液的分解，各种有害的病菌可乘机进入口腔，容易引起“口唇过敏症”。因此，不宜擦过多的口红。

④不宜用一种粉底。

粉底的颜色比脸部的肤色过深或过浅，都会破坏容貌整体性。因此，应该多备几种粉底，随四季肤色的改变而不断调整。

⑤不宜重涂眼影。

尤其是夏天，过多的汗水会将眼影冲入眼内，损害视觉器官，如再用手揉，更易将细菌带入眼内，染上沙眼或红眼病。

⑥不宜把撕拉型面膜涂在眉毛和睫毛上。

若撕拉型面膜粘在眉毛和睫毛上，除去时容易将眉毛和睫毛一起拔掉。

⑦不宜将脸抹得白里透青。

若脸上使用油脂化妆品，再涂抹一层粉，使脸白里透青，阳光中的紫外线就无法被吸收，影响体内维生素D的产生。

⑧不宜用他人化妆品。

化妆品可能成为疾病传染媒介，因此不要乱用他人化妆品，也不要将自己用过的化妆品随意借给他人。

⑨使用磨砂膏时手指用力不宜过大。

天热时人体毛孔放大，皮肤较嫩，使用磨砂膏时若用力过大，皮肤表面会被磨砂膏中的“沙子”损伤，再经风吹日晒，反而会使人的皮肤变得粗糙。

⑩不宜不断补妆。

如果不断地补妆，腮红之上敷腮红，脸上就会出现很不雅观的斑底，鼻子就会因不断的油粉混合而发黑。

(5)铁路客运服务人员化妆的重要性

①客运服务人员化妆上岗，有助于体现铁路运输企业规范性、统一性、纪律性、标准性的形象，有助于使企业形象更为鲜明，更具特色。若每名客运服务人员能做到淡妆上岗，以热

情饱满的状态迎接每位旅客的到来,铁路客运工作的明天就会越来越好。这也是塑造中国铁路形象之必需。

②客运服务人员化妆上岗,是对工作中的交往对象表示尊重。也就是说,客运服务人员化妆与否,绝非个人私事。化妆在服务工作中与维护企业形象和表达对交往对象的尊重有关,因此每一位客运服务人员对于化妆问题都不可掉以轻心。不过,需要提醒的是,客运服务人员切忌浓妆艳抹。

3. 好形象从“头”开始

按照一般的习惯,一个人注意和打量他人,往往是从头部开始的。而头发生长于头顶,位于人体的“制高点”,所以更容易引起注意。有鉴于此,要想打造良好形象,应该从“头”开始。

衡量一个人的头发是否健康,一般要从头发的洁净程度、颜色、质地、润泽等几个方面判断。健康美观的头发应该是柔顺、亮泽、干净、无头皮屑的。头发清洁整齐,无污垢、头屑,有自然光泽,富有弹性;柔顺,无静电感,易于梳理,无分叉、断裂、打结;无明显脱落,疏密适中,尤其发根要密度均匀;色泽一致,发根至发梢颜色无差异;对外界物理、化学等有害因素抵抗力强;头发易于造型,且造型持续时间较长。正确保养头发应做到如下几点。

(1)正确洗头

洗头前要先用梳子把头发打理得较为平顺,并且把头发打结的地方全部梳开,尤其是长发的女性更要这样。梳完后用手把水泼到头发上,记得不是只把头发表面弄湿,而是需要把头发底层的头皮部位都弄湿,才可以使用洗发水。洗发水涂在头发上以后,一定要用手指的指腹去按摩头部,记得一定要在头皮上按摩,类似于搓头皮。大约按摩 3 分钟,然后再用清水把头发彻底冲洗干净。清洗干净之后,再把护发素一层一层涂到头发上,然后用手搓发大概 3 分钟,再用清水把护发素清洗干净,之后用毛巾轻轻地擦拭头发。让毛巾自然吸干头发上的水分后,再用宽松的梳子梳头发。

(2)勤梳理头发

每天早晚用梳子梳几次头,时间是 3 分钟,大约 100 次。正确的梳发方法是:手持梳柄,将头顶和脑后的头发从发根到发稍向上梳,左右两侧的头发则向左右两边梳,并把头发拉直,刺激发根。由于梳发时梳子对头皮有所刺激,使血液循环畅通,从而促进新陈代谢,使头发鲜艳柔润,并可加速头发生长。另外,还要经常按摩头皮,以促进头部血液循环,防止脱发。

每天睡前按摩头皮还可促进睡眠。按摩最好每天早晚各进行一次。方法是将十指分开,从前向后轻轻地推动头皮,反复多次,使全部头皮得到按摩。天天坚持就会有一定的效果。

(3)及时修剪

拥有一头健康美丽的秀发绝对能为个人形象添色不少,但头发长到一定长度或健康情况不佳时,就会使油脂分泌失调,出现分叉、干枯的现象。因此,要结合实际情况及时修剪头发,这才是保持健美秀发的有效方法。

(4)均衡饮食

安排膳食要讲究科学方法,切忌偏食,这也是防止头发稀疏的重要措施。平时就要注意饮食,比如芝麻的油脂含量较高,能有效地润泽肌肤,滋养头发;骨头汤中含有胶原蛋白,有强身健发的作用;每天吃一个鸡蛋,能防止白发和头发枯黄。另外,还要经常进行有规律的体育锻炼,保持愉悦心情、身心健康,头发也会更加健康。

4. 饰品

巧妙地佩戴饰品能起到画龙点睛的作用,使服装更有活力与生命力。

(1)饰品佩戴的原则

①数量规则。

首饰的数量应该以少为宜,必要时可以一件不戴,一般以不超过三种为佳。

②色彩规则。

在佩戴首饰时,应该力求色泽的统一。同时佩戴两件或两件以上饰品时,应使色彩一致。戴镶嵌类饰品时,应使其主色调保持一致。

③质地规则。

有些人在搭配首饰时会出现一些误区,就是不论什么材质,只要自己喜欢就行。在佩戴饰品时应该保持其质地一致。

④身份规则。

任何人在搭配首饰时都应该注意自己的性别、年龄、职业特征与所戴首饰的协调。

⑤体形规则。

不同体形的人在搭配首饰时应该要学会扬长避短。例如瘦小的人可以选择佩戴长度适中的饰品。

⑥季节规则。

饰品应与季节相吻合。金色和深色饰品适合冷季佩戴,银色和彩色饰品适合暖季佩戴。

⑦搭配原则。

饰品应与服装相协调。应视饰品为服装的一部分,要兼顾服装质地、色彩、款式,并使两者在搭配、风格上般配。

⑧习俗规则。

佩戴饰品时,应遵守习俗。不同地区、不同民族佩戴饰品的习惯做法不同,对此一要了解,二要尊重。

(2)铁路客运服务人员佩戴饰品的规定

佩戴的外露饰物款式简洁,限手表、戒指各一枚。女性还可佩戴发夹、发箍或头花及一副直径不超过3毫米的耳钉。

(二)服饰

1. 女士着装的原则

相对于偏于稳重、单调的男士着装,女士的着装则亮丽丰富得多。得体的穿着,不仅可以使女士显得更加美丽,而且还可以体现出一个现代文明人良好的修养和独到的品位。

TOP是三个英语单词的缩写,它们分别代表时间(Time)、场合(Occasion)和地点(Place),即着装应该与时间、场合和地点相协调。

(1)时间原则

男士可以说有一套质地上乘的深色西装或中山装就足够了,但是女士的着装规则却是要随着时间的变化而变化的。例如女性白天在工作岗位上时,一定要穿着企业规定的正式套装,体现出企业的形象和职业的专业性;晚上出席舞会、酒会时,就会穿得亮丽一些,并多加一些修饰,如换一双高跟鞋,佩戴有光泽的饰品,围一条漂亮的丝巾等。

(2)场合原则

要根据场合的不同选择自己应该穿的服装,切记衣着一定要与场合协调,同时还要适合自己的身份,也要适合自己的气质和体形特点。比如与顾客会谈、参加正式会议时,衣着应正式而庄重;出席宴会时,则应穿中国的传统旗袍或西方的长裙、晚礼服;而在朋友聚会、郊游等场合,着装应以轻便舒适为主。

(3)地点原则

女士着装时,在不同的地点接待不同的人,应该穿适合的服装。比如,在家里接待客人时,可以穿着舒适但整洁的休闲服;去公司拜访时,穿职业套装会显得更加专业。

2. 女士套装的穿着规范

职场上的女士套装最初与男士西服套装样式相同,只是在尺寸上稍有变化。随着社会的发展,渐渐演变出更多、更好、更适合女士的套裙。

套裙可以打造职场女性的优雅魅力。套裙是西装套裙的简称,一般分为两种基本类型:一种是用女式西装上衣和随便一条裙子自由搭配而成的"随意型";另一种是女式西装上衣和裙子成套设计制作而成的"标准型"。套裙是最适合职业女性在正式场合穿着的裙式服装,可以塑造出职业女性端庄干练的形象。

关于套裙的选择,需要注意下列几点。

(1)质地

一套在正式场合穿着的套裙应该由高档面料缝制,上衣和裙子要采用同一质地、同一色彩的素色面料。在造型上讲究为着装者扬长避短,所以提倡量体裁衣、做工讲究。

(2)长短

套裙的上衣和裙子的长短没有明确的规定。一般认为裙短不雅,裙长无神。最理想的裙长,是裙子的下摆恰好在小腿中部。套裙中的超短裙,裙长应以不短于膝盖以上15厘米为限。

(3)颜色

套裙的颜色应以冷色调为主,淡雅、凝重,以体现着装者的典雅、端庄和稳重。藏青、炭黑、土黄等稍冷一些的色彩都可以。不要选择鲜亮抢眼的颜色。套裙的上衣和裙子可以是同一色,也可以是上浅下深或上深下浅两种不同的色彩,以形成鲜明的对比,给别人不一样的感觉。

(4)图案

正式场合穿的套裙,要讲究朴素而简洁,可以不带任何图案。套裙上尽量不要添加太多的点缀,否则会显得杂乱而小气。如果非常喜欢,可以选择少量制作精美、款式简单的配饰物。如穿着同色的套裙,可以用和套裙不同色的衬衫、领花、丝巾、胸针、围巾等饰品来加以点缀,显得生动活泼。为避免显得杂乱无章,一套套裙的全部色彩不应超过两种。

3. 套裙穿着规范

(1)大小

套裙的上衣最短可以齐腰,裙子最长可以达到小腿中部,上衣的袖长要盖住手腕。上衣或裙子均不可过于肥大或紧身。

(2)场合

正式场合穿套裙时,上衣的衣扣必须全部扣上。裙子不可过短,以及膝或过膝为宜。裙子下摆恰好在着装者小腿中部,最为标准、最为理想。

(3)装饰

穿套裙一定注意着装、化妆和配饰的风格要统一,维护好个人的形象,化淡妆,一定不要化浓妆。配饰一定要少,在工作岗位上不佩戴任何首饰也是可以的。

(4)丝袜

袜子不可不穿,也不可随意乱穿。应选择肉色或与套装颜色相近的深色长筒丝袜。不可穿破损丝袜或带有图案的袜子,不可露出袜边。

(5)仪态

穿上套裙后,要站得又稳又正。就座以后,务必注意姿态,不可以双腿分开过大,或是跷起一条腿来,抖动脚尖,脚尖挑鞋直晃,甚至当众脱鞋。走路时不能大步奔跑,只能小步走,步子要轻而稳。拿自己够不着的东西时,可以请他人帮忙,千万不要逞强,尤其是不要踮起脚尖、伸直胳膊费力去够,或是俯身、探头去拿。

(6)皮鞋

皮鞋的颜色应与套裙的颜色一致或相近。不宜穿露脚趾的皮鞋,黑色牛皮鞋最好。

4. 职业女性着装礼仪的四讲究

(1)整洁平整

服装并非一定要高档华贵,但必须干净整洁,并熨烫平整,穿起来大方得体,显得精神焕发。

(2)色彩技巧

不同色彩会给人不同的感受。深色或冷色调的服装让人产生视觉上的收缩感,显得庄重严肃;浅色或暖色调的服装会有扩张感,使人显得轻松活泼。

(3)配套齐全

除了主体衣服之外,鞋袜、手套等的搭配也要多加考究。正式、庄重的场合不宜穿凉鞋或靴子。黑色皮鞋是适用最广的,可以和任何服装搭配。

(4)饰物点缀

巧妙地佩戴饰品能够起到画龙点睛的作用,但是佩戴的饰品不宜过多,否则会分散对方的注意力。佩戴饰品时,应尽量选择同一色系。佩戴首饰最关键的就是要与自己的整体服饰搭配统一。

5. 女士穿职业装禁忌

(1)忌残破

职业装不能太旧,不能有污渍。该洗就洗,该换就换,该淘汰就淘汰,宁可不穿也不能穿旧衣服。太旧的职业装穿在身上不精神,也影响企业形象。

(2)忌杂乱

杂乱具体来说有两方面。一方面,应着装整齐,搭配得体,比如穿西装的时候得穿皮鞋,若穿露趾凉鞋不能穿袜子。另一方面,身上最好不要超过三种首饰。

(3)忌鲜艳

从着装的角度来讲,应该统一颜色,不能太鲜艳。一般要遵守三色原则,也就是说颜色不能超过三种。

(4)忌暴露

职业装在款式上要利于工作,时尚、新颖,但不能过于暴露,不能穿露脐装、露背装、低胸装、露肩装。职业装要“四不露”,即不露胸、不露肩、不露腰、不露背。

(5)忌透视

女性穿着职业装时应该展示成熟、自信、庄重的从业面貌,因此职业装多是平实、保守、简洁裁剪的款式。正装若是太薄或透明,容易内衣外显,很不雅观。

(6)忌短小

职业装不能太短,否则既不方便工作,又不雅观。

(7)忌紧身

女性服装较男性服装而言,要更加体现女性优美的体形。但是工作时,要展示的是爱岗敬业的精神、训练有素的态度,而不是优美的线条。因此,职业装应略显宽松,以合体为标准,不宜过宽或过紧。紧身衣不便于肢体活动,也容易在正常工作中造成衣服开线、走形的尴尬。

6.铁路制服穿着标准

(1)铁路制服的特点

①标识性。

通过制服独特的式样、色彩、图案等,能将着装者与其他行业人员区别开来。应该根据不同列车的等级进行服装的设计。例如,客运服务人员的服装应端庄典雅、整洁干净,给旅客留下美好的第一印象;餐车服务员的套裙应显得典雅精干,富有时代感。动车组列车乘务员的服装应与列车的特点相匹配,具有时代感,高雅而不俗气、华贵而不庸俗。

②实用性。

铁路制服设计以庄重大方为宜,不应过于花哨,以免影响旅客的情绪。制服应具有实用性,便于客运服务人员在工作中更好地为旅客做好服务工作。乘务员的着装不应全部一致,否则无法区分列车的等级,无法代表列车的特点。

(2)铁路制服的总体要求

①整齐美观。

制服应合身得体,不得乱加修改。穿衬衣应把衣摆放进长裤或裙子里面,纽扣全部扣好。每天把皮鞋擦干净,保持光亮,破损的鞋子应及时更换。男员工袜子颜色应与裤子相近,以深色较为宜。女员工应穿肉色丝袜,不破损,袜口不外露。领带、领结应与衬衫领口吻合,不可系歪。工号牌应佩戴在左胸衣兜正上方正中。戴好帽子和手套。

②清洁规范。

上岗前要检查制服上是否有菜叶、油渍、笔迹等,尤其要注意领子、袖口是否干净,应养成勤洗勤换的好习惯。

③大方得体。

注意保持制服挺括，衣裤要熨平，不起皱、不翘边，保持制服线条自然流畅，体现出铁路客运服务人员的端庄和高雅。

技能练习

(1)男同学根据所学谈谈在自身形象修饰上应该注意哪些方面。结合实际，假设自己将来从事铁路客运工作应该怎样注重仪容仪表？

(2)女同学结合实际情况和所学的知识，给自己化一个淡妆，看看与以前的妆容相比是否有所改变，其他同学可以进行评议。

(3)根据所学内容，请同学们谈谈在着装上应该注意的事项。

(4)5 人一组，3 人扮演来一家企业进行面试的人员，另外 2 人扮演该公司的副经理。要求扮演面试人员的 3 人的着装不一样。结合所学内容谈一谈如何对自己进行包装，如何进行面试？

(5)5 人一组，讨论假设自己是一名铁路客运服务人员，在工作岗位上应怎样注重自己的仪容仪表，并选出 1 人代表小组发言。

(6)5 人一组，2 人扮演旅客列车乘务员，1 人扮演农民工旅客，1 人扮演西装革履的公司主管，1 人扮演老年旅客，3 名旅客同时需要列车乘务员为其服务，2 名乘务员应如何处理？

课后习题

一、填空题

1. ____________是人的内在和外在的综合体现。

2. 我们常常将仪容仪表并重，强调的是一个人____________、____________等的修饰。

3. 在社会交往中，____________不仅可以展示我们良好的形象、精神和修养，同时也是尊重交往对象的重要表现。

4. ____________反映着人们的修养和审美观，是人们交际活动的有力武器。

5. 仪表美不仅仅来自先天的生理条件，而且来自后天的____________。

6. ____________之所以吸引人，是因为它涵盖了人作为社会人全部的美，将人的内在美与外在美有机统一。

7. 仪表是指人的外表，是一个人的____________、____________的外在表现。

8. ____________是指一个人的容貌、形体、体态等的协调优美。

9. 在铁路客运服务中，作为窗口单位服务于旅客，注重个人仪容仪表，对____________有着重要的作用。

10. 一个人的仪容仪表，不单是由其先天的生理条件决定的，也不仅仅是____________

的问题，还与他的道德品质、思想修养、文化素质、生活情调等密切相关。

11. 男士腰带的首要作用是装饰性，所以不要再携挂其他物品，要＿＿＿＿＿＿＿、＿＿＿＿＿＿＿。

12. 男士公文包的面料以真皮为宜，并以＿＿＿＿＿＿＿、＿＿＿＿＿＿＿为最佳。线条简洁，黑色、棕色的公文包是最佳选择。

13. 着装的基本原则为＿＿＿＿＿＿＿、＿＿＿＿＿＿＿、＿＿＿＿＿＿＿，男士西装衬衫的颜色以＿＿＿＿＿＿＿为主。

14. 女性护肤可以分为＿＿＿＿＿＿＿和＿＿＿＿＿＿＿两类。

15. 得体的化妆要遵守＿＿＿＿＿＿＿、＿＿＿＿＿＿＿、＿＿＿＿＿＿＿、＿＿＿＿＿＿＿"8字箴言"。

16. 女性化妆的基本原则为＿＿＿＿＿＿＿、＿＿＿＿＿＿＿、＿＿＿＿＿＿＿。

17. 铁路客运服务人员要求化妆上岗，这样有助于体现铁路运输企业＿＿＿＿＿＿＿、＿＿＿＿＿＿＿、＿＿＿＿＿＿＿、＿＿＿＿＿＿＿的形象，有助于使企业形象更为鲜明，更具特色。

18. 铁路制服的总体要求为＿＿＿＿＿＿＿、＿＿＿＿＿＿＿、＿＿＿＿＿＿＿。

二、选择题

1. 人们通常用(　　)等来赞扬一个人的仪表美。

A. 仪表端庄　　B. 举止文雅　　C. 风度翩翩　　D. 意气风发

2. 一个人即使有再好的先天条件，如果没有(　　)等内在美作为基础，那么也只能是一种肤浅的装饰。

A. 道德　　B. 情操　　C. 智慧　　D. 金钱

3. 仪表美必须是(　　)的和谐统一。

A. 金钱、地位　　B. 颜值、体形

C. 形体、形态　　D. 内在美、外在美

4. 仪表美是一个人美好高尚的内心世界和蓬勃旺盛的生命活力的外在体现，这是仪表美的(　　)。

A. 目的　　B. 特点　　C. 本质　　D. 要求

5. 在现代社交活动中，注重仪容仪表已经是一个不容忽视的问题，塑造良好的(　　)，会产生意想不到的社交效果，具有非常重要的意义。

A. 自我形象　　B. 他人形象　　C. 社交环境　　D. 社交手段

6. 中国铁路总公司《铁路旅客列车服务质量规范》中规定：男性不染(　　)，不留胡须，不留长发，前发不遮额，侧发不掩耳，后发不过领，不剃光头，不留怪形鬓角。

A. 彩色头发　　B. 蓝色头发　　C. 红色头发　　D. 银色头发

7. 中国铁路总公司《铁路旅客列车服务质量规范》中规定：女性不染指甲，不留长指甲，指甲长度不超过指尖(　　)毫米。

A. 5　　B. 3　　C. 2　　D. 4

8. 男士使用公文包的四点基本要求：用包不张扬，用包不乱装，用包不乱放，(　　)。

A. 用包不宜少　　B. 用包不宜多　　C. 用包要少　　D. 用包要多

9. 选择西装时，要从面料、款式、颜色、造型、(　　)等方面进行精心挑选。

A. 尺寸　　B. 型号　　C. 规格　　D. 大小

10. 西装造型，也称版型。目前有四种西装造型，包括美版西装、英版西装、日版西装、(　　)。

A. 中版西装　　B. 欧版西装　　C. 韩版西装　　D. 法版西装

11. 领带系法包括普通结、大结和(　　)。

A. 中结　　B. 中小结　　C. 大中结　　D. 小结

12. 爽肤水的正确使用方法有擦拭法、(　　)。

A. 敲打法　　B. 上推法　　C. 按摩法　　D. 拍打法

13. 任何搭配，饰品的数量应该以少为宜，必要时可以一件不戴，一般不超过(　　)件。

A. 4　　B. 5　　C. 3　　D. 2

三、判断题

1. 仪表是人的内在和外在的综合体现，外在的体现包括人的形体、容貌、健康状况、姿态、举止、服饰、风度等方面，是人举止风度的外在表现。(　　)

2. 仪表在人际交往中决定着我们给人的第一印象。(　　)

3. 在社会交往中，注重外表修饰，不仅可以展示我们良好的形象、精神和修养，同时也是尊重自己的重要表现。(　　)

4. 仪表美不仅仅来自先天的生理条件，而且来自后天的自我塑造、美化与修养。(　　)

5. 仪表是仪容的重要组成部分。(　　)

6. 一个人的仪容仪表，是由其先天的生理条件决定的。(　　)

7. 仪表美使人赏心悦目，能赢得人们的喜爱和欢迎，所以一定要体现出自己的仪表美。(　　)

8. 天生丽质并不是每个人都能够具备的先天条件，而仪表美却是每个人都可以去追求和创造的。(　　)

9. 只有一个热爱生活、工作作风严谨、有理想有梦想的人，才会注重自己的仪表。(　　)

10. 美是风格，美是和谐，美是设计，仪表美应当是一种独具匠心的和谐的整体美。(　　)

11. 仪表美还必须讲究个人卫生，在与人交往时必须注意仪表的修整与清洁，即使在物质贫乏的年代也有“笑脏不笑破”的讲究。(　　)

12. 想要拥有仪表美只需要提升内在美。(　　)

13. 得体的仪表反映着人们的权力和地位，是人们交际活动的有力武器。(　　)

14. 仪表美之所以吸引人，是因为它涵盖了人作为社会人全部的美，将人的内在美与外在美有机统一。(　　)

15. 仪表美只有天生丽质的人才可以拥有。(　　)

16. 穿鞋应注意：鞋面无尘，鞋底无泥，鞋内无味，鞋垫合适。(　　)

17. 圆形脸应该戴圆形镜架。(　　)

18. 男士选择腰带的宽度应该在 2 厘米左右。(　　)

19. 领带的系法分为小结法、中结法和大结法。(　　)

20. 无论采取什么方法保养皮肤，必须把握洁肤、爽肤、湿肤三大原则。（　）

21. 铁路客运服务人员化妆上岗有助于体现铁路运输企业半军事化管理，以及规范性、统一性、纪律性、标准性。（　）

22. 铁路客运人员佩戴的外露饰品款式应简洁，限手表、戒指各一只，女性还可佩戴发夹、发箍或头花及一副直径不超过4毫米的耳钉。（　）

23. 工号牌应佩戴在左胸衣兜正上方，戴好帽子和手套。（　）

24. 注意保持制服挺括，衣裤要熨平，不起皱、不翘边，保持制服线条自然流畅，体现出铁路客运人员的端庄和高雅。（　）

四、简答题

1. 男士仪容应该达到什么样的标准？
2. 男士选择腰带时，应该注意些什么？
3. 男士和女士着装的三原则是什么？
4. 化妆要遵守的“8字箴言”的内容是什么？
5. 女士化妆的原则是什么？
6. 女士穿职业装的禁忌有哪些？
7. 仪表美是一个综合概念，它应当包括哪几个层次的含义？
8. 仪表美的基本要求是什么？

单元1.3　服务人员仪态礼仪

单元导航

仪态是人们在行为中展示的状态和风度。通常是指身体在站立、就坐、行走时的样子以及各种手势和面部表情。优雅、端庄的仪态可以让交往的对象感觉非常舒适和得体，同时还能体现出自身的修养与品质。铁路客运人员每天都要与旅客打交道，仪态在日常工作中非常重要。

案例导学

许多年前，在弗吉尼亚北部，一个冬天的晚上，一位老人等待骑手带他过河，他胡须上挂的霜已结成冰。等待永无止境，在冰冷的北风中，他的身体变得麻木和僵硬。他听见沿着冰冻的路面奔跑的马逐渐远去的蹄声，当几个骑手路过时，他忧虑地看着他们，在第一个骑手走过时没有让自己引起他的注意；第二个、第三个都这样过去了；当最后一个骑手来到老人坐的地方时，老人已像一个雪人。老人看着骑手的眼睛，说：“先生，您不介意带一个老人过河吧？我已经找不到回去的路了。”

骑手勒住了马，亲切地回答道：“当然了，上马吧。”看到老人被冻僵的身体不可能起身，他便下马帮助老人。骑手不仅带老人过了河，还把他带到了目的地。当他们来到温暖的小屋时，骑手好奇地问：“老先生，我注意到您让几个骑手走过而没有请他们带您，然而我来您却立即请求我，我觉得奇怪，这是为什么？在这样寒冷的冬夜，您情愿等待和请求最后一个骑手。如果我拒绝，您该怎么办？”老人慢慢地从马背上下来，看着骑手的眼睛说：“我在这里已经有些日子了，我想我更了解当地人。我看见了他们的眼睛，立即知道他们并不关心我的状况，请求他们帮助是没有用的。但在您的眼神里，我看到了友善和同情。”

这名骑手就是美国历史上著名的总统托马斯·杰斐逊。这说明了一个道理：眼神是表达情感的重要手段之一，从不同的眼睛中，可以看出不同的感情和意思，这就是眼睛的魅力。爱默生曾说过：“人的眼睛和舌头所说的话一样多，不需要词典，却能从眼睛的语言中了解整个世界，这是它的好处。”

所以正确地运用眼神来表达感情，就显得尤为重要。

相关知识

一、面部仪态

“眼神是心灵的窗户”，一个人是开心还是伤心，是胸有成竹还是惴惴不安，是焦躁烦恼还是平静如水，必在眼睛中有所流露。目光能诠释、表达出各种情绪的细微差别。古代孟子甚至认为，观察人的眼睛便可知道人的善恶。服务中，若能善于运用目光，可以使自己变得更加友善和亲切，更容易得到信任。

带着笑意的眼神会让人轻松，严厉的眼神会让人紧张，兴奋的眼神会让人充满希望，困苦的眼神会让人焦灼，悲伤的眼神会让人同情，带着怜爱的眼神会让人幸福……

（一）秀出你的“眼神”，用目光表达你的情感。

1. 不同场合的目光

在社交场合中应怎样运用眼神，让对方去领会我们的“言外之意”呢？不同的场合、对不同的人，目光应有所不同。

(1)在经人介绍与人初识时，为表示尊重可以凝视对方稍久一些，同时传达出自己的自信。

(2)在与人交谈时，目光应注视对方的眼睛或面部，正常情况下注视时间占全部谈话的30%～60%，如果超过这个时间，可以认为对谈话者本人比对谈话内容更感兴趣。若低于这个时间，则表示对谈话内容和谈话者本人都不感兴趣。

(3)倾听对方说话时，几乎不看对方，那是企图掩饰什么的表现。比如孩子犯了错误，回家之后都会低着头，父母就会说：“抬起你的头，看着我的眼睛，你错没错。”这时候孩子的眼神已经给出了答案。

(4)当别人说错话时，不能紧盯对方的眼睛不放，应该给予善意的眼神和表情。

(5)当别人离开时，应该目送其远离直至他不再回头张望，逐渐消失在你的视线中。

(6)瞪大眼睛看着对方是表示对对方有很大兴趣。这种目光在生活中应尽量避免，尤其是初次见面，以免造成误会。

(7)目光闪烁不是一种反常的举动，通常被视为掩饰的手段或性格上不诚实。一个做事虚伪或者当场撒谎的人，其目光常常闪烁不定。

(8)当人兴奋时，往往是双目生辉、炯炯有神，此时瞳孔就会放大；而消极、愤怒时，神情呆滞、目光无神，此时瞳孔就会缩小。

2. 不同的凝视区

(1)公务凝视区

位于“以双眼为底，额中为顶的正三角区”，这是在公务洽谈和商贸谈判时所凝视的区域，给人一种严肃、诚意之感，容易把握住谈话的主动权和控制权。

(2)社交凝视区

位于“以双眼为上线，以唇心为下线的倒三角区”，在社交场合中凝视此区域给人以轻松、平易近人之感，能够创造出一种良好的社交气氛。

(3)亲密凝视区

这是亲人、恋人、家庭成员之间凝视的区域，位置是对方的“双眼到胸前”，这种凝视带着亲昵的感觉，非亲勿用！

3. 视线

(1)俯视

俯视他人往往带有自高自大、傲慢不屑的意味，在我们日常的服务当中应该避免这种注视，以免引起误会。如果对方的位置低于自己的眼睛，例如客人坐着、服务员站着时，应当轻微俯身，尽量减小俯视的视角差，面带微笑，给人以亲切感(图1-11)。

(2)平视

观察物与眼睛平齐，视线水平地送出，即为平视(图1-12)。在与人交谈时应当尽量做到平视对方，目光柔和。在服务工作中，平视是一种常规要求。平视表现出双方地位的平等，也是对对方的尊重，这样服务人员就可以更好地投入到服务工作中去。

(3)仰视

仰视是抬起头朝上看，容易表现出一种敬仰、高度重视的态度(图1-13)。若低头朝上看往往表现出羞涩、胆怯谦虚、低调的态度。在服务中，仰视目光的使用并不多。只有当本人所处位置较对方低，必要时需抬头仰视对方。事实上，眼睛能够传达很多连语言都无法准确表达的奥妙。正确地进行眼神交流，不仅可以给别人留下美好印象，还能缩短人与人之间的距离，为我们的社交活动起到事半功倍的作用。所以，要善于运用我们多情多义的眼睛，这是我们与生俱来的财富。

图1-11　俯视

图1-12　平视

图1-13　仰视

（二）微笑是每个人最好的招牌

古语云“没有笑颜不开店”。一个微笑能赢得高朋满座，产生最大的经济效益。

“笑口常开，好运自然来！”笑口常开的人会给人一种愉悦、友善、亲切的印象，同时也向周围的人散发出一种自信、真诚、友爱、明朗的气息，每个人都喜欢和这样的人交往、沟通、建立友谊，所以“微笑是每个人最好的招牌”。

只有发自内心的、自然流露的微笑才能引起共鸣，真正的微笑才能使你的形象闪光，才能给人以亲切之感，使人有被接受、被重视的感觉而乐于与你接触。而那些假意奉承的微笑则会给人不真诚、不友善的感觉，会给今后彼此双方的交往和工作带来障碍。

笑有微笑、轻笑、大笑以及羞怯的笑、尴尬的笑、嘲讽的笑等许多种，其中最美的是微笑。

案例启示

记得上次和老总一起坐飞机到北京出差，飞机起飞之前，老总感觉肚子有点不太舒服，于是就请求空姐倒杯开水。空姐听后，带着一脸迷人的笑容十分有礼貌地说：“先生，为了您的安全，请稍等片刻，等飞机进入平稳飞行状态后，我马上给您送水过来，好吗？”，大约过了十分钟，飞机早已经进入平稳飞行状态，可是我们老总要的那杯水却迟迟没有送过来，老总第二次看手表后按响了乘客服务铃。很快空姐就端着水进入客舱，来到老总跟前，十分小心地把水送到老总面前，面带微笑说：“先生，实在对不起，由于我工作的疏忽，延误了时间，对此我感到非常抱歉……”老总没有等她说完，就指着手表毫不客气地说：“你怎么回事？你看看，现在都过了多久了？有你这样服务的吗？”“先生，实在对不起，由于工作太忙，忘记了给您倒水，听到铃声我就第一时同给您送水过来……”不管空姐怎么解释，老总也不肯原谅空姐工作的疏忽。

接下来的飞行途中，空姐为了补偿自己工作的疏忽和过失，每次给乘客服务时，只要一到客舱，空姐就会来到老总面前，面带微笑十分有礼貌地问问老总是否需要水，或者其他的帮助。然而，老总每次都不理她，只是两眼盯着她。这样的情形先后有八次我都看在眼里，真替空姐捏一把汗。老总对我说他要投诉空姐。快到北京了，空姐又一次来到老总面前面带微笑很有礼貌地询问是否需要什么帮助，老总没有理她，而是叫她把乘客留言册送过来，很明显空姐知道老总要投诉自己，却不失职业道德依然面带微笑有礼貌地对老总说：“先生，对不起。无论您提出什么意见，我都会欣然接受！请允许我再一次向您表示真诚的道歉。无论您提出什么批评，我都会虚心接受。”老总欲言又止，打开留言册开始写起来。我没有吱声，在一旁静观其况。飞机顺利降落了，乘客陆续离开了机舱。坐在车上我在想，当空姐忐忑不安地打开留言册时，她一定会十分惊喜。她怎么也不会想到摆在她面前的并不是投诉信，而是一封写得热情洋溢的表扬信。

老总在信中有这么一句话：“是什么让我最终放弃投诉呢？是你最殷勤的服务方式，是你表现出来的最真诚的歉意，特别是你前后多达十一次的温馨的微笑，深深地感动了我。你们的服务质量非常高，我十分满意，以后有机会我还要乘坐你们这趟班机！”

这个案例使我们明白,没有什么东西能比一个阳光般灿烂的微笑更能打动人的了。微笑具有神奇的魔力,它能化解人与人之间的坚冰,这种魔力不仅能够给日渐枯萎的生命注入新的甘露,也会使你的人生开出幸福的花朵。同时,微笑里蕴含的是坚实的、无可比拟的力量,微笑也是身心健康和人生幸福的标志。

法国作家拉伯雷说过这样的话:“生活是一面镜子,你对它笑,它就对你笑,你对它哭,它就对你哭。”如果我们整日愁眉苦脸地生活,生活肯定愁眉不展;如果我们爽朗乐观地生活.生活肯定阳光灿烂。既然现实无法改变,当我们面对困惑、无奈时,不妨给自己一个笑脸,一笑解千愁。真诚的微笑,可以解除忧愁,也可以使人们有生活下去的勇气。

1.微笑的意义

微笑是一个不分文化、民族和宗教信仰的面部表情,每个人都希望能看到一个真诚的微笑(图1-14)。微笑是国际通用的。它是阳光的美丽外衣,一个美丽的笑容就像一个穿过乌云的太阳,能给人带来快乐与希望,能拉近人与人之间的距离。所以,真诚地绽放你的美丽笑容吧!微笑看起来是一个非常简单的动作,人们也常说“笑一笑十年少”,真正发自内心的笑是需要经过练习的。正像一首诗所说的:“微笑一下并不费力,但它却能产生无穷魅力,受惠者变得富有,施予者也并不贫穷。它转瞬即逝,却往往留下永久的回忆……”在高铁时代,在客运工作岗位上,微笑是第一门课程,每名动车乘务员上岗前必须经过强化培训,微笑合格才能上岗,所以,微笑可以迅速营造融洽的沟通氛围,已成为一种基本的服务岗位礼仪规范。

图1-14　微笑

2.人际交往中微笑的作用

在人际交往中,必须时刻保持微笑,至少有以下几个方面的作用。

(1)表现心境良好

一个人如果在他人面前展现愉快的微笑,就说明他的心情非常愉快,给人一种充实满足、乐观向上的感觉,这样的人才会产生吸引别人的魅力。

(2)表现充满自信

一个人如果时刻保持微笑,就表明他对自己的能力有充分的信心,会以不卑不亢的态度与他人进行交往、沟通,就能产生足够的信任感,才会很容易被他人真正地接受与信任。

(3)表现真诚友善

微笑能够反映出一个人心底的坦荡、善良与友好。待人真心真意、实心实意,使他人在与其交往过程中自然地放松,感到越来越亲切,就在不知不觉中缩短了心与心交流的距离。

(4)表现乐业敬业

在工作岗位上始终保持微笑,给人的第一感觉就是非常热爱自己的本职工作,乐于任劳任怨、兢兢业业。特别是在服务岗位上,每一个微笑都可以创造一种和谐融洽的气氛,留给服务对象的是温馨和愉快。

3. 不同场合微笑的作用

在不同场合微笑的作用主要表现在以下几个方面：

(1)在社交场合，如果是初次见面，留给对方一个充满自信、愉悦的微笑，可以让对方感受到你的友好、友善，在无形之中拉近了双方的距离，消除了彼此的约束感。

(2)在职场中，上级如果能够给下级一个肯定和鼓励的微笑，不但会显得平易近人，下级也会为有这样的上级而感到自豪，在工作岗位上会忘我地工作，无形之中会提高下级的工作积极性。相反，面对冰冷的上级，下级只能小心翼翼，很怕说错话、做错事而得罪了上级，长期郁闷的工作就会让下级的工作积极性全部消失，严重者辞职。可见微笑在工作中的重要性。

(3)在商务场合，"微笑公关"更是工作中不可缺少的一部分，在合作过程中，真诚的话语加上真诚的微笑，就等于给对方一个肯定的答案，使对方没有任何拒绝的理由，最终是合作愉快，期待下一次的合作。可见微笑能带来效益，同时有利于双方的交流。

(4)在铁路客运服务中，微笑是铁路动车组列车乘务员服务的一个标志，每趟乘务前都对着镜子告诉自己："今天无论遇到什么样的旅客，都得微笑。"只要这样才会让乘坐列车的旅客愉快地度过旅行生活。

总之，在各种不同的场合，只有恰如其分地运用微笑，前进的道路上才会少很多的障碍，离成功就会越来越近。

4. 微笑的种类

在日常生活中，笑容有很多种：微笑、大笑、傻笑、假笑、狂笑、怪笑、嘲笑、偷笑、冷笑等。每种笑容都传达出不同的心理状态，并产生不同的感受，带来不同的效果。唯独微笑，给人以平静、温柔、友好、亲切、善意、信任之感。

微笑的种类有以下几种。

(1)真诚的微笑

真诚的微笑是发自内心深处的，是一个人真实感情的自然流露，能表达一个人的真实想法。

(2)信服的微笑

信服的微笑是一种带有信任感、敬畏感的内心情怀的面部表情，留给对方的是坚定的信心与肯定。

(3)友善的微笑

友善的微笑是友好、和善的微笑，是一种亲切的、美好的、和谐的、友善的面部表情。能够拉近人与人之间的距离，增进感情。

(4)喜悦的微笑

喜悦的微笑是一种成功或胜利后的表现高兴、愉悦心情的微笑，是努力付出、成功收获后感情的自然流露。

(5)爱恋的微笑

爱恋的微笑是男女之间依恋相爱时的微笑。呈现出的是一种幸福、温馨之感，是一种甜蜜、美好的面部表情。

(6)苦涩的微笑

苦涩的微笑是内心莫大的酸楚或极度的悲伤通过面部表达出来的苦笑，这种苦笑给人的感觉是不想说、不想发泄，只有挂在嘴边才能表达得更加深刻。

(7)娇羞的微笑

娇羞的微笑是娇滴滴的带着羞涩的微笑，给人含苞待放之感。这种微笑是文静、温雅、娇羞的自然流露。

(8)无奈的微笑

无奈的微笑是失败、失意时一种无可奈何的笑，是在非常困惑而又尴尬，无所求助而又无所寄托时必须忍耐的勉强一笑。

(9)虚假的微笑

虚假的微笑是做作的虚心假意的笑。这种笑给人无法信任之感。

(10)礼仪的微笑

礼仪的微笑是陌生人相见微微点头的招呼式、应酬式的笑容，是谦恭的、文雅的、含蓄的、深沉的或带有其他礼仪成分的浅笑。

(11)职业的微笑

职业的微笑是在服务行业中面对服务对象时，热情友好的、文明礼貌的微笑。给被服务对象一种亲切、亲近的感觉。

微笑在生活、工作中起着至关重要的作用，不容忽视。面对服务的对象，无论心情好与坏，无论自己有没有微笑的动因，都需要自觉地面带笑容，形成习惯，才能在工作中得到领导和服务对象的肯定与赞扬，才能为将来的成功奠定基础，微笑地面对生活、微笑地面对一切。

5. 微笑的要点

微笑是指嘴角上扬的浅笑，往往笑不露齿。但是，在服务接待工作中，尤其是女性服务者露出洁白牙齿的笑容看上去更加甜美、友好和亲切。因此，有“露出8颗牙齿的微笑最美丽”之说。不论是否露齿，微笑时都应该是面含笑意，笑不出声。微笑时，不要紧张，首先要放松面部肌肉，然后嘴角两端平均向上翘起，使嘴唇呈现弧形。在正式场合，笑容要适度，不可无节制地放声大笑，也不可遮遮掩掩，让别人尴尬。

(1)微笑的四要

一要口眼鼻眉肌结合，做到真笑。

微笑对自然调动五官，眼睛微眯、眉毛往上扬、鼻翼张开、脸肌收拢、嘴角上翘。

二要神情结合，显出气质。

微笑的时候要精神饱满、热情友好、亲切甜美，显现出非凡气质。如若萎靡不振、为了完成一次接待任务而强求自己微笑的话，给人的感觉就是“这种笑太难为她了”。

三要声情并茂，相辅相成。

微笑不但要甜美，而且还要伴随着礼貌，两者相映生辉。只有声情并茂、热情友好、诚心诚意，才能被人理解和认可，同时这种微笑能起到锦上添花的效果。

四要与仪表举止的美和谐一致，从外表上形成完美统一的效果。

微笑要和你的行为举止同时进行，不能只是用微笑迎接客人的到来，应该根据实际情况有礼貌地为客人做好服务工作，比如给客人倒杯开水并说：“您好！请您慢用！”

(2)微笑的四不要。

一不要缺乏诚意、强装笑脸。

二不要露出笑容随即收回。

三不要仅为情绪左右而笑。

四不要把微笑只留给上级、朋友等少数人。

(3)微笑的三结合

①与眼睛的结合。

“眼睛是心灵的窗口”,眼睛会说话,也会笑。当你微笑的时候,其实你的眼睛也在“微笑”,否则,给人的感觉是“皮笑肉不笑”。如果内心充满温和、友好、善良和厚爱,那眼睛的笑容一定非常动人、感人,让人铭记在心。

②与语言的结合。

如果每天早上睁开眼睛第一件事就是笑着对自己说:“真好,美好的一天又开始了。”一天的工作都会在愉快中度过。到单位时每个人每天都微笑地互相说“早上好”“您好”等礼貌用语,这就是一个充满和谐、温馨、阳光的集体。

③与身体的结合。

微笑要与正确的身体语言相结合,才会相得益彰,给客户以最佳的印象。为以后更好地开展工作奠定基础。

6. 自觉纠正微笑意识表现的偏差

微笑是人间最美丽、最灿烂的面庞。可是谁能想到就是这么一副简单到无须化妆甚至连嘴唇也无须张开,就能产生无穷魅力的微笑,偏偏却难以做到。微笑,对于一些人来说,在某些时候,简直是一种非常难得的美好享受。因为在我们的生活中,经常会感受到、看到各式各样“脸难看”的面孔。因此,要想真正地、完美地体现服务美学的原则要求,只注重微笑与眼神美、语言美的技巧运用是不够的,还需要我们保持平常心,以从容的微笑去面对每一个人,自觉纠正以下微笑意识表现的偏差:

(1)对自己的领导、同事、熟人、亲戚和朋友微笑起来非常容易,一旦遇到陌生人时微笑就很难。

(2)顺心顺意的时候微笑非常容易,遇到不顺心、烦心事、困难时微笑却很难。

(3)对自己看着顺眼的人微笑起来很容易,但对“不顺眼、自己非常不喜欢的人”微笑却很难。

(4)偶尔微笑一下容易,经常微笑却很难。

以上诸偏差,主要是没有真正领悟到微笑的含义、微笑给人们带来的益处以及意识淡薄所致。想要胜任微笑服务的任务和充分体现自己的人生美,就应克服它,把练习微笑当作自己工作的一部分。

7. 微笑训练的基本要求

微笑与眼神美训练的基本要求是能熟练地掌握和运用微笑与眼神的技巧,充分体现微笑和微笑服务的美感。因此,必须努力达到以下的训练要求:

(1)基本了解、掌握微笑服务的一般商业礼仪基本准则、礼节规范动作。

(2)基本了解、掌握微笑服务工作的手势语规范动作。

(3)明确通过微笑与微笑服务训练可以塑造、提升个人形象。

(4)明确微笑新概念、微笑服务新概念,明确微笑服务是人人参与和自我管理的有效形式。

(5)明确微笑服务发展在中国的意义和它是“以人为本”的企业管理理念的完善。

有魅力的微笑是天生的,但依靠自身的努力也完全可以拥有。因此演员或空姐通过微笑练习,能练出迷人的微笑。笑脸中最重要的是嘴型。因为根据嘴型不同,微笑也不同。面部肌肉跟其他肌肉一样,使用得越多,越可以形成正确的移动。从低音到高音一个音一个音地充分进行练习,放松肌肉后,伸直手掌温柔地按摩嘴周围。

第一阶段——放松肌肉

放松嘴唇周围肌肉是微笑练习的第一阶段。又名“哆来咪练习”。嘴唇肌肉放松运动是从低音哆开始,到高音哆,每个音大声清楚地练习三次。

不是连着练,而是一个音节一个音节地练,发音时应注意嘴型。

第二阶段——给嘴唇肌肉增加弹性

形成笑容时最重要的部位是嘴角。锻炼嘴唇周围的肌肉,能使嘴角的移动变得更好看,也可以有效预防皱纹。

如果嘴角变得干练有生机,整体表情就给人有弹性的感觉,不知不觉中显得更年轻。挺直背部,坐在镜子前面,反复练习最大限度地收缩或伸张嘴唇。

用门牙轻轻地咬住木筷子。把嘴角对准木筷子,两边都要翘起,并观察连接嘴唇两端的线是否与木筷子在同一水平线上。保持此状态10秒。然后轻轻地拔出木筷子,练习维持之前的状态。

第三阶段——形成微笑

练习的关键是使嘴角上升的程度一致。如果嘴角歪斜,表情就不会太好看。练习各种笑容的过程中,就会发现最适合自己的微笑。

第四阶段——保持微笑

一旦寻找到满意的微笑,就要进行至少维持那个表情30秒钟的训练。尤其是照相时不能敞开笑的人,如果重点进行这一阶段的练习,就可以获得很大的效果。

第五阶段——修正微笑

虽然认真地进行了训练,但如果笑容还是不那么完美,就要看其他部分是否有问题。但如果能自信地敞开笑,就可以把缺点转化为优点,不会成为大问题。

第六阶段——修饰有魅力的微笑

挺直背部和胸部,用正确的姿势在镜子前面边敞开笑,边修饰自己的微笑。

二、静态仪态

(一)站出自信与风采

站姿是最寻常的姿势,是培养优美仪态的起点,同时也是发展不同动态美如走姿、坐姿、蹲姿的基础。优雅的站姿,会给人以庄重典雅、精力充沛、充满自信、亲切有礼的印象。就如青松般朝气蓬勃、优美挺拔。

在现实生活中，人们的站姿五花八门、千姿百态、各式各样，每个人只要愿意，想怎么站就怎么站、怎么舒服怎么站，不会考虑到自己这么站会不会有损自己的形象。但是在一些正式场合和工作场合，不能站得太随意，这样不但有损自身的形象，还会影响到企业和单位的形象。

人们常说一个人要“站有站相，坐有坐相”，大人在教育孩子的时候也经常这么说。但是这里的“相”并不是说一个人的相貌，而是一个人的姿态，不同的姿态会透露出不同的气质，好的站姿能让人感受到舒服、挺拔、庄重，有一种美感。在铁路客运部门站姿也是非常重要的，从车门口的立岗就能够看出乘务员的自身素质和气质，立岗姿势标准就能体现出铁路运输企业的半军事化管理。

案例启示

有一位年轻人到一家公司应聘，在进行自我介绍的时候状态懒散，给人一种刚睡醒的感觉，身体松垮地斜立着，手懒洋洋地放在裤袋里，并且右腿还不停地抖动，根本体现不出他是来面试的，好像是来看热闹的。面试结束后，面试官告诉他很遗憾公司不能聘用他，因为他的这些行为真的无法让人产生好感，他的种种表现也说明他无法胜任公司的任何一项工作。

我们应该从这个年轻人身上吸取教训。在正常情况下，应聘面谈时，应聘者从一开始就要“立如松”，达到站姿的标准。不能很随意，想怎么站就怎么站，否则最后的结果会很遗憾。

1. 站姿的要领

(1)头正。头正，颈挺直，嘴唇微闭，双目平视前方，下颌微收，面带微笑。

(2)肩平。双肩平正，微向后张，挺胸收腹，气向下压，身体有向上的感觉，自然呼吸。

(3)臂垂。两臂自然下垂于身体两侧，中指贴于裤缝，虎口向前，手指并拢自然弯曲。

(4)躯挺。挺胸、收腹、立腰、拔背。

(5)脚稳。女士两脚跟靠拢，两脚尖略张开成“V”字形或左脚在前右脚在后，左脚的脚后跟靠于右脚的脚窝处，两脚成“丁”字形；男士两腿稍分开与肩同宽，身体重心压于两脚距离的中心线上，身体的重量分布在两条腿上。

2. 站姿的种类

由于性别差异，男女站姿不同，女性有静美感，男性有壮美感，男性和女性客运服务人员在站姿方面的差异主要是手位和脚位的变化。

女性客运服务人员站姿如下(图 1-15)：

(1)体侧式站姿(肃立式)。保持站立的基本姿势，双目平视前方，挺胸收腹，面带微笑，保持上体端直。手位：双手自然下垂放于身体的两侧。脚位：双脚成“V”字形(图 1-15)。

(2)前合手式站姿。手位：右手搭在左手上，双手交叉，右手虎口卡在左手虎口处，右手在上，拇指藏于虎口之中，合握在腹前。脚位：成“丁”字形。这是女性服务人员常用的站立姿势(图 1-15)。

男性客运服务人员站姿如下(图 1-16):

(1)体侧式站姿。保持站立的基本姿势,面带微笑,双目平视,挺胸收腹,保持上体端直。手位:双手自然下垂。脚位:成“V”字形(图 1-16)。

(2)体前握拳式站姿。手位:双手在小腹处相握成握拳状,左手握住右手手腕,或右手握住左手手腕。脚位:两脚跨立与肩同宽,两脚脚尖平行(图 1-16)。

a)体侧式　b)前合手式　a)体侧式　b)体前握拳式

图 1-15　女性站姿种类　图 1-16　男性站姿种类

(3)体后握拳式站姿(图 1-17)。双手在背后腰际相握成握拳状,左手握住右手手腕,或右手握住左手手腕。脚位:两脚跨立与肩同宽,两脚脚尖平行。这是男性服务人员的常用站立姿势。

图 1-17　体后握拳式站姿

3. 不同场合的站立姿势

(1)在升国旗、奏国歌、接受奖品、接受接见、致悼词等庄严的仪式场合,应采取严格的标准站姿,而且神情要严肃。

(2)主持文艺活动、联欢会时,可以将双腿并拢站立,女士可以站成“丁”字步,让站立姿势更加优美。

(3)在发表演说、新闻发言、做报告宣传时,为了减少身体对腿的压力,减轻由于较长时间站立双腿的疲倦,可以用双手支撑在讲台上,两腿轮流放松。

(4)礼仪小姐的站立,要比门迎、侍应更趋于艺术化,一般可采取立正的姿势或“丁”字步。双手端物品时,上手臂应靠近身体两侧,但不必夹紧,下颌微收,面带微笑,给人以优美亲切的感觉。

4. 铁路客运人员在工作岗位为旅客服务时的站姿

在工作岗位上,服务人员在接待服务对象,或者为其提供具体的服务时,在保持基本站姿的基础上,可依照工作的实际需要和实际情况适当变化站姿。

(1)车站客运人员在为旅客服务时的站姿要求

当为旅客服务时,客运人员可以采用标准的站姿。当与旅客进行短时间交谈或倾听旅客的诉说时,客运人员都采用这种标准的站立姿势为旅客进行服务。

①客运人员的头部可以微微侧向旅客,仔细听取旅客的意见或建议,但一定要时刻保持

微笑,准确地回答旅客的问题。

②在为旅客服务时,可以手持物,也可以手臂自然下垂。在手臂垂放时,肩部至中指应开形成一条自然的垂线。

③在为旅客服务时,小腹不宜突出,臀部应当紧缩,挺胸收腹。最关键的地方在于:双脚一前一后站成"丁"字步,左脚的脚后跟靠在右脚的脚窝处;双膝在靠拢的同时前后略为重叠。

(2)列车上的工作人员在为旅客服务时的站姿要求

列车上的工作人员在为旅客服务时,在标准站姿的基础上,往往还必须采用一种特殊的站姿。目的是在保证为旅客服务的基础上,保证自身和旅客的安全。所以列车上的站姿既要安稳、安全,又要兼顾礼貌与美感。当列车正在运行时,要想达到这一要求是有一定难度的。

①列车乘务员在车门口立岗时,标准的站姿是挺胸收腹,脚尖略分开成"V"字形,面带微笑,目视旅客,迎接旅客上车。

②在列车上为旅客服务时,双脚可以适当张开一定距离,重心放在脚后跟与脚趾中间。不到万不得已,叉开的双脚不宜宽于肩部。在车厢内巡视时,身子要挺直,臀部略微用力,小腹内收,不要驼背弯腰。行走中遇有旅客时,应侧身站立,待旅客先行,不得与旅客抢行。遇有旅客问话,面向旅客站立,有问必答。

5. 易出现的不良站姿(图1-18)

(1)身躯歪斜

古人对站姿曾经提出"立如松"的基本要求。说明站立姿势以身躯直正为美。若站立时,身躯出现明显的歪斜,将直接破坏人体的线条美,而且还给人以颓废消沉、无精打采、自由放纵的直观感受,比如将身体靠在门上或者其他东西上站立是典型的懒婆娘姿势。

a)身躯歪斜

b)弯腰驼背

c)双脚叉开

图1-18　不良站姿

(2)弯腰驼背

弯腰驼背其实不过是身躯歪斜的一种特殊表现。弯腰驼背和长时间低头玩手机和打游戏,以及坐姿的不规范等有着直接的关系。弯腰驼背除腰部弯曲、背部弓起之外,大都会伴有颈部弯缩、胸部凹陷、腹部挺出等其他不雅体态,显得精神欠佳、萎靡不振。

(3)双脚叉开

一般情况下双腿在站立时分开的幅度越小越好。可能的话,双腿并拢最好,即使分开,也要注意不可使分开的距离超过本人的肩宽。

（4）脚位不当

标准的站姿要求站立时呈现“V”字形、“丁”字形和平行式等脚位，但是在正常生活中，采用“八”字形、蹬踏式等脚位则是不允许的。所谓“八”字形脚位，指的是站立时两脚脚尖向内，两脚后跟分开幅度较大，这一脚位又叫“内八字”。另一种是站立时两脚脚尖向外分开幅度较大，两脚后跟却向内，这一脚位又叫“外八字”。所谓蹬踏式，是指站立时为图舒服，在一只脚站在地上的同时，另一只脚踩在鞋帮上、踏椅上或跨在桌面上等。

（5）手位不当

站立时不当的手位主要表现在：一是将双手抱在胸前；二是将双手插在衣服的口袋内；三是将双手支撑在某处，有的用双手托住下巴；四是爱搞小动作，如摆弄头发、衣角，咬手指甲等。这些不良习惯，给人以随意、不懂礼貌、缺乏自信的感觉，而且也有失仪表的庄重。

（6）浑身乱动

站立是一个相对静止的仪态，不宜频繁变动体位。身子扭来扭去，腿脚不停地抖来抖去，会给周围的人留下很不好的印象。

6. 站立注意事项

（1）站立时，切忌东倒西歪、东张西望、无精打采，或者懒散地倚靠在桌子上、墙上或其他东西上。

（2）站立时，不要将身体的重心明显移到一侧，只用一条腿支撑着身体，这样会失去平衡。男子双脚分开站立时，注意两脚之间的距离不可过大，不要挺腹翘臀。

（3）站立时，不要低头、歪脖子、含胸、端肩、驼背。

（4）站立时，身体不要乱动、搞小动作。

（5）站立时，在正式场合，不要将手抱在胸前，不要双手叉腰、插兜，更不要将双手背在后面或者做出掏耳朵、挖鼻孔等不文明不礼貌的动作。

（6）站立时，不要两腿交叉站立。

技能练习

（1）对镜练习

面对镜子进行训练，从镜子中观察自己的站姿是否正确、优美，必要时可请他人进行协助和指导。在找到标准站姿的感觉后，坚持每次20分钟左右的训练，以巩固动作技能，形成习惯性站立姿态。

（2）头顶书本

双手扶把杆，双脚靠拢，两膝间可夹一本书，保持所夹书不掉落，书的厚度可逐渐减薄。停留10秒。重复练习10次为1组，共练5组。

（3）背靠墙训练

要求头、背、臀和脚后跟紧贴墙壁站直，停留5～10分钟。

（4）背靠背站立

两人一组，要求两人后脚跟、小腿、臀部、双肩、脑后枕部相互紧贴，停留10分钟。

（二）“坐”出来的形象

所谓“坐如钟”，就是指坐姿要像钟一样端庄沉稳、镇定安详。优雅端庄的坐姿是一种基本的静态体位，是指人在就座以后身体所保持的一种姿势；优雅端庄的坐姿是一种文明行为，它既能体现一个人的形态美，又能体现其举止行为的端庄；优雅端庄的坐姿能给人以温文尔雅、稳重大方的美感，给人留下良好的印象。

生活中，人们常常奉行，能坐着保证不会站着，特别是在公共汽车上，上下班时间人比较多，可以说人挨着人。这时候要是坐着的话就比较舒服，但是如果有老人和小孩，我们就要把座位让给他们，体现尊老爱幼的传统美德。

生活中，会有很多的不经意的小尴尬让你记忆深刻。

小李和丈夫回忆起当年的初次约会，让他们印象最深刻的是小李在入座的时候，由于用力过猛，椅子发出令人尴尬的响声，因为当时餐厅里非常安静，响动非常刺耳，所有的目光都投向了他们两个，丈夫只能用笑缓解尴尬，当时他们两个人的脸都红了。

优雅端庄的坐姿不仅是心性的修炼，更是个人教养的直接体现。从现在开始我们要时刻注意自己的坐姿，不要让它成为无情的扣分点。要在坐着的时候留给别人一个良好的形象，让别人感到愉快。

1. 坐姿的基本要求

坐姿包括入座、落座和离座三个过程，每个过程又有其相应的基本要求。

(1)入座

入座要求保持轻、稳、缓，有如下两种方式：

①侧身走近座椅，从座椅的左侧轻轻落座，一般坐在椅面2/3的位置，不要坐满或只坐很少一部分(图1-19)。

图 1-19

②面向座椅，直接走到座位前，转身后站稳，右脚向后撤半步，用小腿确定座椅的位置，轻稳地坐下，收回左脚与右脚并拢，如果女士着裙装，落座前，应先用手将裙装下摆收拢一下，不可在落座后再整理衣裙。

入座的注意事项：

①入座时，要分清主次关系，请客人先入座，不能抢先入座。

②从座位左侧入座，在移动脚步的过程中一定要注意轻、稳，尽量不要发出过大的响声，注意避免小碎步和斜跨步。

③落座后无论与周围的人是否认识，都应向身边人打招呼，向较远距离的人点头致意。

④以背部靠近座椅。入座过程中不能背向其他人，不然动作不文雅，显得不尊重。

(2)落座

落座时同站姿一样，上体要求正直、舒展，下体依据不同场合的要求形成不同姿态，具体要求如下：

①两眼目光平视前方，嘴唇微闭。

②双肩平正放松，立腰、挺胸，上身自然挺直。

③双脚并拢，左右大腿大致平行，膝弯曲大致成直角，双脚平放在地面上，手轻放在大腿上，男士可在此基础上，膝盖稍分开一拳的距离。

(3)离座

离座前，先以语言或动作向周围的人示意或暗示，请他们做好心理准备，右脚向后收半步，轻稳站起，站稳后从座椅左侧离座。

离座时的注息事项：

①事先示意。离开座椅时，身旁如有人在座，须以语言或动作先向其示意，随后方可站起身来。

②注意先后。与他人同时离座时，须注意起身的先后次序。地位低于对方时，应稍后离座；地位高于对方时，则应首先离座；双方身份相似时，可同时起身离座。

③起身缓慢。起身离座时，最好动作轻缓，尤其要避免弄响座椅，或将椅垫、椅罩掉在地上。

④起身后，应该从左侧离座。和“左入”一样，“左出”也是一种礼节。

⑤站好再走。离开座椅后，先要采用基本的站姿。站定之后，方可离去，否则会显得太过匆忙。

2. 坐姿的种类

(1)男士坐姿

常见的男士标准坐姿大致分为以下几种：

①标准式坐姿。

标准式坐姿要求上身挺直，双肩正平，小腿垂直于地面，两脚和两腿自然分开，与肩同宽，大腿和小腿成90°角，双手以自然手形分放在两膝后侧。

②前伸式坐姿。

在标准坐姿的基础上，双脚前伸一脚掌的距离，全脚掌着地，脚尖不能翘起。

③交叉式坐姿。

男士双脚脚踝部位交叉，双膝自然分开一拳左右的距离。可以调整双脚的位置形成前交叉，后交叉及侧交叉式坐姿，无论双脚位置在哪儿，脚尖都不能翘起，须前脚掌或全脚掌着地。

④屈直式坐姿。

屈直式坐姿也叫作前伸后屈式坐姿，要求右小腿屈回，前脚掌或全脚掌着地，左脚前伸一脚掌距离，全脚掌着地。两脚一前一后，自然分开，双手分放于大腿中部。

⑤重叠式坐姿。

重叠式坐姿要求一条腿垂直于地面，另一条腿在上重叠，小腿向内收，脚尖斜向下，双手自然放在架起的腿上，双腿尽量重叠，不要留过大缝隙。

(2)女士坐姿

常见的女士标准坐姿(图1-20)大致分为以下几种：

①标准式坐姿(正式坐)。

要领：抬头，挺胸收腹，沉肩立领，双臂自然下垂，目光平视，面带微笑。双腿并拢，上身挺直，两脚两膝并拢，两手搭放在双腿上，置于大腿 1/2 处；上身和大腿、大腿和小腿都应成直角，小腿垂直于地面。

a)标准式　b)侧点式　c)交叉式　d)屈直式　a)重叠式

图 1-20　常见的女士坐姿

②侧点式坐姿。

要领：双膝并拢，双脚向左或向右斜放，内侧的脚稍稍内收，斜放后的腿部与地面成 45°角。这种坐姿适用于穿短裙的女士在较低处就座。

③交叉式坐姿。

要领：双脚交叉，双膝并拢。可以调整双脚的位置形成前交叉，无论双脚位置在哪儿，脚尖都不能翘起，须前脚掌着地或脚尖点地。

④屈直式坐姿

要领：屈直式坐姿也叫作前伸后屈式坐姿，要求上身挺直，大腿靠紧，一脚在前，一脚在后，前脚全脚掌着地，后脚前脚掌或脚尖点地，双脚前后要保持在一条直线上。

⑤重叠式坐姿

要领：重叠式坐姿要求先将双腿一上一下交叠在一起，交叠后双腿之间不能留有缝隙，小腿贴紧，叠放在上方的脚尖应垂向地面，犹如一条直线。

3. 坐姿的禁忌（图 1-21）

在别人面前落座时，一定要遵守"律己敬人"的基本规定，注意自己的形象。

a)架腿　b)将腿放在桌椅上

图　1-21

c)脚尖指向他人　　d)脚蹬踏他物

图1-21　坐姿禁忌

(1)架腿

入座后将双腿架在一起，虽然不是绝对不可以，但正确的方式应当是两条大腿相叠，两腿并拢，若把一条小腿架在另一条大腿上，并且两腿之间留有很大的空隙，不但不美观、粗俗，而且显得不雅观。

(2)双腿叉开过大

双腿如果叉开过大，不论大腿叉开还是小腿叉开，都非常不雅，特别是身穿裙装的女士更不要忽略了这一点。

(3)双腿直伸出去

双腿直伸出去既不雅观也妨碍别人，身前如果有桌子，双腿尽量不要伸到外面去。

(4)将腿放在桌椅上

有人为了舒服，喜欢把脚架在高处，甚至趴在身前的桌子上，这样的坐姿是非常不雅的。

(5)抖腿

坐在别人面前，反复地抖动或摇晃自己的腿部，不仅会让人心烦意乱，而且也给人以极不安稳的印象。

(6)脚尖指向他人

不管是哪一种坐姿，都不要以脚尖指向别人，因为这样是非常失礼的坐姿。

(7)脚蹬踏他物

坐下来后，脚一般都要放在地上，脚在其他物体上乱蹬乱踩是非常失礼的。

(8)用脚自脱鞋袜

在外人面前就座时用脚自脱鞋袜，显然是非常不文明不礼貌的，让周围的人非常反感。

(9)手触摸脚部

就座以后很随意地用手抚摸小腿或脚部，是极不雅观又非常不卫生的。

(10)手乱放

就座后，手不要乱放，要放在身前，有桌子时放在桌上。双肘支在面前的桌子上，双手托着下巴或者夹在两腿间都是非常不妥的姿态。

4. 坐姿的注意事项

(1)注意头部端正

入座后，不要出现仰头、低头、扭头、歪头等动作。头部应和地面垂直。但在办公室办公的时候，看桌上的文件、物品时必须低头；在回答别人问题时，一定要抬起头来，眼睛看着对方，否则会给别人一种爱理不理的感觉；在和别人交谈的时候，可以面向正前方，或者面部侧向对方，一定要记住千万不可以把后脑勺对着对方。

(2)注意身体直立

坐好后，上身挺拔、端正需要注意的地方有以下几点：

①椅背的倚靠。

倚靠座椅主要是为了休息。因工作需要而就座时，不应当把上身全部倚靠在座椅的背部，正确的做法是最好一点都不倚靠，这才是正常的工作坐姿。

②椅面的占用。

入座时要轻，不要坐满椅子的椅面，也不要坐在 1/3 或 1/2 处，应当坐在椅子的前 2/3 处。

③身体的朝向。

在与人交谈的时候，应面向对方，面带微笑，表示重视，同时应将整个上身朝向对方，以示尊重。

④基本的轮廓。

入座后，为了展示坐姿的美观，上身应保持正直，胸部挺起，腹部内收，头、背和腰部一定要直立。

(3)注意双手摆放

男士可将双手分别放在大腿上，女士可将双手叠放在腿上。当与人侧身交谈时，通常将双手置于自己所侧向一方的那条大腿上。如果坐在桌子旁边，可将双手平扶于桌子边沿或是双手相握置于桌面上。注意避免双手放在桌子上摆弄笔或其他物品；或者一只手放在桌上，一只手放在桌子下面。

(4)注意双腿的摆放

入座后，大腿与小腿、小腿与地面应尽量保持垂直。男士可以双膝打开，与肩同宽。女士双腿垂直于地面，必须双膝合拢，这样才是标准坐姿，在标准坐姿的基础上还有前后式坐姿、斜放式坐姿、叠放式坐姿等。除特殊情况外，无论哪一种坐姿都必须注意入座后不要乱动，坚决杜绝脚尖划地、习惯性斗腿等不雅动作。

技能练习

对于坐姿的练习应该首先加强入座和离座的训练，这样就能使整体就座过程连续、流畅。可以利用具体情境进行训练，这样就更富感染力。

(1)坐姿的训练。

入座的五步：一迈、二跟、三靠、四坐、五整理。从左侧入座、离座，动作要轻。在训练过程中，可以采用对镜规范训练和工具辅助训练(如头顶书籍)等方式，初级练习时每次的训练时间应保持在 10 ~ 20 分钟；之后可随技能的掌握水平逐渐减少连续练习的时间。

(2)运用具体的情境模式来练习。

例如招聘会、校友会等等,把坐姿与情境相结合,根据不同的情境采取不同的标准坐姿,并按规定保持姿态,每次训练控制在10~15分钟,可分多次进行。

(3)每次训练应坚持15~20分钟,配上舒缓优美的音乐。牢记“动作轻、左进出、右腿移、上体直、双眼平稳而紧”的口诀。

三、动态礼仪

(一)“行走”是一道靓丽的风景线

通过一个人行走的姿态,就可以看出他的性格特点,还可以窥见他的人生态度。有的人行走时喜欢徐徐漫步,有的人则喜欢快速行走,有的人行走时昂首挺胸,有的人则愿意埋首低头,有的人行姿优雅而又洒脱,有的人则弯腰驼背而又步履蹒跚。在现实生活和工作中,行走的时间往往要比站立的时间多。比如,经常会出现一种现象,当一个人从远处向我们走来的时候,我们虽未看清他的真正面貌,但是可以从他的行姿以及衣着风格判断出他的性格、家庭、职业、受教育情况等等。

行姿是人体所呈现出的一种姿态,是站姿的延续。先站好了才能走,就像小孩学走路一样,得先让孩子学站,之后再走。每个人在行走时都是一道风景线,而我们应该如何去展示这道美丽的风景线呢?

案例启示

小华身高173cm,身材匀称,长相漂亮,气质也好,是一块天生的模特料,但是她面试了很多家模特公司全都被拒绝了。问题都出在她走路的姿势上,她从小就是严重的外八字,走起路来两脚分开很大,像一只摇摇晃晃的鸭子。爸爸妈妈早就提醒她要改正这个走路姿势,但是她一直不听,经历多次失败后,她终于决定修正自己走路的姿势了。

这个生活中的小案例,是很多人普遍存在的现象。我们要严格要求自己改正不标准行姿,走出一道靓丽的风景线。

行走的姿势是行为礼仪中必不可少的内容。而行走一般又是在公共场所进行的,所以要非常重视行走姿势的轻松优美。

1. 行姿的基本要求

(1)正确行姿的基本要点是:整体协调,步伐从容,步态自然轻松而又平稳,两臂摆动幅度适中,行走的步子大小适中,两只脚踩的是一条直线。具体而言应该是轻而稳、头抬起、双目平视、肩平、躯挺、步位直。

①头正。双目平视前方,收颌,表情自然平和,面带微笑,不卑不亢。

②肩平。两肩平稳,防止上下前后摇摆,也不要摇晃肩膀和上身,不要过于僵硬。双臂前后自然、轻松地摆动,前后摆幅在30°~40°,两手自然弯曲,离开双腿不超过一拳的距离。

③躯挺。上身挺直,收腹立腰,重心稍前倾。

④步速平稳。速度应保持均匀、平稳，不要忽快忽慢。在正常情况下，步速应自然、稳健，这样才显得成熟和自信。

⑤步幅适当。一般应该是前脚的脚跟与后脚的脚尖相距为一脚长，由于性别、身高、服饰的不同在一定程度上会有差异。如女士穿裙装（特别是穿旗抱、西服裙时）、高跟鞋时行走步幅应小些，但是不能走小碎步，穿长裤时步幅可以大一些。

⑥步位直。两只脚的内侧落地时行走线迹是一条直线。不在一条直线时间久了，如鞋底的内侧磨损严重，可能是X形腿或者内八字。

⑦全脚掌着地。膝和脚腕不可过于僵直，否则整个身体显得非常古板、僵硬。前脚着地，后脚离地时，双腿的膝盖应保持挺直，避免走路时身体上下起伏。

2. 行姿的种类

男子行走时，步伐雄健有力，身体挺直，走平行线，展现出男人强健有力的阳刚之美。女子行走时，步履轻捷、优雅，步伐略小，走直线，展现出女人温柔娇气的阴柔之美。

(1)后退步

当与人告别时，应先后退两三步，再转身离去。退步时脚轻擦地面，步幅要小，先转身后转头。在列车上软卧乘务员为包房内旅客提供换票、送水等服务时，采用的就是后退步。

(2)引导步

引导步是走在前边给宾客带路的步态。引导时，要根据实际情况尽可能走在宾客左侧前方，整个身体半转向宾客方向，保持两步的距离。在行走过程中，当上下楼梯、拐弯时，一定要伸出左手示意，提示请客人上楼、下楼、拐弯等，做好引导服务工作。

(3)前行转身步

在行走时，如若遇有拐弯，向左拐时，要右脚在前时转身；向右拐时，要左脚在前时转身。转身时，要在所转方向远侧的一脚落地后，立即以该脚掌为轴，转过全身，然后再迈出另一脚。不要突然转身，否则会失去平衡，容易摔倒。

(4)直线步姿

在行走时，无论是女士还是男士都应该挺胸、收腹、直腰，两眼平视，目视前方，面带微笑，肩平，双臂自然放松地前后摆动，节奏快慢适当，脚尖微向外或向正前伸出，脚跟先落地，脚掌紧跟落地。行走线还是一直线，给人一种矫健轻快、从容不迫的动态美。

(5)高跟鞋步姿

当女士穿上高跟鞋时，就会自觉地挺胸、收腹、腿向后倾斜，身体略向前倾，行走的步伐就会略小，展现在别人面前的是气质非凡、高雅端庄、职业性的女强人。

3. 特殊情况下的行姿

(1)陪同引导

在陪同客人时，应遵循“以右为尊”的原则，陪同客人一同行进。引导一般情况下是引领客人、为客人带路，应该走在客人前方。一般的规则是礼让右方，应走在客人左前方约1米的位置，但是当客人不熟悉前进方向时，不应该让客人在外侧。陪同人员行走的速度要与客人相协调，根据客人的速度适当调节。当经过楼梯、拐角或道路不平、照明不良的地方时，要做好提醒提示工作，并伴有必要的手势指引。

(2)上下楼梯

上下楼梯时,坚持“右上右下”原则。不与人并排行走,要从右侧上下,让出左边的地方供有急事的人通过。因为楼梯上行人来往很频繁,切记不要站在楼梯上和别人交谈,不要在楼梯上和别人抢行,不要在楼梯上边走边玩手机,以免脚下失控摔倒,不要站在楼梯上休息,不要在楼梯上慢悠地走,影响别人通行。如果是陪客人上楼,陪同人员应该走在客人的后面;如果是陪客人下楼,陪同人员应该走在客人的前面。

(3)进出电梯

①如果是无人操作的电梯,工作人员必须自己先进后出,以方便控制电梯,为客人做好服务工作。如果是有人操作的电梯,则应“后进后出”,但是一定要做好引导工作。

②牢记“先出后进”。乘坐电梯时,正常情况下是先让里面的人出来,外面的人再进入。否则就会出现里面的人出不来,外面的人进不去,造成拥堵和滞留现象,导致电梯无法正常运行。

③尊重周围的乘客。要侧身进入电梯,进入后应尽量站在里面,避免碰到别人。遇有人多的时候,应面向内侧,或者与他人侧身相向。出电梯时,应该侧身而出,提前做好下电梯的准备,换到电梯门口,等候下电梯。

(4)出入房门

进入或离开房间时,应注意以下细节问题:

①先通报。进入房门前,一定要先轻轻叩门或按铃,向房内的人进行通报,经允许后方可进入。坚决反对贸然进入或者一声不吭,不但非常尴尬,而且也是非常失礼的表现。

②用手开关门。出入房门时,一定要用手来开门或关门。不准用脚尖踢门、用臀部撞门、用膝盖拱门、用肘部顶门等,这些开关门的方式都是非常不妥和不礼貌的做法。

③后入后出。为表示礼貌,当和别人一起出入房门时,本着“后进门、后出门”的原则,邀请对方先进门,自己再进门,出来的时候是请对方先出门,自己再出门。

④为人拉门。在为人拉门或推门时,自己应处于门后或门边,以方便他人进出。陪同和引导别人时,自己有义务在出入房门时替对方拉门或是推门。

4. 行姿的基本要领

(1)行姿是站姿的延续动作,行走时,必须保持站姿中除手和脚以外的各种要领。

(2)行走时使用腰力,身体重心稍向前倾。两手前后自然协调摆动,手臂与身体的夹角一般在10°~15°,由大臂带动小臂摆动。跨步均匀,步幅约一只脚到一只半脚的大小。

(3)迈步时,两腿间距离要小。出脚和落脚时,脚尖脚跟应与前进方向近乎一条直线,避免“内八字”或“外八字”。女性穿裙子或旗袍时要走成一条直线,使裙子或旗袍的下摆与脚的动作协调;穿裤装时,宜走成两条平行的直线。

5. 行姿禁忌

(1)身体乱晃,扭臀,手插兜,方向不定,东张西望。

(2)步子时快时慢,重心向后,脚步拖拉。

(3)“内八字”或“外八字”的步伐。

(4)弯腰驼背的行姿。

(5)脚蹭地皮的行走。

(6)多人行走时,勾肩搭背、大呼小叫。

技能练习

1. 动作要领

(1)摆臂。保持基本站姿。在距离小腹两拳处确定一个点,两手呈半握拳状,斜前方均向此点摆动,由大臂带动小臂。

(2)展膝。保持基本站姿,左脚跟提起,脚尖不离地面,左脚跟落下时,右脚跟同时提起,两脚交替进行,脚跟提起的腿屈膝,另一条腿膝部内侧用力绷直。做此动作时,两膝靠拢,内侧摩擦运动。

(3)平衡。行走时,在头上放个小垫子或书本,用左右手轮流扶住,掌握平衡之后,再放下手进行练习,注意保持物品不掉下来。

2. 迈步分解动作练习

(1)保持基本站姿,双手叉腰,左腿擦地前点地,与右脚相距一个脚长,右腿直腿蹬地,髋关节迅速前移重心,成右后点地,然后换方向练习。

(2)保持基本站姿,两臂体侧自然下垂。左腿前点地时,右臂移至小腹前的指定位置,左臂向后斜摆,右腿蹬地,重心前移成右后点地时,手臂位置不变,然后换方向练习。

3. 行走连续动作训练

(1)左腿屈膝,向上抬起,向正前方迈出,脚跟先落地,经脚心、前脚掌至全脚掌落地,同时右脚跟向上慢慢垫起,身体重心移向左腿。

(2)换右腿屈膝,经过与左腿膝盖内侧摩擦向上抬起,勾脚迈出,脚跟先着地,落在左脚前方,两脚间相隔一脚距离。

(3)迈左腿时,右臂在前;迈右腿时,左臂在前。

以上动作连贯运用,反复练习。

(二)典雅的“蹲姿”免失尴尬

蹲姿是人在处于静态时的一种特殊体位。蹲姿不像站姿、坐姿、行姿那么平凡地运用于人们的生活中。蹲姿更多地体现在女性身上,优雅的蹲姿更好地体现女性的韵味。而不良的蹲姿对一个人的形象同样具有巨大的杀伤力,使优雅的女性变得粗俗。

在日常生活中,人们对掉在地上的东西,一般是习惯弯腰或蹲下将其捡起但作为一名公务人员或工作人员对掉在地上的东西,像普通人一样采用随意弯腰蹲下捡起的姿势是非常不合适的。另外当女性穿着短裙或旗袍时,最难做的一件事就是下蹲拾东西。那么如何下蹲取物、拾物才会显得比较典雅又不导致尴尬呢?

案例启示

小红是一家公司的总经理秘书,长相甜美,性格温顺,工作能力又特别强,深受王总器重。但是,自从发生了一件小事后,王总对小红的态度发生了变化。那天,小红陪王总去见一个客户。正当王总与客户握手时，小红抱着的文件夹掉到了地上。于是小红立马旁若无人地蹲下，甚至都没有合上双腿，就把文件夹捡了起来。这个动作使王总与客户看得目瞪口呆。王总想不通，为什么这样一个长相甜美的女孩会做出如此粗鲁的动作呢？是她根本不注重自己的形象，还是她根本不懂得拾捡物品蹲姿的礼仪呢？

其实蹲姿与站姿、坐姿、走姿是有所不同的，一个不当的蹲姿，可以使你的形象大打折扣。小红就是一个典型的例子。蹲姿好像是坐姿，但臀部不会触及座位；蹲姿又好像是跪着，但膝盖没有着地。所以，典雅的蹲姿，才能显示自己的魅力。

1. 蹲姿的基本要领

在下蹲的时候，一脚在前，一脚在后，两腿向下蹲，前脚全着地，小腿基本垂直于地面，后脚脚跟提起，脚尖着地。对于女性来说，应当靠紧双腿，而男性则可适度地将双腿分开。臀部向下，基本以后腿支撑身体。

以拾捡物品为例，若站在物品的左方，右脚应稍后（不重叠），两腿应靠紧向下蹲（男士两腿之间有适当距离）。左脚全脚着地，小腿基本垂直于地面，右脚脚跟提起，脚掌着地。右膝低于左膝，右膝内侧靠于左小腿内侧，形成左膝高右膝低的姿势。臀部向下，基本以右腿支撑身体。

当伸手取物时，身体应尽量放松，保持上身挺直。弯腰曲背的姿势会影响人体外形的美观，也很不雅观，还会很容易露出腰部。

（1）下蹲时，应自然、得体、大方。

（2）下蹲时，两腿合力支撑身体，避免滑倒。

（3）下蹲时，应使头、胸、膝关节在一个角度上，使蹲姿优美。

（4）女士无论采用哪种蹲姿，都要将腿靠紧，臀部向下。

2. 常见的蹲姿（图 1-22）

（1）交叉式蹲姿

交叉式蹲姿适用于女性，特别是穿短裙的女性。在日常生活中常常会用到蹲姿，下蹲时右脚在前，左脚在后，右小腿垂直于地面，全脚着地。左膝由后面伸向右侧，左脚跟抬起，脚掌着地。两腿靠紧，合力支撑身体。臀部向下，上身稍前倾。如集体合影前排需要蹲下时，女士可采用交叉式蹲姿。

a)交叉式

b)高低式

图 1-22　常见的蹲姿

(2)高低式蹲姿

与“交叉式蹲姿”相反,下蹲时左脚在前,右脚稍后,两腿靠紧向下蹲。左脚全脚着地,小腿基本垂直于地面,左脚脚跟提起,脚掌着地。左膝高于右膝,右膝内侧靠于左小腿内侧,形成左膝高右膝低的姿态,臀部向下,基本上以左腿支撑身体。

(3)半跪式蹲姿

半跪式蹲姿又叫“单蹲式”。左脚平放在地上,左腿自然弯曲向左打开约30°,右脚尖着地,右脚跟翘起,将臀部的重心落在右脚跟上,右膝向下向右打开约60°,两手平放在大腿上,指尖与膝盖取齐,两肘紧贴两肋,上身挺直,昂首挺胸,目视前方。这种蹲姿适用于长时间的下蹲。

无论采用哪种蹲姿,女性都要注意将两腿靠紧,臀部向下,使头、胸、膝关节在一个角度上,从而塑造自己典雅优美的蹲姿和具有女性韵味的形象。

3. 蹲姿的适用情况

(1)整理工作环境时

如打扫教室卫生、摆放列车上行李物品时可以采用蹲姿。

(2)给予他人帮助时

在为儿童服务时可以使用蹲姿,如与儿童交谈或协助运送物品时。

(3)捡拾地上物品时

帮助他人拾捡掉在地上的物品时常使用蹲姿。

(4)整理自己着装时

在一定场合需要整理自己的鞋袜时,应当采用正确的蹲姿。

4. 蹲姿的禁忌

(1)在弯腰捡拾地上的物品时,两腿叉开,臀部向后撅起,或者直接弯下腰拾捡物品,两腿展开平衡下蹲,这些都是最不雅观的姿态。

(2)穿裙装或者旗袍的女士应该特别注意,内衣“不可以露,不可以透”,不能毫无遮掩地下蹲。

(3)下蹲时,切记勿离人太近,应与身边的人保持一定的距离,避免彼此迎头相撞,并且在下蹲时,速度也不要太快,往往冒冒失失地下蹲不但不符合礼仪要求,有时也会出现非常尴尬的局面。

(4)在别人没有防备的情况下突然下蹲,自己会很容易失控,也会引起旁人的惊恐。

(1)动作分解

以小组为单位进行练习,5人一组,互相监督,互相指导,将蹲姿步骤中的每一步进行分解练习,时间是20分钟,每组每人练习5次。

(2)与行姿结合

模拟情境现场,正在行走,遇有物品掉落在地上,首先走到物品的左侧拾捡,然后走到右侧拾捡,反复练习。时间为15分钟。

（三）鞠躬展示礼仪风度

鞠躬礼是人们在生活中对别人表示恭敬、尊重的一种礼节，行鞠躬礼时，须脱帽，呈立正姿势，面带笑容，目视受礼者。女士的双手下垂搭放在腹前，男士双手自然下垂，贴放于身体两侧裤线处，然后上身前倾弯腰，下弯的幅度可根据施礼对象和场合决定鞠躬的度数。鞠躬礼既适用于庄严肃穆、喜庆快乐的仪式，也适用于一般的社交场合。

在一般的社交场合中，晚辈对长辈、下级对上级、学生对老师等都可行鞠躬礼；领奖人上台领奖时，向授奖者及全体与会者鞠躬行礼；演讲者也用鞠躬礼来表示对听众的敬意。

案例启示

2006年11月9日，在瑞士日内瓦，陈冯富珍当选为世界卫生组织新任总干事。在宣布当选结果之后，陈冯富珍女士以中国人传统作揖的方式向在场的人表示感谢。事后接受记者采访时，陈冯富珍女士解释选择作揖方式的原因："因为我是中国人，作揖又是中国的传统礼仪。"在那样一个场合，她认为用作揖这种方式比较恰当。另一方面，确实也无法跟全场所有的人一一握手表示感谢。这是中国人首次提名竞选并成功当选联合国专门机构的最高领导职位。这一天对中国人来说，有特别的意义，而传统礼仪的出现，无疑从心理上强化了这种特别意义。

鞠躬礼是一种比较常见的礼仪，一般来说在晚辈与长辈之间、上级与下级之间、朋友之间、主人与客人之间，为了表达对对方的尊重、友好，都可以行鞠躬礼（图1-23）。

图1-23 鞠躬礼仪

1. 鞠躬礼仪的基本要领

（1）以标准站姿为基础，双眼注视对方，面带微笑，站姿端正，面对客人，不要只点头不躬身，上身前倾弯腰。

（2）在行鞠躬礼时，男性双臂自然下垂靠住身体，手指并拢，轻贴于大腿外侧，中指贴于裤缝。女性则将双手交叉握于身前，右手握于左手上。头、背、颈尽量成直线，以臀部为轴鞠躬。

（3）在行鞠躬礼时，吸一口气弯下上身，在吐气时间里完成鞠躬礼，在吸气中抬起上半身及头部，恢复礼前姿势。

(4)在行鞠躬礼时,最初双目是注视客人,随着躬身动作,视线慢慢由对方脸上落至自己的脚前 1.5 米处(15°礼)或脚前 1 米处(30°礼)。

(5)在行鞠躬礼时,礼貌语言如“您好！欢迎光临!”,应伴随鞠躬礼同时进行,对客人的到来表示欢迎。

2. 根据鞠躬的度数分类(图 1-24)

(1)15°鞠躬礼(点头礼或颔首礼)

鞠躬的角度应为 15°,适用于与熟人打招呼、握手、与长辈或上级擦肩而过的时候,或对对方的关照表示感谢的时候使用,口头致谢固然重要,但加上“点头”鞠躬,更能体现诚意。也用于客运人员在服务工作中迎接旅客和欢送旅客。鞠躬时双目注视脚尖前 1.5 米处地面。

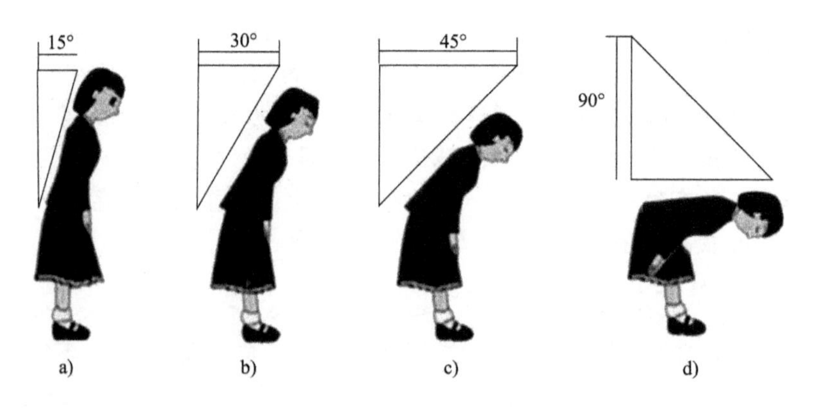

图 1-24　按鞠躬的角度数分类

(2)30°鞠躬礼

鞠躬的角度应为 30°,适用于社交和工作环境中的接待、服务,表示施礼者郑重、尊重之意;同时还用于客运人员在服务工作中的致意。鞠躬时双目注视脚尖前 1 米处地面。

(3)45°鞠躬礼

鞠躬的角度应为 45°,是一种最郑重的鞠躬礼。适用于服务场合中的致谢和致歉,态度诚恳而又忠诚。

(4)90°鞠躬礼

鞠躬的角度应为 90°,是最高的鞠躬礼节。主要适用于特殊的社交环境。如“婚礼”“追悼会”。

3. 鞠躬礼仪应注意的原则

鞠躬时要注意将帽子摘下,因为戴帽子鞠躬既不礼貌,又容易滑落,使自己处于尴尬境地。鞠躬时目光应向下看,表示一种谦恭的态度,不要一面鞠躬,一面试图翻起眼睛看对方。

4. 行鞠躬礼的三项礼仪准则

(1)当他人向你行鞠躬礼时,应该立即还以鞠躬礼。鞠躬礼在一些国家(如日本、朝鲜、韩国等)较为盛行。如果去日本访问、旅游,经常会被告诫“记得擦亮你的鞋”,因为别人鞠躬时常常会看到你的鞋。

(2)地位较对方低的人要先行鞠躬礼。如果对方是长辈、上级、师长,应该先鞠躬;当以主人身份迎接客人时,也要先鞠躬,表示欢迎或尊重。

(3)地位较低的人鞠躬要相对深些。这也是行鞠躬礼非常讲究的。例如,一家非常有实力的公司的中层经理,要比一家实力较弱的小公司的部门经理地位高。这时,地位较低的人不仅要先鞠躬,而且要相对深一些。所以,面对地位越高的人,鞠躬就要越深。

技能练习

(1)6人一组,根据鞠躬角度和适用场合的不同两个人进行面对面鞠躬的练习,每一种鞠躬姿势要坚持至少5分钟的时间,互相检查和纠正。

(2)侧身练习。鞠躬时侧脸看着镜子中的自己,是不是以臀部为轴,弯腰速度是否适中,头、颈、背是否成直线,符合标准的鞠躬姿势后,稍作停留,反复进行10次的练习。

(3)模拟情景,2人一组,根据不同角色进行鞠躬的练习,比如迎接客人、致意、致歉、演讲、自我介绍、路遇熟人等等,交换角色,达到熟练为止。

(四)会“说话”的手

手势是最富有表现力的“体态语言”之一,丰富的手部姿势可作为人类的“第二语言”,有助于沟通和交流。在日常的生活中,如果能够准确地、恰当运用手势,不但可以使我们有效地进行沟通,还可达到锦上添花的效果。

俗话说:“心有所思,手有所指。”手的魅力并不亚于眼睛,甚至可以说手就是人的第二双眼睛。但是往往一个人在紧张、兴奋、焦急的情形下,双手都会有意无意地表现出来,甚至不知道放在哪最好、最合适,不知所措。所以正确地使用手势尤为重要,它是人们交往时不可缺少的动作。

案例启示

小张到马来西亚旅行,当地导游给他介绍了很好的景点路线。他很高兴地把这个信息与朋友分享,并用食指指着导游对朋友介绍说:“Good!”没想到导游却很不高兴。周围的当地人也都对他露出了很不满意的神情。

手是人身体上活动幅度最大、运用操作最自如的部分。因此人们在日常生活中时时处处忘不了它,离不开它,即使在社交场合也要尽情发挥它的功能,于是五彩缤纷的手势语也就应运而生。世界不同的国别或相异的民族,同一种手势语表达的意思可能大体相同或相近,也可能截然相反。小张不知道在马来西亚和菲律宾,用单独的手指指向他人是对对方的一种侮辱,因为在当地,这样的手势只会被应用于动物身上。如果要指路或者指明一个物体,马来西亚人习惯使用拇指。小张不明白当地的风俗,贸然地使用了这个手势,当然会引起大家的不愉快了。

所以正确地使用手势是十分重要的，手势的含义非常丰富，或是发出信息，或是表示喜恶。如挥手表示告别、拍手表示称赞、拱手表示致谢、举手表示赞同、摆手表示拒绝；手抚是爱、手搂是亲、手遮是羞等等。手势表达的感情非常微妙复杂，需要恰当地运用手势表情达意。

1. 手势礼仪的基本要求

人们在交流过程中，除使用语言符号外，还使用非语言符号。非语言符号是相对语言符号而言的。其中包括手势语、体态语、空间语等。

(1)手势是一种动态语，要求人们在生活中准确、恰当地运用。例如为客人指引方向时，要把手臂伸直，手指自然并拢，手掌向上，以肘关节为轴，指向目标。

(2)特别要注意是：不要在社交场合做一些不合礼仪的手势、动作，否则会给对方没有素质和修养的感觉，另外，对方还会用蔑视的眼光看你，从而影响彼此的交流。

2. 常用的手势(图 1-25)

(1)指示方位

①"横摆式"手势。

在引导客人时，要言行并举，并且采用"横摆式"手势。"横摆式"手势要求五指并拢伸直，手掌自然伸直，手心向上，肘部弯曲，腕低于肘。以肘关节为轴，手从腹前抬起向右摆动至身体右前方，不要将手臂摆至体侧或身后。同时，脚站成"丁"字步。头部和上身微向伸出手的一侧倾斜，另一手下垂或背在身后，面带微笑，目视对方。

图 1-25 常用的手势

②"斜摆式"手势。

接待来宾并请其入座时采用"斜摆式"手势，即用双手扶椅背将椅子拉出，然后左手或右手屈臂由前抬起，以肘关节为轴，前臂由上向下摆动，使手臂向下成一斜线，表示请来宾入座。

③"直臂式"手势。

将右手由前抬到与肩同高的位置，前臂伸直，用手指指向来宾要去的方向。

④"曲臂式"手势。

以右手为例，五指伸直并拢，从身体侧前方向上抬起，至上臂离开身体的高度，然后以肘关节为轴，手臂由体侧向体前摆动，面向右侧，目视对方。

以上四种手势，都仅用一只手臂，另外一只手臂此时可垂在身体一侧或背在身后。

(2)递接物品(图1-26)

①双手递送为宜(至少用右手)，递于手中，要主动上前(主动走近接物者，坐着时应站立)，方便接拿，以免掉落。

②在将有文字的物品递送给交他人时，应将正面面对对方递送。

③如果递送的物品是带刃、带尖或者其他易于伤人的物品时，切勿将刃、尖直接指向对方。

图1-26　递接物品

(3)敬礼

①双方处于静态时，要在与对方相距2米处立正敬礼。

②双方正在行走时，要在与对方相距4米处立正敬礼。

③敬礼时，右手五指并拢，向内上方举手至帽徽处，小臂成45°角。

(4)其他

①介绍手势(图1-27)。

为他人做介绍时，手势动作应文雅、端庄。介绍时，应手心朝上，手背朝下，四指并拢，拇指张开，面带微笑，手掌基本上抬至肩的高度，并指向被介绍的一方。在正式场合，切记不可用手指点或拍打对方的肩和背。

②鼓掌手势(图1-28)。

鼓掌时，用右手掌轻击左手掌，表示喝彩或欢迎。掌心向上的手势表示诚意、尊重，掌心向下的手势意味着不够坦诚、缺乏诚意等。

③举手致意(图1-29)。

举手致意时，要面向对方，手臂上伸，掌心向外，切勿乱摆。

图1-27　介绍手势

图1-28　鼓掌手势

图1-29　举手致意

④挥手道别。

挥手道别时，要站直，目视对方，手臂前伸，掌心向外，左右挥动。

3. 手势礼仪的禁忌

不同的手势，表达不同的含义。我们在运用手势的时候要注意以下几点。

（1）注意区域性差异

在不同国家、民族和地区，由于文化习俗的不同，手势的含义也存在很多差别，同一手势表达的含义也不相同，甚至意义相反。所以，只有把手势运用得合乎规范，才不至于无事生非，造成误会。

（2）手势宜少不宜多

多余的手势，会给人留下装腔作势、缺乏涵养的感觉。要尽量使用规范的、普遍的、容易让人接受的手势，不能随意创造。

（3）避免出现的手势

在交际活动时，有些手势会让人非常反感，严重影响自己的形象。比如当众或者在为客人服务过程中，掏耳朵、搔头皮等。

4. 手势礼仪应注意的原则

（1）适用、适度原则

人与人之间有地位、年龄、性别、文化素养的差别，在使用手势时应区别对待，并应控制手势力度的大小、时间的长短和速度的快慢等，如握手不可太用力、长时间不放。

（2）一致原则

我们在说话时，常常会运用手势去传递所要表达的信息和情感，所用的手势应与我们的口语一致或相似，应选择“约定俗成”的手势。

（3）尊重原则

彼此的尊重非常重要，在生活中，当为别人介绍或请别人做事时，应掌心向上，因为掌心向上有尊重、诚恳之意，而掌心向下意味着不够坦率，甚至有侮辱他人的意思。

（4）简约、优美原则

在交谈过程中，过度频繁地使用手势会分散听者的注意力，应力求简括。若能时刻注意到手势使用时的姿态、节奏，恰到好处，同样能给人一种美的感觉。

5. 手势礼仪在各个国家的含义

（1）翘起大拇指

一般表示非常顺利或夸奖别人时使用。但不同国家有着不同的含义，例如在美国和欧洲部分地区，表示要搭车，在德国表示数字“1”，在日本表示“5”。与别人谈话时将拇指翘起来反向指向第三者，有嘲讽的意思。

（2）“OK”手势

是将拇指、食指相接成环形，其余三指伸直，掌心向外。在美国表示“同意”“顺利”“很好”的意思；在日本表示“钱”；在泰国表示“没问题”。

（3）“V”形手势

这种手势是二战时的英国首相丘吉尔首先使用的，现已传遍世界，表示“胜利”。如果掌心向内，就变成骂人的手势了。

（4）举手致意

也叫挥手致意。表示问候、致敬、感谢的意思。当看见熟悉的人，又无暇分身时，就会举手致意，这样能立刻消除对方的被冷落之感。

(5)双手抱头

很多人喜欢双手抱在脑后,想放松一下,但是在别人面前特别是为人服务时,双手抱在脑后会给人一种目中无人的感觉,非常不雅。

(6)摆弄手指

有很多人没事做的时候,就喜欢反复摆弄自己的手指,不是活动关节,就是捻响,要么手指动来动去,这样做会给人一种无聊、无事可做的感觉,让人无法接受。

6. 常用的错误手势

(1)指指点点

指指点点就是用手指指向别人,是非常失礼的手势。有的人会用除食指或除拇指外的其他四指招呼别人或者只伸出一只手臂,食指指向他人,其余四指握拢,有指责、教训的意思。

(2)随意摆手

随意摆手有抵触、拒绝、不耐烦之意。在与人交谈或是服务工作中,不要将一只手臂伸出,手指向上,掌心向外,左右摆动;也不要掌心向内,手臂由内向外摆动。

(3)摆弄手指

摆弄手指是无聊时一种无事可做的手势。经常会听到一些男士挤压自己的手指,发出关节的响声,或是反复握拳松拳,这些都是非常失礼的动作。

(4)双臂交叉于胸前

这种姿势往往表达傲慢、气愤的情绪,或是置身事外、旁观他人、看他人笑话之意,服务工作中应特别注意避免出现这类姿势。

(5)伸懒腰

伸懒腰是劳累、困倦的一种表现,给人一种非常懒散、懈怠的感觉。若在工作的时候打哈欠、伸懒腰会影响自己的形象。

技能练习

(1)模拟情景,2人一组,一个为服务者,一个为被服务者,按照手势指引的种类进行练习。交换角色,互相指导。反复练习5遍。

(2)模拟铁路列车现场,假设自己是高铁动车组列车上的一名乘务员,在车门口立岗、在车厢内为旅客服务、遇有旅客闻讯时,手势指引有哪些?如何正确地指引,帮助旅客解决旅途中的实际困难。

(3)2人一组互相递送物品,递送过程中对哪些物品应该注意?举出不少于5个例子。

(五)最常见的握手礼仪

握手礼仪是人们在日常的社会交往中常见的礼节,是沟通思想、交流感情、增进友谊的重要方式;是现代交际和应酬的礼仪之一,又可称为人类相同的“次语言”。两人见面,若是熟人,不用言语,两手紧紧一握,各自的许多情感就互相传导过去了;若是生人,握手之际,就成为人们由生变熟的开端。因此,握手已成为人们在日常交际活动中常用的见面礼节。

总之,握手往往表示友好,是一种交流、信任,能传达出一些人的淡漠、虚假、傲慢,是交际的一部分。握手的力量、姿势与时间的长短往往能够表达出对对方的不同礼遇与态度,显露自己的个性,给人留下不同印象,也可通过握手了解对方的个性,从而赢得交际的主动。

案例启示

李女士是个热情而敏感的人,在一座大城市的某著名房地产公司任副总裁。有一次,她接待了建筑材料公司前来洽谈业务的销售经理田先生。王先生被秘书领进了李女士的办公室,秘书对李女士说:“李总,这是××公司的王经理。”李女士离开办公桌,面带笑容,走向王经理。王经理伸出手来,和李女士握了握。李女士握到了一双有气无力的形同死鱼般的手,看看王先生那张毫无生气的脸,随后李女士客气地对他说:“很高兴你来为我们公司介绍这些产品。这样吧,材料先放在我这儿,我看一看再和你联系。”这位经理在几分钟内就被王女士送出了办公室。几天内,王经理多次打电话,但得到的都是秘书的回答:“李总不在。”到底是什么让李女士这么反感一个只说了两句话的人呢?李女士在一次员工会议上提到这件事时说:“首次见面,他留给我的印象糟糕透了,即使是身体不适,但遇到这种场合,他也应该打起精神,这可是关系到合作成败的重要时刻啊!可是他伸给我的手不但看起来毫无生机,握起来更像一条死鱼,冰冷、毫无热情。还有他的那张脸,看起来就让人泄气。当我握他的手时,他的手掌也没有任何反应,握手的这几秒钟,他就留给我一个极坏的印象,他的心可能和他的手、脸一样的冰冷、毫无生气。他的手让我感到他对我们的会面并不重视。作为一个公司的销售经理,居然不懂得个人形象的重要性,他显然不是那种经过高度职业训练的人。而公司能够雇用这样素质的人做销售经理,可见公司管理人员的基本素质和层次也不会高。这种素质低下的人组成的管理阶层,怎么会严格遵守商业道德,提供优质、价格合理的建筑材料?我们这么大的房地产公司,怎么能够与这种作坊式的小公司合作?怎么会让他们为我们提供建材呢?”

握手的信息是无言的,但它却是那么丰富和微妙,握手也是一门艺术。如果你的双手冰冷无力,像条死鱼,再加上一副毫无血色的面容,会让对方立刻感到被拒绝和排斥,立刻传送出不利于你的信息,让你无法用语言来弥补,这就会在对方的心里留下对你非常不利的印象。

无论是在社交活动还是商务场合中,握手是接待、会面时最常见的礼节,握手时应时刻把握好方式、力度、时间、以及礼仪和禁忌。

1. 握手的标准方式

(1)握手时,要距对方约一步远,上身稍向前倾,两足立正,伸出右手,四指并拢,虎口相交,拇指张开下滑向受礼者握手。掌心向里握手显示出一个人的谦卑和毕恭毕敬。掌心向下握住对方的手,是无声地告诉别人,他处于高人一等的地位。平等而自然的握手姿态是两手的手掌都处于垂直状态,这是最普通也最稳妥的握手方式,并面带微笑,目视对方。

(2)握手时,要有一定力量,让对方感受到你的诚意。力度不可太轻,轻了给人的感觉是敷衍了事,力度太重会让对方感到非常不舒适。要把握好力度。

与关系亲近的人握手时间可以稍微长一点,一般握两三下就行,将时间控制在三五秒钟以内。"蜻蜓点水"式的握手方式是无礼的。

(3)戴着手套握手是失礼行为。男士在握手前先脱下手套,摘下帽子。女士可以例外。握手时要微笑、问候、致意、目视对方,不要看第三者,那样显得心不在焉、不礼貌。

2. 握手的双方伸手的先后顺序

握手时,主人、长辈、上级、女士主动伸出手,客人、晚辈、下属、男士再相迎握手。具体有以下几种情况:

(1)年长者与年幼者握手,应由年长者首先伸出手来。

(2)长辈与晚辈握手,应由长辈首先伸出手来。

(3)老师与学生握手,应由老师首先伸出手来。

(4)已婚者与未婚者握手,应由已婚者首先伸出手来。

(5)女士与男士握手,应由女士首先伸出手来。

(6)社交场合的先至者与后来者握手,应由先至者首先伸出手来。

(7)职位、身份高者与职位、身份低者握手,应由职位、身份高者首先伸出手来。

(8)上级与下级握手,应由上级首先伸出手来。

3. 握手的方法

(1)一定要用右手握手。

(2)要紧握对方的手,时间一般以 1 ~3 秒为宜。过紧地握手,或是只用手指部分漫不经心地接触对方的手都是不礼貌的。

(3)被介绍之后,最好不要立即主动伸手。即当年长者、职务高者用点头致意代替握手时,年轻者、职务低者也应随之点头致意。

(4)握手时双目注视对方,微笑致意或问好,多人握手时应顺序进行,切忌交叉握手。

(5)在任何情况下拒绝对方主动要求握手的举动都是无礼的,当手不干净、有水时,应做好解释并致歉,谢绝握手。

(6)握手时,应注意伸手的次序。比如年轻者要等年长者先伸出手再握、男士要等女士先伸手之后再握等等。

4. 握手的时机

(1)当遇到很长时间未见面的熟人时,要与其握手,以示为久别重逢而感到非常高兴。

(2)在家中、办公室里以及其他一切以本人作为东道主的社交场合,迎接或送别来访者时,要与对方握手,以示热情友好、欢迎或欢送。

(3)当与他人辞行时,要与对方握手,以示"再会"。

(4)在比较正式的场合同相识之人道别时,应与其握手,以示自己的惜别之意和希望对方保重身体。

(5)被介绍给不相识者时,要与之握手,以示自己乐于结识对方。

(6)在社交场合,偶遇同事、同学、朋友、邻居、长辈或上司时,要与之握手,以示问候与高兴。

(7)他人给予自己一定的支持、鼓励或帮助时,要与之握手,以示衷心感激。

(8)对他人表示理解、支持、肯定时,应与之握手,以示真心实意。

(10)他人向自己表示恭喜、恭贺时,应与之握手,以示谢意。

(11)他人向自己赠送礼品或颁发奖品时,应与之握手,以示感谢。

5. 握手的禁忌

我们在行握手礼时应努力做到合乎规范,避免下述失礼的禁忌:

(1)在握手时不要用左手。

(2)在握手时不要戴着手套或墨镜。

(3)在握手时不要另外一只手插在衣袋里。

(4)在握手时不要面无表情、点头哈腰。

(5)在握手时不要仅握住对方的手指尖,要握住整个手掌。

(6)在握手时不要把对方的手拉过来、推过去,或者上下左右抖个没完。

6. 女性握手礼仪

(1)与女性握手时,应等对方先伸出手,男方轻轻一握即可。如果对方不愿握手,可微微欠身或点头问好,用说客气话等代替握手。

(2)在握手之前,男方必须先脱下手套,而女子握手,则不必脱下手套,也不必站起。握手时,应面带微笑致意,不可目光看别处,或与第三者谈话。

(3)与女性握手时,应掌握时间和力度。握手要轻一些,不应握着对方的手用劲摇晃,不松手。

技能练习

(1)2人一组按照握手的方式和基本要求进行练习。扮演不同的角色,例如老师和学生握手、上级和下级握手等,反复进行练习。

(2)模拟现场情境,假设自己是铁路旅客列车的列车长,在工作中遇到领导时应该如何握手?

(3)6人一组进行握手的练习。

课后习题

一、填空题

1.“眼神是____________的窗户”,一个人是开心还是伤心,是胸有成竹还是惴惴不安,是焦躁烦恼还是平静如水,必在眼睛中有所流露。

2. 古代孟子甚至认为,观察人的____________便可知道人的善恶。服务中,若能善于运用目光,可以使自己变得更加友善和亲切,更容易得到顾客的信任。

3. 带着笑意的____________会让人轻松,严厉的眼神会让人紧张,兴奋的眼神会让人充满希望,困苦的眼神会让人焦灼,悲伤的眼神会让人同情,带着怜爱的眼神会让人幸福。

4. 在经人介绍与人初识时，为表示____________可以凝视对方稍久一些，同时传达出自己的自信。

5. 在与人交谈时，目光应注视对方的眼睛或面部，接触时间正常情况下占全部谈话的____________。

6. ____________是说站姿可以表现人的德行，站立时不倚不靠，挺身而立，不仅精神饱满，而且也是对他人的尊重。

7. 人们常说一个人要"____________"，大人在教育孩子的时候也经常这么说。但是这里的"相"并不是说一个人的相貌，而是一个人的姿态，不同的姿态会透露出不同的气质，好的站姿能让人感受到舒服、挺拔、庄重，有一种美感。

8. 站姿是最寻常的姿势，是培养优美仪态的起点，同时也是发展不同动态美如走姿、坐姿、蹲姿的基础。优雅的站姿，会给人以____________的印象。

9. ____________要求头正，颈挺直，嘴唇微闭，双目平视前方，下颌微收，面带微笑。

10. ____________双肩平正，微向后张，挺胸收腹，气向下压，身体有向上的感觉，自然呼吸。

11. "____________"，是说与别人并坐，不要把手臂撑向两边，以免影响到其他人。

12. "____________"就是不能坐在席子中间，因为席子正中一般是长辈的位置，晚辈应自觉把这个位置留给他们，以示恭敬。

13. 站立时挺直端正，保持身体挺拔和内心的____________。

14. 站立时要像祭祀前进行斋戒那样恭敬，两脚并立，端庄持敬，称"____________"。

15. "____________"指端正站立时，身体要正向一方，不歪头扭身探听。

16. 通过一个人行走的姿态，就可以看出他的性格特点，还可以窥见他的____________。

17. 行姿是人体所呈现出的一种姿态，是____________的延续。

二、选择题

1. 在与人交谈时，目光应注视对方的眼睛或面部，接触时间正常情况下占全部谈话的(　　)。

A. 30% ~60%　　B. 40% ~50%　　C. 10% ~20%　　D. 35% ~70%

2. 当别人说错话时，不能紧盯对方的眼睛不放，应该给予善意的(　　)和表情。

A. 眼神　　B. 目光　　C. 语言　　D. 笑容

3. 当人(　　)时，往往是双目生辉、炯炯有神，此时瞳孔就会放大；而消极、愤怒时，神情呆滞、目光无神，此时瞳孔就会缩小。

A. 开心　　B. 难过　　C. 兴奋　　D. 悲伤

4. (　　)凝视区是亲人、恋人、家庭成员之间的凝视区域，位置是对方的"双眼到胸前"，这种凝视带着亲昵的感觉，非亲勿用！

A. 开心　　B. 难过　　C. 亲密　　D. 朋友

5. (　　)他人往往带有自高自大、傲慢不屑的意味，在我们日常的服务当中应该避免这种注视，以免引起误会。

A. 平视　　B. 仰视　　C. 盯着　　D. 俯视

6. 陌生人相见微微点头的招呼式、应酬式的笑容，平时谦恭的、文雅的、含蓄的、深沉的或带有其他礼仪成分的(　　)。

A. 欢笑　　B. 浅笑　　C. 激动　　D. 俯视

7. (　　)的微笑是在服务行业中面对服务对象时,热情友好的、文明礼貌的微笑。给被服务对象一种亲切、亲近的感觉。

A. 职业的　　B. 端庄的　　C. 得体的　　D. 大方的

8. (　　),是指步子要非常稳重。

A. 足容重　　B. 手容恭　　C. 目容端　　D. 身要正

9. (　　),是指手摆放的位置,都有讲究,行礼时要高而正,不能随随便便。

A. 足容重　　B. 手容恭　　C. 目容端　　D. 口容止

10. (　　),就是看人的眼神要正,而且不要眼波流转,游移不定。

A. 足容重　　B. 手容恭　　C. 目容端　　D. 口容止

11. (　　)是说嘴不乱动,似乎停到一个静止的状态。

A. 足容重　　B. 手容恭　　C. 目容端　　D. 口容止

12. (　　)是指说话的声音要平静,不能大声嚷嚷,更不能吼,那样让人感到不安、感到刺耳。

A. 声容静　　B. 手容恭　　C. 目容端　　D. 身要正

13. (　　)是指人像一座山,脖子、腰挺直。

A. 头容直　　B. 手容恭　　C. 目容端　　D. 脖容直

14. (　　)是指在一些特别庄重的场合,好像没有人在呼吸,连大声喘气都会破坏气氛。

A. 足容重　　B. 手容恭　　C. 气容肃　　D. 口容止

15. (　　)是说站姿可以表现他的德行,站立时不倚不靠,挺身而立,不仅精神饱满,而且也是对他人的尊重。

A. 足容重　　B. 手容恭　　C. 目容端　　D. 立容德

16. 步幅适当,一般应该是前脚的脚跟与后脚的脚尖相距为一脚长,由于性别、(　　)、服饰的不同在一定程度上会有差异。

A. 年龄　　B. 身高　　C. 胖瘦　　D. 外貌

17. 注意步位,两只脚的内侧落地时行走线迹是一条直线。不在一条直线时间久了,如鞋底的内侧磨损严重,可能是(　　)形腿或者内八字。

A. X　　B. Y　　C. S　　D. O

18. 跨出的步子应是全脚掌着地,膝和脚腕不可过于僵直。否则整个身体行走起来非常的古板、僵硬。前脚着地,后脚离地时,双腿的膝盖应保持挺直,避免走路时身体(　　)起伏。

A. 上下　　B. 左右　　C. 高低　　D. 平稳

19. 男子行走时,步伐雄健有力,身体挺直、(　　),展现出男人强健有力的阳刚之美。

A. 身体正直　　B. 走平行线　　C. 非常的古板　　D. 前脚着地

20. 女子行走时,步履轻捷、优雅,步伐略小,(　　),展现出女人温柔娇气的阴柔之美。

A. 走猫步　　B. S 弯　　C. 走直线　　D. 平稳

三、判断题

1. 发自内心深处的微笑,会自然调动五官,使眼睛微眯、眉毛往上扬、鼻翼张开、脸肌收

拢、嘴角上翘。（　　）

2. 微笑的时候要精神饱满、热情友好、亲切甜美，才能通过微笑显现出气质非凡。（　　）

3. 目光能诠释、表达出各种情绪的细微差别。古代孟子甚至认为，观察人的眼睛便可知道人的善恶。服务中，若能善于运用目光，可以使自己变得更加友善和亲切，更容易得到顾客的信任。（　　）

4. 在经人介绍与人初识时，为表示尊重凝视对方的时间可以稍短一些，同时传达出自己的自信。（　　）

5. 在与人交谈时，目光应注视对方的眼睛或面部，接触时间正常情况下占全部谈话的40% ~60%。（　　）

6. 瞪大眼睛看着对方是表示对对方有很大兴趣。这种目光在生活中尽量避免，尤其是初次见面，容易造成误会。（　　）

7. 当人兴奋时，往往是双目生辉、炯炯有神，此时瞳孔就会放大；而消极、愤怒时，神情呆滞、目光无神，此时瞳孔就会缩小。（　　）

8. 微笑是一个不分文化，而分民族或宗教信仰的面部表情，每个人都希望看到一个真诚的微笑。（　　）

9. 在升国旗、奏国歌、接受奖品、接受接见、致悼词等庄严的仪式场合，应采取严格的标准站姿，而且神情要严肃。（　　）

10. 主持文艺活动、联欢会时，可以将双腿并拢站立，女士可以站成“Y”字步，让站立姿势更加优美。（　　）

11. 在发表演说、新闻发言、做报告宣传时，为了减少身体对腿的压力，减轻由于较长时间站立双腿的疲倦，可以用双手支撑在讲台上，两腿轮流放松。（　　）

12. 体前握拳式站姿。手位：双手在小腹相握呈握拳状，左手握住右手手腕，或右手握住左手手腕。脚位：两脚跨立与肩同宽，两脚脚尖平行。（　　）

13. 在现实生活中，可以说人们的站姿五花八门、千姿百态、各式各样，每个人只要愿意，想怎么站就怎么站。（　　）

14. 人们常说一个人要“站有站相，坐有坐相”，大人在教育孩子的时候也经常这么说。但是这里的“相”并不是说一个人的相貌，而是一个人的姿态。（　　）

15. 站立时两臂自然下垂于身体两侧，中指贴于裤缝，虎口向前，手指并拢自然弯曲。（　　）

16. 引导步是走在前边给宾客带路的步态。引导时，要根据实际情况尽可能走在宾客左侧前方，整个身体半转向宾客方向，保持两步的距离。在行走过程中，当上下楼梯、拐弯时，一定要伸出左手示意，提示客人上楼、下楼、拐弯等，做好引导服务工作。（　　）

17. 在行走中遇有拐弯时，向右拐，要右脚在前时转身；向左拐，要左脚在前时转身。（　　）

18. 转身时，要在所转方向远侧的一脚落地后，立即以该脚掌为轴，转过全身，然后再迈出另一脚。不要突然转身，否则会失去平衡，容易摔倒。（　　）

19. 在行走时，无论是女士还是男士都应该挺胸、收腹、直腰，两眼平视，目视前方、面带微笑、肩平、双臂自然放松的前后摆动，节奏快慢适当，脚尖微向外或向正前伸出，脚跟先落地，脚掌紧跟落地。行走时成一直线，给人一种矫健轻快、从容不迫的动态美。（　　）

20. 在陪同客人时，应遵循“以右为尊”的原则，陪同客人一同行进。（　　）

21. 上下楼梯时,坚持“右上左下”原则。 ( )

22. 在握手时不要用左手相握。 ( )

23. 在握手时不要仅握住对方的手指尖,要握住整个手掌。 ( )

四、简答题

1. 当我们注视一个人时,有几种目光凝视区应注意?
2. 简述微笑的种类有哪些?
3. 微笑“四要”和“四不要”的内容是什么?
4. 标准的站姿是如何规定的?
5. 简述站姿的种类有哪些?
6. 铁路客运人员在工作岗位为旅客服务时的站姿要求是什么?
7. 标准的坐姿是如何规定的?
8. 坐姿的禁忌有哪些?
9. 行姿的种类有哪些?
10. 蹲姿的基本要领有哪些?
11. 鞠躬礼的基本要领有哪些?
12. 常见的手势礼仪有哪些?
13. 握手的双方伸手的先后顺序是如何规定的?

项目二　日常行为礼仪

知识目标

1. 了解乘车礼仪的相关规定。
2. 了解乘坐轿车的座次、上下车顺序的礼仪规范。
3. 了解乘车举止得体的重要性。
4. 掌握电话拨打礼仪的基本要求。
5. 掌握电话接听礼仪的基本要求。
6. 了解赠送礼物的基本原则。
7. 了解送花礼仪的基本要求。
8. 掌握名片礼仪的注意事项。

能力目标

1. 能够按正确的座次乘坐轿车。
2. 能够按正确的上下车顺序乘车。
3. 能够正确拨打和接听电话,掌握电话礼仪的相关规定。
4. 能够按名片礼仪的相关规定,正确使用名片。
5. 具有良好的服务素质,通过学习能够将其准确地运用到实际工作中去,为将来从事服务行业工作打下坚实的基础。

单元2.1　乘车礼仪

单元导航

战国时期,魏信陵君礼贤下士,虚上座以迎侯嬴的故事一直被传为佳话。座次的尊卑已成为一个人身份和地位的象征,是一种被礼遇、被尊重的体现。它可以使人们清楚自己的位置,不逾越亦不妄自菲薄。

现在,我们的出行离不开交通工具,但乘坐交通工具时也要懂礼仪,有礼貌。这样不但能让出行变得更加愉快和顺利,也能体现出我们良好的修养和形象。在工作中掌握座次和乘车礼仪也十分重要。

案例导学

某报纸曾刊登过这样一则新闻:一辆开往火车站的公交车途经某站时,上来一位30多岁的女士，一边大声地打着电话一边找座位，最后坐在与公交车后门相邻的座位上，没等坐稳讲话的声音越来越大了："我在中国银行站牌下等你，咱一块儿去买东西。"她在通话的过程中突然发脾气，向电话里的人大喊大叫："你什么意思？今天忙什么工作？不是说好的……"这时，不少乘客纷纷把目光转向这位女士。但她丝毫不顾周围乘客的感受，依旧大声吵嚷，声音越发刺耳。本以为这位女士说累了，声音会小一些或者是挂电话，没想到过了20分钟，她依旧在打电话，还是大喊大叫着。此时的车厢开始骚动起来。"这人怎么这样？还有完没完？也不顾别人的感受。"一位乘客对同伴说，随即用耳机塞住了耳朵，听起歌来。"公共场所大声叫嚷，这人也太过分了。"大家纷纷表达自己的不满。而这位女士依旧大声打着电话，不过此时不再指责电话那头的人了："我就说嘛，你会听我的，那我就去中国银行站牌下等你……""打电话的这位女士，你能不能小声点，这么多人就听你一个人说话了。"一位小伙子向这位女士喊道。"关你啥事？"该女士瞥了小伙子一眼，"车上太吵了，我声小了，他听不见。"说完接着大声地打电话。此时，车上的乘客愤怒了："你这人怎么这样？想打电话下车去找个安静的地方打！""我们好心提醒你，你还不注意！""阿姨，我们老师说了，在公共场所不能大声喧哗。"一位孩子的话引来更多人的赞同，"你看，小孩子都知道讲文明呢，你个大人怎么就不懂……"看到自己的行为惹了众怒，还未到站，这位女士便匆匆下了车，还嘟囔着："公交车上禁止吸烟，又没说不能打电话，我不坐了……"

在现实生活中，有很多人都是大嗓门，说话不注意场合，无论是就餐、聚会、聊天还是其他公共场所，说话声音又尖又高，往往只顾自己痛快，全然不顾周围人的感受。所以，无论在公共汽车上、火车上还是地铁上，请记住不要大声喧哗，安静也是一种乘车礼仪。千万不要把公共场所视为私人会馆，不顾他人感受，随意大声叫喊。在出租车上也应该注意这一点，并且不要跟司机攀谈，有什么疑问可以轻声有礼貌地向司机询问，不要肆无忌惮地跟旁边的朋友和司机聊天。

在生活中，每个人都渴望有一个安静舒适的环境，特别是劳累一天之后，在回家的路上更是如此。所以，不要在公共场合大声喧哗，影响到周围的人。高速铁路列车上都是无干扰服务，乘务员说话的声音尽量不要干扰到旅客。为了自己和他人都心情愉快，请放低音量，让安静成为一种文明、一种礼仪。

相关知识

一、乘坐飞机的礼仪

（一）乘坐飞机的基本要求

（1）不得违规携带有碍飞行安全的物品。通常规定：任何乘客均不得携带枪支、弹药、刀具以及其他武器，不得携带一切易燃、易爆、剧毒、放射性等危险物品。

（2）登机时应当认真配合例行的安全检查。在进行安全检查时，每位乘客都要通过安全门，而其随身携带的行李则需要通过监测器。如有必要，可对乘客或行李使用探测仪进行检查或者手工检查，乘客不应当拒绝合作或无端进行指责。

（3）登机后对号入座。进入机舱后保持安静。尽快放好随身行李，保持通道畅通，以便于其他乘客通行。主动关闭手机等无线电设备。

(4)飞机飞行时,要自觉地系好安全带,并且收起小桌板,同时将自己的座椅椅背调直。飞机受到高空气流的影响而发生抖动时,切勿自行站立、走动。不要乱动飞机上的安全用品及设施,不许大声喊叫。

(5)在飞机上进餐时,主动将座椅椅背调至正常位置,以免影响后排乘客进餐。

(6)保持舱内整洁卫生,因晕机呕吐时,应使用机上专用呕吐袋。对待客舱服务员和机场工作人员,要表示理解与尊重。飞行过程中,要维护自尊,不要当众脱衣、脱鞋,尤其是不要把腿、脚乱伸放。如果是长途飞行,脱下鞋后应在外面再罩上护袜。

(7)与他人交谈时,说笑声切勿过高,不要影响周围人休息。不要盯视、窥视素不相识的乘客,也不要与其谈论令人不安的劫机、撞机、坠机等事件。

(8)飞机未停稳时不抢先打开行李舱取行李,以免行李摔落伤人。上下飞机时,要依次而行,对空中乘务员的迎送问候有所回应。为乘机人送行时,可说“一路平安”等祝语,不宜说“一路顺风”(飞机需逆风起飞)。

总之,乘坐飞机时,一定要时刻注意自己的形象,严格要求自己,处处以礼律己、以礼待人,在有限的空间里体现出自身的素质和修养。

(二)乘坐飞机的注意事项

1. 到机场

注意合理安排自己的时间。航空公司规定航班起飞前30分钟停止办理登机手续,因此无论乘坐何种交通工具去往机场,最好在飞机起飞前1个小时到达机场。

2. 办理登机手续

一定要先看所乘坐的飞机是哪个航班,在哪个柜台办理登机手续,这在机场都有显示屏进行公告。找到对应办理的柜台后,将护照或者身份证交给机场值机人员。携带大件行李,必须办理托运。需要注意的是,托运的行李不要夹带违禁物品。办理完登机手续,值机人员会将机票的旅客联、登机牌、行李票、护照或者身份证退回。

3. 候机

登机牌上会标明航班登机口。通过安检后,找与登机口对应的候机厅。每个候机厅的位置在显示屏上都有显示。找到候机厅后,等候广播通知登机。

4. 登机

听到登机广播后,到登机口将登机牌交给服务人员。服务人员将登机牌副联撕下后,就可以登机了。

5. 找座位

登机牌上标明座位,如3D、6C,数字代表第几排,每排的座位是按英文字母排序。飞机上的座位号标在行李舱的舱壁上方(即座位上方)。找到座位坐下,扣上安全带,起飞前关闭手机。

二、乘坐火车的礼仪

(一)乘坐火车的基本要求

1. 候车

除始发站外,中途站火车停靠时间比较短,尤其是动车组列车中途站停车时间更短。另外,火车不同于公交车,都是准点发车,所以旅客乘坐火车时要提前到车站候车室内等候上车。

在候车室内等候时,一定要爱护候车室内所有公共设备设施,不许蹬踏座位,不与他人争抢座位,不要躺在座位上使别人无法休息,不要大声喧哗、嬉笑打闹影响其他旅客。对于自己随身携带的物品要保管好,去卫生间时不要委托他人看管。保持候车室内的卫生,不要随地吐痰,不要乱扔果皮纸屑。

2. 乘车

乘坐火车时,要有序乘坐,对号入座,不要抢占座位。当身边有空位时,尽量让给没有座位的人。随身携带的物品放在行李架上或者座位下面,并且保证在自己的视线内。爱护列车上的服务设备设施,不让触碰的物品坚决不能动,以免发生危险。要积极配合列车工作人员的工作。当列车员验票时,要及时将身份证和车票准备好等待验票,禁止说一些"真烦人,又验票了,坐一回车验好几次"或者"把身份证给你们工作人员吧,省得总掏"等不文明、不礼貌的语言。长途旅行难免在列车上吃东西,注意不要乱扔垃圾,保持车厢内的卫生。

3. 休息

长途列车旅客的行程一般都比较远,旅客在列车上的大部分时间是休息,这就要求在车厢内说话时声音不要过大,以免影响其他旅客。安静的车厢内,手机铃响起,旅客在车厢内接电话,声音小还说得过去,一旦信号不好,或情绪激动,声音过大会引起其他旅客的反感和愤怒。所以,在列车上接电话,最好还是到列车通过台处。

乘坐卧铺的旅客,在卧铺车厢休息时,头部最好在过道一侧,也可根据个人的喜好选择睡觉的方向。上铺和中铺的旅客尽量不要长时间占用下铺,占用后要说"谢谢"。上下铺时,要扶好扶手,动作要轻。特别是夜间一定要注意脚下,上铺旅客上下铺时,不要踩到下铺和中铺的旅客。在卧铺车厢休息时,应时刻注意自己的形象,可以躺在铺位上,但要注意着装,不能过于暴露。

4. 用餐

在车厢内用餐时,不要在茶几上摆放过多的食物,不要长时间占用茶几,应该方便周围的旅客用餐。在餐车用餐时,应尽量节省时间,用餐之后尽快离开。在列车上用餐时,尽量不食用葱、蒜、韭菜之类带有异味的食物。

列车上所能携带的水量是有限的,要注意节约用水。接完水马上关闭水龙头。

5. 下车

下车时要提前做好下车的准备,收拾好自己随身携带的物品,避免到站时手忙脚乱,把物品遗失在列车上。卧铺车厢的旅客要提前将车票换好,并保管好车票。下车时,应自觉排队等候,有序下车,先下后上,不要拥挤,保证安全。

(二)乘坐火车的注意事项

(1)旅客购买车票的渠道很多,可以通过 12306 网上订票,95105105 电话订票,还可以到火车站或各个代售点窗口购买车票。购票后可以凭有效居民身份证直接乘车,不用换取纸质车票(需报销凭证者,可到自助取票机或售票窗口取纸质车票)。

(2)进站安检时,有序排队,不与其他旅客争抢,配合车站安检人员。若手中拿着矿泉水,要喝一口。同时,要看好自己随身携带的物品,从安检仪进入后,立刻到出口取,防止拿串或丢失。

(3)火车车票实行实名制,票、证、人必须一致。如票、证、人不一致,将无法进站乘车,车票作废;在列车上,按无票处理。

(4)暑运、春运以及节假日期间,客流会很大,进出站和上下车的旅客比较多,彼此之间难免发生碰撞。这就需要旅客之间互相谦让、互相帮助、互相理解。

(5)乘坐硬座的旅客,上车后尽量把行李放在自己座位上部的行李架上或者自己的座位下面,不要随意乱放,保证在自己视线范围内就可以。乘坐卧铺的旅客,睡觉前要把贵重物品放在身边,以免丢失。

(6)为了防止个人信息被他人盗用,造成钱财的丢失,在乘坐列车时不要轻易把自己的手机借给别人,或给人翻看。另外,在乘车的时候,不要一直盯着自己的贵重物品或让别人看到大量现金。

(7)出站时,应快速离开车站,不要轻易和别人搭讪,即使是在车上聊得很愉快的旅客也尽量不要一起走,必须有防范之心,以免上当受骗。

三、乘坐轿车的礼仪

(一)座次的顺序

(1)由主人亲自驾驶轿车时,按照汽车前进的方向,一般前排座为上,后排座为下;以右为尊,以左为卑。双排五人座轿车,座次由尊而卑依次是:副驾驶座、后排右座、后排左座、后排中座。

(2)乘坐主人驾驶的轿车时,最重要的是前排座不能空着,一定要有一个人坐在副驾驶座。坐前座的客人中途下车后,后排坐的客人应改坐前座。

(3)由男主人驾驶自己的轿车时,其夫人一般应坐在副驾驶座上;由男主人驾车送其友人夫妇回家时,友人之中的男士一定要坐在副驾驶座上,与主人相伴,而不宜夫妇二人坐在后排。

(4)由专职驾驶员驾驶轿车时,按照汽车前进的方向,通常右尊左卑,一般为后排为上,前排为下。双排五人座轿车,座位由尊而卑依次为:后排右座、后排左座、后排中座、副驾驶座。

由专人驾车时,副驾驶座一般称为随员座,即通常坐的多为随员、助理、警卫等。因此,一般不应让女士、孩子与尊长坐在由专职驾驶员驾驶的轿车的副驾驶座。许多城市,出租车的副驾驶座经常不允许乘客就座,主要为了防范歹徒劫车,是出于安全考虑。

(二)上下车的顺序

上下轿车一定要有礼貌,应请尊长、女士、来宾先上车、后下车。在日常生活中应注意以下几点:

(1)男士应招呼女士上下车。位卑者应让位尊者先上车。应打开车门让女士及长者先入座。停车后,应先下车,打开车门,帮助女士及长者下车。

(2)女士上车时应采用“背入式”,即将身子背向车厢入座,坐定后随即将双腿同时缩入车内。下车时,双腿先着地,然后再将身体慢慢移出。

(3)在闹区上车颇不安全,故后座客人均应自人行道一侧由右门上车,其顺序为第二位先上车,其次为第三位,第一位后上,而第四位最后上。下车时则按第一、三、二的顺序从右边下车,而第四位则最早下车,为后座客人开门。夫妇同乘一车时,丈夫应坐右侧座位。

(4)如果主人夫妇驾车迎送友人,则主人夫妇在前座,友人夫妇在后座,可请女士先上车,再由男士关车门。

(5)如果主人亲自驾车,主人应后上车、先下车,照顾客人先上车、后下车。

(6)如果是专职驾驶员驾车,坐在前排的人应后上先下,照顾后排的人。

总之,在正式场合乘坐轿车时,应引导尊长、女士、来宾坐上座,这是给予对方的一种礼遇,但更重要的还是要尊重嘉宾本人的意愿和选择。嘉宾坐在哪里,哪里就是上座。

(1)5人一组,模拟现场乘坐火车时的礼仪。假设你是一名乘务员,在列车上遇到一名酒醉的旅客,满嘴酒气不说,还无理取闹,在列车长没有到达现场之前,你应怎样处理这件事情?

(2)5人一组,模拟现场乘坐飞机时的礼仪。一名乘客投诉机舱内的空气不好,有的乘客把鞋脱了,有的乘客带小孩吃一些带有刺激性气味的食品,作为一名空乘人员应该怎样使用文明用语,妥当地处理该问题,赢得乘客的赞许?

(3)5人一组,用画图的方式结合不同情况把乘坐轿车时的先后顺序展示出来。

单元 2.2　使用电话的礼仪

单元导航

电话已经成为我们日常生活中通信交往的一个重要工具,如何正确使用和运用电话尤为重要。每个人在接电话时听到对方亲切、优美的招呼声,一定会心情愉悦,从而使双方的谈话进展得非常顺利。反之,如果当听到对方的语言生硬、冰冷、粗俗,第一反应就是立刻挂断电话,走出房间好好透透气,忘掉刚才的不愉快。

接打电话可以说是我们生活和工作中不可缺少的一部分,一个电话可以为公司迎来一笔不小的收入,同样一个电话也可以让一个公司损失掉一笔不小的生意。所以掌握接打电话的礼仪和技巧非常重要。

案例导学

有一天,一位客户打电话找张经理,当时是另一位同事接的。她一听是找张经理的,便放下电话大声吼道:“老张,电话!”她这一喊,这位客户首先想到的就是:这个公司可靠吗?怎么会有这么随便的员工,连最起码的礼貌都没有,至少也应该跟说一声“请稍等”。同时也让他感觉这个公司的办公室比较嘈杂。其实,这个公司的办公室并不大,用正常的语调说话，完全能听到。另外，客户是能听到她说话的。如果她把称呼改为“张经理”，会显得更有礼貌。而她称呼的是“老张”，这会影响张经理在客户心里的形象，甚至会让客户觉得张经理根本就不是经理，只是名片上印了一个虚假头衔而已。

接打电话时，由于双方看不到彼此的面孔，唯一能够传递的就是“声音”，声音是表达情意的唯一信使。这个案例让我们深刻地认识到电话礼仪的重要性，不能忽略每个细节，因为细节决定成败。

相关知识

在日常生活和工作中，人们通过电话交谈、沟通可以初步判断对方的人品、性格。接打电话所使用的语言、语调、态度都是至关重要的，直接影响着一个公司的声誉。掌握正确的、礼貌的接打电话方法是非常必要的。

随着科学技术的不断发展和人们生活水平的逐步提高，电话的普及率越来越高，每个人都离不开电话，打电话看起来很容易，对着话筒与对方交谈就可以了，其实不然，打电话也是一门学问，是大有讲究的。所以，电话礼仪也被称为现代礼仪的基础示范，很值得学习。

一、接听电话的礼仪

在日常生活中，要掌握一些接听电话的礼仪，让对方能够在亲切的话语中，心平气和、友好地和你谈事情，同时也可以通过电话进行自我推销，给对方留下一个良好的印象。那么，接听电话有哪些注意事项呢？

1. 接听及时

电话铃声一响应尽快接听，尽量不要延听。让对方久等是一种非常失礼的表现。

接听电话时，应在铃响3声内拿起电话，电话铃响超过3声没有人接听，等待的人就会产生疑问，对方在忙什么、没在电话旁还是不愿意接电话等一连串的想法，严重者会焦躁、不满、不耐烦。这时，就要做好准备来面对打电话者的不满或者愤怒，并且在短时间内给对方一个非常合理的解释，让对方很快消气，并且还要表示歉意，以缓解不愉快的气氛。

电话铃响3声之后、6声之前接起电话时，首先要表示真诚的歉意：“对不起，让您久等了”，再加上简单的、合理的解释，态度诚恳、不卑不亢、热情亲切。

2. 确认对方

在接电话时，不要一拿起电话就问“你找谁”“哪位，什么事”，要把“喂，您好！”“请问您找谁”或者“请问您是哪位？我能为您做什么？”作为开场语。有些人拿起电话习惯性地问“你找谁”“你是谁”，或者问“你有什么事呀”，这样一点都不礼貌，而且让对方感觉到非常的陌生和疏远。

3. 对待来电一视同仁

接电话时，要一视同仁。有些人总是愿意“打官腔”“摆架子”，在接电话时先爱理不理地说“你谁呀”“什么事呀”“我现在比较忙，有事快说，没事我就挂了”，但是一旦听出来对方是自己的领导、家人、朋友，或是比自己能力高的人，立即就会态度360度大转弯，细声细语，有求必应，耐心顺从。这种不能平等待人的做法，既容易得罪人，也会让他人心情不畅。

无论接任何电话，哪怕是一个打错的电话，我们都必须做到真诚、热情友好、不卑不亢。

4. 调整好自己的心态

拿起电话的那一刻，一定要面带笑容。不要认为打电话者根本看不到你，微笑着打电话是一种感情上的浪费。曾经有一位列车广播员，她在广播室内播音的时候每次都面带笑容，同事说："谁也看不到你，传出去的是你的声音，又不是你的笑容，看把你美的。"这位广播员不紧不慢地说："我一个人在广播室内，只有在播音的时候才能说话，不调整好我的心态，天天沉闷地工作，将来保证得抑郁症。另外，当你微笑着播音时传出去的声音又甜又美。为什么我们不能微笑着对待每一天的工作呢？"

虽然笑容只能表现在脸上，但是它也会藏在声音里。亲切、温情的声音会给对方留下良好的印象，如果绷着脸，声音会变得冷冰冰的。

5. 接电话也要讲究艺术

接听电话时，要把耳朵贴近听筒，仔细倾听对方的讲话。杜绝在接电话时，一边嘴里嚼着东西，一边和对方说话；一边听电话，一边回答他人的问题，这是对对方不尊重、不礼貌的行为，也会使对方非常反感。最忌讳的是中途挂断电话。一定要等事情说完了再挂电话，而且最好是在对方挂电话之后再挂电话，然后轻轻把话筒放好。

6. 接电话要注意场合

接听电话时，一定要注意场合是否适合，不适合时，要及时到合适的地方接电话。在安静的场所，比如会场、图书馆等，应主动关机或将电话置于振动、静音状态，必须接电话时，一定要离开公共场所到不妨碍他人的地方接听，音量也要适宜。信号不良时，可改换通话位置或改用其他通信方式，不能大声呼叫。

二、拨打电话的礼仪

拨打电话是现实生活中很常见的一件事情，我们就更应该懂得拔打电话的礼仪。怎样说好第一句话，怎么进行交谈，都是打电话者首先考虑的问题，尤其是在给长辈、领导、老师等拨打电话的时候，应考虑什么时间拨打比较合适，使用什么问候语，如何进行交谈，等等。这就需要在拨打电话之前要想好，同时要时刻注意语气、语速和态度。所以在拨打电话时要注意以下几点。

1. 时间的选择

拨打电话时，应根据不同对象、不同职位选择恰当的拨打时间，尽量不要在 8 点之前和 22 点之后、中午 11 点至 13 点之间打电话，以免影响对方生活和休息。如果是公事，也尽量不要占用他人休息时间，尤其是节假日，但是特殊情况除外。

2. 音量的选择

打电话时音量一定要适中，不能太小，防止对方听不见，声音太小会给对方带来无力、消极并且怠慢的感觉。也不能太大，防止刺耳，声音太大不但没有礼貌，同时也会影响其他人，最好选择中等的音量，只要对方能听见、听清楚就可以。用这种声音与人谈话，给对方的感觉是热情、友好、亲切，所以要控制好自己的音量。

3. 通话时间的选择

打电话时，一定要掌握好通话的时间，遵循"3 分钟原则"，在打电话之前就把要讲的内容想好，不要长篇大论，要长话短说，把要表达和阐述的内容简明扼要、准确无误地传递给对方。每次拨打电话的时间，不是绝对地不能超过 3 分钟。当遇到紧急、特殊情况时，可根据具体情况和事宜进行通话。

4. 用语要规范

拨打电话时，问候语非常重要，就像初次见面时，如何把自己介绍给对方，赢得对方的好感是一样的。拨打电话时，首先问候对方，然后主动自我介绍，再进行交谈。须注意的是吐字要清晰、态度要和蔼、用语要规范、表达要得体。要使用礼貌用语，比如"您好""谢谢""麻烦您"等。如果在通电话时，自己要说的话已经说完，继续重复讲，会让对方觉得做事拖拉，缺少素养，这时就应该果断地终止通话，给对方留下一个良好的印象。在整个通话过程中要始终保持态度谦和、语言文明、不卑不亢。结束通话时，以主叫方或尊者先挂断为宜。

三、电话礼仪注意事项

(1)通电话之前，要想好开头语。通电话时，使用礼貌用语。

(2)电话铃响 3 声就要把电话拿起，不要拖延时间。拿起话筒首先说"您好"。若电话铃响过 6 声才拿起听筒，一定要说"对不起，让您久等了"。

(3)通电话时，不要和他人谈笑，不要吃东西，也不要用手捂住话筒与他人谈话，特殊情况时应表示歉意或者说："请稍等，过一会儿再打给您。"

(4)为避免打扰对方的正常工作安排，打电话时应礼貌地询问"现在给您打电话方便吗？"或者"现在您说话方便吗？"一定要考虑对方的时间安排或者对方身边是否有重要的客人。

(5)通电话时，要学会配合对方，并且要让对方感觉到是在很认真地听，应说"是，是""好，好的"等，但也不能一直不停地说"是，是""好，好的"，否则会适得其反。一定要用得恰到好处。当没听清楚的时候不要说"再说一遍吧，刚才没听清楚"，应该说"信号不好，没太听清楚，麻烦您再说一遍"，一定要非常客气。

(6)挂电话前，礼貌用语也不容忽视。应向对方说"再见""打扰了""以后还请您多多指教""下次合作愉快"等，千万不要忽略最后的礼貌。

(7)当对方要找的人不在时，不要直接说"你要找的人现在不在"，直接回绝对方，应该说："请您稍等，可否记下您的电话、姓名，等他回来后给您回电话。"不要随便传话，以免传达不及时或者存在偏差，给自己带来不必要的麻烦。

(8)在办公室里接私人电话时，为防止影响其他人工作，尽量长话短说，或者等下班之后再说。工作正忙时遇到私人电话，应主动说"我再打给你""下班后，我再和你联系好吗？"尽快挂断电话。千万要记住，使用单位电话谈私事，容易遭人非议，同时也阻碍单位电话的畅通，严重者还会给单位带来损失。可能就是因为你占用了电话，非常重要的客户打不进来。

(9)通电话时，对于一些比较重要的电话内容，要事先准备好笔和纸，做好电话记录，包括通话日期、时间、来电人的姓名、单位、谈话内容等。

人人都希望被以礼相待，都不愿意与不懂礼貌的人打交道，所以，在通电话时，一定要有礼貌，给对方留下美好的印象。

(1)6人一组，模拟拨打电话使用的礼貌用语。反复练习，掌握电话礼仪的注意事项。模仿打错电话时，不同的话语带来的心里感受。

(2)6人一组，结合所学内容及生活体会，谈一谈铁路客运服务岗位12306服务台接电话时应使用哪些服务用语，以及遇有旅客投诉时，如何在第一时间按照规章制度进行处理。

课后习题

一、填空题

1. 应选择恰当的时间拨打电话，以不影响对方__________和__________为宜。
2. 接听电话时，应在铃响__________声内拿起电话。
3. 拨通电话后，先__________，然后主动__________，再进行交谈。
4. 电话突然中断，由__________立即重拨，并向对方说明。
5. 接听电话时，要把__________贴近听筒，仔细倾听对方的讲话。
6. 结束通话时，以__________或__________先挂断为宜。
7. 信号不良时，可改换__________或改用其他__________，不能大声呼叫。
8. 拨打电话时，要时刻注意__________、__________和__________。

二、选择题

1.(　　)场所需要把手机调成关机或者振动模式。

A. 图书馆　　B. 操场　　C. 地铁　　D. 街道

2. 尽量不要在(　　)点之前和(　　)点之后，中午11点至13点之间给别人打电话。

A. 7,20　　B. 9,22　　C. 8,22　　D. 10,23

3. 打电话时，一定要掌握好通话的时间，遵循通话(　　)。

A. 1分钟原则　　B. 4分钟原则　　C. 3分钟原则　　D. 2分钟原则

4. 拨通电话后，应先(　　)。

A. 直接交谈　　B. 寒暄　　C. 自我介绍　　D. 问候对方

5. 通电话之前，要想好(　　)。

A. 敬语　　B. 开头语　　C. 谦语　　D. 问候语

6. 接听电话不应保持(　　)的态度。

A. 耐心　　B. 温和　　C. 恶劣　　D. 文明

三、判断题

1. 结束通话时，以主叫方或尊者先挂断为宜。(　　)
2. 接听电话应在铃响1声内拿起电话，主动问好。(　　)

3. 遇对方误拨电话，应恶语相加，然后挂断电话。（ ）

4. 拨通电话后，先问候对方，然后主动自我介绍，再进行交谈。（ ）

5. 拨打电话应选择恰当的时间，以不影响对方生活和休息为宜。（ ）

6. 拨错电话时，不予说明直接挂断电话。（ ）

7. 使用手机时，可以旁若无人地大声说话。（ ）

8. 在影院、音乐厅、图书馆等需要保持安静的场所，应将手机关机或置于振动、静音状态。（ ）

9. 通电话时，可以和他人谈笑，不要吃东西。（ ）

10. 通电话时，对于一些比较重要的电话内容，要事先准备好笔和纸，做好电话记录。（ ）

四、简答题

1. 接听电话的相关规定有哪些？

2. 拨打电话的相关规定有哪些？

3. 电话礼仪的注意事项有哪些？

单元2.3 赠送礼品

单元导航

馈赠即赠送礼品，它是人与人交往时，用来表达友情和感激的一种形式。人们常说“千里送鹅毛，礼轻情意重”，情谊的深浅不在于礼物的厚薄，正当的馈赠应该是心甘情愿的，是给人带来欢乐和愉悦的。但是，现在人们送礼却日益陷入了“礼重情意重，礼轻情意轻”的尴尬局面。在现实生活中，把送礼当作一种负担，一种炫耀自己富有甚至为达到某种目的的手段，是极其庸俗的。其实，馈赠的目的在于经常保持联系和沟通感情，更为重要的是馈赠者的心意，无论什么样的礼物，只要是真心，都是最好的礼物。

案例导学

徐女十和张先生在同一个单位工作，两人是好朋友。徐女士邀请张先生参加自己的婚礼，张先生考虑了很久，应该送什么样的礼物比较好。他想送给徐女士一份特别的礼物。思来想去，张先生还是觉得送鲜花既时尚又浪漫，而且最合适，他就去花店订了红玫瑰，打算用红玫瑰表示对新婚夫妇甜蜜爱情的祝福。结婚那天张先生捧了一大束红玫瑰来参加婚礼，可当他将花送给徐女士时，徐女士的表情发生了急剧变化，犹豫了好久都不肯接，而徐女士新婚丈夫的脸色更是难看到了极点。当时张先生十分难堪，不知所措。这件事情引起了徐女士丈夫的误解，破坏了新婚甜蜜的气氛，徐女士解释很多次才渐渐消除了丈夫的误会。

可见，什么场合，什么时候，送什么礼物有多么重要。

相关知识

一、馈赠礼物的基本原则

中国人一向崇尚礼尚往来。《礼记·曲礼》中说:“礼尚往来,往而不来,非礼也,来而不往,亦非礼也。”馈赠,是与其他一系列礼仪活动一同产生和发展起来的。相互馈赠礼物,是人类社会生活中不可缺少的交往内容,如同润滑剂一般促进彼此之间的友谊更加深厚。但是,赠送礼物时也应当遵守以下基本原则。

1. 轻重适当

人情无价而物有价,有价的物只能寓情于其身,而无法等同于情。也就是说,礼品既有其物质的价值含量,也有其精神的价值含量。一定要考虑对方是否能接受,贵贱厚薄不重要,重要的是符合受礼者的需求与喜好。虽然礼品的贵贱厚薄,是衡量诚意和情感浓烈程度的重要标志,但是也应该根据自己的馈赠目的与经济实力来送,送得贵重不如送得有特色。

2. 讲究时机

中国人很讲究“雨中送伞”“雪中送炭”,一个合适的机会、一份适合的礼物送给一个需要的人,恰到好处的馈赠才是最重要的,受礼者在最需要时得到的才是最珍贵的、最难忘的礼物。因此,要注重时效性,把握好馈赠的时机,包括时间的选择和机会的择定。

3. 投其所好

在送礼之前,人们往往把目光投向贵重的物品,生怕自己的礼物过于廉价而得不到对方的欢心。送礼不是让自己高兴,而是要让别人开心,所以在馈赠礼物时要投其所好,避免禁忌。

4. 注意礼品的包装

送礼物者一定要在包装上多用心,多做文章,礼品不同于买给自己用的物品。如何把礼品包装得别致、新颖、与众不同,是一种艺术,是需要用心琢磨的。精美的包装不仅使礼品的外观更高雅,还能显示出赠礼人的文化艺术品位,还会使礼品保持一种神秘感,既有利于交往,又能引起受礼人的兴趣和好奇心,使双方都非常愉快。

5. 送合适的礼物

给不太亲密的异性朋友送礼物时,男性朋友不宜送领带和腰带,女性朋友不宜送项链和戒指。所以,送礼物时需要特别注意。根据每个人的喜好,选择合适的礼物。

6. 注意赠礼的场合

尽可能当着受礼人的面赠送礼物,这样能观察出受礼人接受礼物时的表情,通过表情能知道受礼人是否喜欢。还可以向受礼人表明自己在选择礼物时的深思熟虑、独具匠心,从而激发受礼人的喜悦之情。另外,送礼物时,不能在公开场合送,也不要当着众人的面送,这样不仅有受贿之感,还会令人感到尴尬。

7. 不要带价签

在送礼之前,一定要把价签拿掉。如果送一份明码标价的礼物,受礼者心里一定非常不舒服,好像是在有意提醒花了多少钱,不但没有起到送礼的效果,反而会适得其反。所以不管是贵重的礼物还是普通的礼物,价签都要拿掉。

8. 送礼要留名

馈赠礼物时，最好是亲自送，遇特殊情况需委托他人时，一定要在礼物上写上赠送人的姓名或附上便条、名片。之后再给对方打电话，向对方解释由于什么原因没能亲自送上礼物并表示歉意。如果对方连送礼物的人都不知道是谁，那礼物不是白送了吗！

二、选择礼品

礼品的选择实用性非常重要。对于受礼者来说，实用的礼品才是最好的。在我们的生活中，就常有虽然收到很多礼品，但是没有使用价值，丢弃不舍得，留着还没有什么用的情况。因此，应讲究“受者实惠，送者大方，增进友谊”的原则，既显示出实用性，又能展示其作为礼品的独特魅力。

1. 根据馈赠目的选择礼品

送礼的目的是为了增进友谊，表示对他人的尊重与亲切。只有本着这样的目的，才能使礼品发挥其功效，才能选择适当礼品来表达自己的情意。

2. 根据馈赠的对象选择礼品

(1)要考虑彼此的关系

在选择礼品时，应根据自己与对方的关系选择不同的礼品。比如给不喝酒的人送酒，把运动器材送给残疾人，这都是不合适、不恰当的。

(2)了解对方的爱好和需求

根据对方的爱好和实际需求来选择礼品，往往可以增加礼品的实效性，使对方增强对送礼者的好感和信任。

(3)尊重对方的个人禁忌

要了解对方的个人禁忌，在选择礼品时，切记不要选择对方禁忌的礼品。此外，还应根据性别、职业特点等选择礼品，如男性、女性，经理、文员等，不同的人其礼物也应不一样。

三、礼品的包装

俗话说“人靠衣装马靠鞍”，假设一个容貌非常好的女士，穿着邋遢，总会令人感到遗憾。礼品的包装是一种外在的形式，只有内在和外在融合在一起才是最完美的。如何才能把礼品包装得精美、别致、与众不同，这就需要送礼人在选择礼物包装时注意做到以下几点。

1. 形状上出新、出奇

馈赠礼品时，要在包装上出新、出奇，设计出新颖独特的形状，应根据对方的爱好、性格、年龄等进行设计，如心形、菱形等，让对方在收到礼物时露出满意的笑容。

2. 简洁中突显品位

礼品的包装一定要简单、美观，要让人看到后有一种美的享受，颜色过多、过艳不可取。为了突出品位，如果使用包装材料，还可以在包装上印上喜爱的图案。

3. 用丝带获得美感

无论用什么来包装礼品，包装纸、箱子、袋子等，也不管送的是什么物品，若用一根丝带来点缀，就会在瞬间提升礼物的品位，再打上漂亮的蝴蝶结，立刻能增添礼物本身的魅力。但礼物并不是包装得越复杂越好，只要给礼物披上一件漂亮的“衣服”，精心打扮一番，就能为它换上新颖、别致、生动有趣的“新装”。

四、送花礼仪

鲜花能带给人愉悦的感受。生活中,有些人认为只要送名贵的、好看的鲜花,受礼者就会喜欢。其实不然,不同的花代表着不同的意义,如果送错了花,往往会适得其反。赠送鲜花也是一门艺术,也有相应的礼节。有些人非常喜欢送人鲜花,认为通过鲜花可以联络情感,增进友谊,创造出一种特殊的意境。

(一)了解花的用途

花卉的种类繁多,不同的花卉有着不同的用途,花可以净化空气、美化环境;花可以传递情感,增进友谊;花可以陶冶情操;花还可以代表地域,作为一个国家或城市的象征。花不但可以观赏,还有一定的实用价值。

(二)了解花的寓意

各种花卉都被赋予了一定的寓意。送花首先要了解花的寓意,即花语。花语具有吉祥性、象征性、传统性、诗意性等特性。常见的花语如下:

玫瑰:美丽纯洁的爱情。

橙红玫瑰:初恋的心情。

红玫瑰:热恋、真心实意。

白玫瑰:纯洁与高贵。

粉玫瑰:初恋、特别的关怀。

黄玫瑰:歉意。

康乃馨:伟大、神圣、慈祥的母亲。

红色康乃馨:祝母亲健康长寿。

粉色康乃馨:祝母亲永远年轻、美丽。

黄色康乃馨:长久的友谊。

白色康乃馨:纯洁的友谊。

红百合:热烈的爱。

黄百合:衷心祝福。

红金鱼草:鸿运当头。

粉金鱼草:花好月圆。

黄金鱼草:金银满堂。

蝴蝶兰:我爱你。

郁金香:爱的告白、真挚的情感。

水仙:高雅、清逸、芬芳脱俗。

满天星:关心、纯洁。

杜鹃:艳美、华丽、生意兴隆。

(三)送花的形式

一般情况下送花要亲自送,遇特殊情况或有难言之事时,也可委托他人转送。送花时要根据不同的对象、场合等,以不同形式来送,如送花束、花篮、插花、头花等。送花以鲜花为佳，也可以送绢花，但是干花、纸花、塑料花则不宜，更不可送将要枯萎的花。

五、送花的禁忌

送花是一门学问，也是一门艺术，花所表达的情感实在太丰富了，这就需要送花人懂得和领悟送花的真正意义。

1. 根据收花者的需要选择鲜花

不同的鲜花有不同的功效和作用，因此需要了解鲜花所表达的含义。

鲜花不但美丽而且有一定的魅力，它能使人心情愉悦，给人一种积极向上的朝气。但在不同的国度，某些花的含义在理解上有所区别。如郁金香在土耳其被看作爱情的象征，但德国人却认为它是没有感情的花。兰花是东南亚的象征，而在波兰被认为是激情之花。白百合花对罗马人来说是美与希望的象征，而波斯人则认为它是纯真和贞洁的代表。

2. 赠花要注意场合

要根据不同场合和礼节送花，忌讳不顾场合，根据自己的意愿送花。比如祝贺庆典活动时，鲜花必须提前两小时送到，以便主人进行布置和摆放，但不宜送花束、花环等；探望病人时，不能送气味浓郁、色彩鲜艳的花，这些花会给人强烈的嗅觉、视觉刺激，会影响病人的病情和医院的环境。

3. 忌讳不懂习俗而送花

送花要按照风俗习惯送，西方国家的男士一般只送花束，而不送盆花。他们认为盆花不如插花庄重。另外，还应注意花的数目，若是给欧美客人送花，最好是奇数，但不能送 13 枝花，因为“13”这个数字被认为会带来厄运。在英国，黄玫瑰象征亲友分离；在德国的习俗中，黑色郁金香是一种无情之花；在法国，康乃馨意味着快要离开人世；拉丁美洲的人认为菊花是送给死人的丧葬之花。

(1)5 人一组，讨论各自喜欢的花有哪些，以及这些花的作用和功效是什么。

(2)5 人一组，每人为对方送花，看看所送的花是不是对方喜欢的花。

(3)情境模拟：现在让你去看望你最好的朋友，他今天过生日，根据他的喜好你应该选择什么花送给他？

一、填空题

1. 馈赠即____________，它是人与人交往时用来表达友情和感激的一种形式。

2. 中国人一向崇尚礼尚往来。____________上说：“礼尚往来，往而不来，非礼也，来而不往，亦非礼也。”

3. 礼品既有其物质的价值含量，也有其精神的价值含量。一定要考虑对方是否能接受，贵贱厚薄不重要，重要的是符合受礼者的____________与____________。

4. 时机原则中要注重____________，把握好馈赠的时机，包括时间的选择和机会的择定。

5. 精美的包装不仅使礼品的外观更高雅，还能显现出赠礼人的文化艺术品位，还会使礼品保持一种____________。

6. 礼品的选择应讲究“受者实惠、____________、增进友谊”的原则，既显示出实用性，又能展示其作为礼品的独特魅力。

7. 送礼的目的就是为了增进友谊，表示对他人的____________与亲切之意。

8. 礼品的包装要形状上____________，简洁中突出品位，用丝带获得美感。

9. 鲜花是象征____________，能带给人愉悦的感受。

10. 花卉的种类繁多，不同的花卉有着不同的用途，花可以净化空气、____________；花可以传递情感，____________；花可以陶冶情操；花还可以代表地域，作为一个国家或城市的象征。

二、选择题

1. 馈赠礼物的基本原则有轻重适当、讲究时机、投其所好、注意礼品的包装、送合适的礼物、不要带价签、送礼要留名、(　　)。

A. 注意赠礼的场合　　B. 公开场合　　C. 当众送礼　　D. 默默送礼

2. 馈赠礼物时，最好是亲自送，遇特殊情况需委托他人时，一定要在礼物上写上赠送人的姓名或附上便条、(　　)。

A. 卡片　　B. 姓名条　　C. 名片　　D. 图片

3. 礼品的选择(　　)非常重要。对于受礼者来说，实用的礼品才是最好的。

A. 时效性　　B. 时刻性　　C. 实用性　　D. 重要性

4. 馈赠礼品时要了解对方的爱好和需求。根据对方的爱好和实际需求来选择礼品，往往可以增加礼品的(　　)，使对方增强对送礼者的好感和信任。

A. 时效性　　B. 时刻性　　C. 实用性　　D. 重要性

5. 各种花卉都被赋予了一定的寓意，送花首先要了解花的寓意，即花语。花语具有吉祥性、象征性、(　　)、诗意性等特性。

A. 古典性　　B. 传统性　　C. 远古性　　D. 遗传性

6. 郁金香在土耳其被看作爱情的象征，但(　　)人却认为它是没有感情的花。

A. 德国　　B. 中国　　C. 英国　　D. 泰国

7. 白百合花对(　　)来说，是美与希望的象征，而波斯人则认为它是纯真和贞洁的代表。

A. 澳大利亚人　　B. 美国人　　C. 古罗马人　　D. 罗马人

8. 在(　　)黄玫瑰象征亲友分离；在德国的习俗中黑色郁金香是一种无情之花。

A. 英国　　B. 美国　　C. 中国　　D. 俄国

9. 在(　　)康乃馨意味着快要离开人世；拉丁美洲的人认为菊花是送给死人的丧葬之花。

A. 中国　　B. 法国　　C. 英国　　D. 美国

三、判断题

1. 馈赠的目的在于经常保持联系和沟通感情，更为重要的是馈赠者的人品和诚心诚意，

无论什么样的礼物，只要是真心，都是最好的礼物。（　）

2.《礼记·曲礼》上说：“礼尚往来，往而不来，非礼也，来而不往，亦非礼也。”馈赠，是与其他一系列礼仪活动一同产生和发展起来的。（　）

3. 中国人很讲究“雨中送伞”“雪中送炭”，一个合适的机会、一份适合的礼物送给一个需要的人，恰到好处的馈赠才是最重要的，受礼者在最需要时得到的才是最珍贵的、最难忘的礼物。这是馈赠礼物的基本原则中的时机原则。（　）

4. 根据馈赠的对象选择礼品，不需要考虑彼此的关系。（　）

5. 俗话说“人靠衣装马靠鞍”，若一个容貌较好的女士穿着邋遢，总会令人感到遗憾。（　）

6. 鲜花象征美好的生活，能带给人愉悦。（　）

7. 兰花是东南亚的象征，而在澳大利亚被认为是激情之花。（　）

8. 鲜花不但美丽而且有一定的魅力，它使人心情愉悦，给人一种积极向上的朝气，在不同的国度某些花的含义在理解上无所区别。（　）

9. 送花要按照风俗习惯送，西方国家的男士一般只送花束，而不送盆花。（　）

四、简答题

1. 赠送礼物时应遵守哪些基本原则？
2. 如何选择礼品？
3. 礼品包装的注意事项有哪些？
4. 送花有哪些禁忌？

单元2.4　递送名片

单元导航

名片是一个人身份地位的象征，一个人的“自我介绍信”，一个人尊严价值的彰显，是不可缺少的“见面礼”。名片虽小，但可在方寸之间尽显艺术本色。使用名片可以在第一时间把自己推销出去，打消他人的猜测和疑虑，有利于交往与沟通。

案例导学

某公司的张总来到一家企业洽谈生意，该公司派来一名副总经理来接待他。张总见到这位副总经理时立刻起身，将自己的名片双手递给了这名副总经理，并且说道：“我是××公司的××(职务)，这是我的名片，请多关照。”而这位副总经理却坐着说道：“客气了。”他接过名片后看也没看，只是点了一下头，就随意地把名片放在桌子上。之后对张总说：“我的名片用完了，暂时没了，不好意思。”当时的场面很尴尬。张总很有礼貌地说：“没关系，希望我们下次合作愉快。”

互递名片是一种礼节，是对对方的尊重和认可。尤其是在商务活动中，交换名片是不可缺少的一部分，互相交换名片之后，才能让别人对你有更好的印象，而交换名片时更应该注重礼仪,因为此时能反映出一个人的修养,如果忘记带名片、没有名片或者名片用完,都要诚恳地说:“对不起,我的名片用完了。”这不但能够缓解气氛,也能使合作继续进行下去,还可以拉近彼此的距离。

相关知识

名片是人与人之间交往、沟通和联系的重要纽带及方式,是现代社交的需要。一部分人不但有自己的名片,同时还会有很多人的名片。这些名片有利于工作的开展,也是商务人士的必备品。

一、名片的规格及印刷

1. 规格

我国通用的名片规格为9cm×5.5cm,国外人士使用的名片规格多为10cm×6cm,女士专用名片规格为8cm×4.5cm。

2. 名片的印刷

(1)纸张选择

大面积色块适合用铜版纸及铜版纸覆膜印刷,不适合用其他特种纸印刷,铜版纸系列纸张较厚,挺度较高,印刷颜色较为鲜艳,侧重于纸张厚度的人,不妨选择铜版纸系列,性价比很高。

布纹纸包括麻布纹、细布纹、莱妮纹,布纹纸自身有精美纹路,印刷效果更好。布纹纸是不少想体现庄重、大方效果的企业选择的纸张,以横排为佳。

(2)颜色选择

名片颜色可分为单色、双色、彩色和真彩色,以决定不同的印刷次数。因为三原色可构成彩色,纯彩色图案不带黑色,没有黑色,彩色图片的颜色不饱满。我们常说的彩色图案由四种颜色构成,也称真彩色。有的胶印名片虽不带图片,但也由三种颜色构成,同样也是彩色名片。在电脑数码名片中,已经不存在这样的选择。名片的色彩切忌鲜艳、花哨,应讲究淡雅端庄,以白色、乳白色、淡黄色、浅蓝色为宜。

(3)排版

我国的习惯是把职务用较小号字体印在名片左上角,姓名印在中间;外国人的习惯是姓名印在中间,职务用较小号字体印在姓名下方。如果同时印中外文,通常一面印中文,另一面印外文;外文要按国际惯例排版,且要准确无误。

需要注意的是名片不能随便进行涂改,且不宜提供私宅电话号码及家庭信息,不要印两个以上的头衔。名片上印刷的身份、头衔必须实事求是,不能胡乱自称。在社交活动中,一般选自己比较重要的或准备几种头衔的系列名片比较好。

二、名片的分类

名片的产生主要是为了交往、沟通。过去,由于经济与交通不发达,人们交往的范围不太广,对名片的需求量并不大。随着经济的飞速发展,人与人之间的交往逐渐增多,为了能在第一时间将自己介绍给对方,名片是最好的帮手。

1. 商业名片

商业名片是指企业进行业务活动时使用的名片,大多以营利为目的。商业名片的主要特点为:名片常使用标志、注册商标,印有企业业务范围、经营项目等。大公司有统一的名片印刷格式,使用较高档的纸张,名片没有私人家庭信息,主要用于商业活动。

2. 公用名片

公用名片是指政府或社会团体在对外交往中使用的名片,不以营利为目的。公用名片的主要特点为:名片除姓名、地址、邮编、电话、单位名称外,常使用标志,部分印有对外服务范围,没有统一的印刷格式,名片印刷力求简单实用,注重个人头衔和职称,名片内没有私人家庭信息,主要用于对外交往与服务。

3. 个人名片

个人名片是指朋友间交流感情、增进友谊,以及为了结识一些新朋友所使用的名片。个人名片的主要特点为:除有自己的姓名、地址、邮编、电话外,不使用标志,设计个性化。常印有个人照片、头衔、职业和爱好,纸张可根据个人的实际情况和喜好进行选择,主要用于朋友交往。

三、名片的相关规定

1. 交换名片

在社交场合,交换名片的顺序一般是"先客后主,先低后高"。当与多人交换名片时,应依照职位高低的顺序,或是由近及远,依次进行,切勿跳跃式进行,以免对方有厚此薄彼之感。递送时应将名片正面面向对方,双手奉上。眼睛应注视对方,面带微笑,并大方地说:"这是我的名片,请多多关照(请多多指教)。"名片的递送应在介绍之后,在尚未弄清对方身份时不应急于递送名片,不要把名片视同传单随便散发。

需要注意的是,交换名片时,先接对方的名片,把自己的名片放在下面,接过后仔细阅读。

具体步骤:

①存放得当,放在随手可取的地方(裤兜是不适当的)。

②站立对正,上身前倾,欠身。

③名片放低,双手拇指和食指分别执名片的两个角,字体朝向对方,齐胸送出,清楚简明地自我介绍。

2. 接受名片

接受名片时应起身,面带微笑注视对方。接过名片时应说"谢谢",随后有一个微笑阅读名片的过程,阅读时可将对方的姓名、职务念出声来,并抬头看看对方的脸,使对方产生一种受重视的满足感。然后回敬一张本人的名片。

具体步骤:

①立即起立,面向对方。

②双接下端,齐胸高度。

③表示感谢,认真阅读。

④存放得当,珍惜爱护。

3. 存放名片

接过别人的名片后切不可随意摆弄或扔在桌子上，也不要随便塞在口袋里或包里。应放在西服左胸的内衣袋或名片夹里，以示尊重。

4. 整理名片

他人的名片就是资源和财产，因此我们应该利用一切可能的机会，索取更多的名片，来增加我们的财产数量，为日后积累资源。聚会、会议、饭局、商务往来、日常工作等均是获取名片的途径。

获取之后应科学整理，尤其对于商务人士，可以用名片夹和电脑整理名片。按工作关系、单位性质、工作性质、重要程度、利益关系等用适合自己使用习惯和工作理念的标准分类。

整理完还要定期更新，保持名片的时效性。

四、名片礼仪注意事项

若想适时地发送名片，使对方接受并收到最好的效果，必须注意下列事项：

①首先把名片准备好，放在名片夹、名片盒或口袋中，便于取放。自己的名片和他人的名片不应混在一起，以免拿错。

②出席重大的社交活动时，一定要记得带名片。参加会议时，交换名片是在会前或会后，不应该在会中交换。

③遇到不认识的人时，让别人先发名片。名片的发送可在刚见面或告别时，如果自己发表意见，可在说话之前发名片，以便帮助他人认识自己。

④在商业社交活动中要有选择地提供名片，不要让人以为你在替公司搞宣传、拉业务。不要在陌生人群中传发名片，避免他人误以为你想推销物品。

⑤对陌生人或巧遇的人，不要在谈话中过早发送名片，过于热情会让人有戒备之心。

⑥除非对方要求，否则不要在年长的主管面前主动出示名片。

⑦递交名片时用双手或右手，双手拇指和食指执名片两角，文字正面朝向对方，递交时目光要注视对方，面带微笑，并顺带一句“请多多关照”。

⑧接名片时要用双手，并认真看一遍内容。若接下来与对方谈话，不要将名片收起，应放在桌子上，并注意不要被其他东西压住。

⑨破旧的名片应及时丢弃，与其发送一张破损或脏污的名片，不如不送。

⑩交换名片时如果名片用完，可用干净的纸代替，在上面写下个人资料。

职场交往中，不要小看小小的名片，它是人脉管理中重要的资源，使用好自己的名片会受到重视；管理好朋友的名片，会让你的人脉得到扩展，从而使你的事业亨通。

(1)假设你是一家企业的部门经理，你想把企业推销出去，应该怎么设计名片？

(2)5人一组，假设同组的5人都是一家企业的员工，经理让你们结合企业的实际情况设计公司的名片，必须具有代表意义，应怎样设计名片？

(3)练习递送和接收名片的礼仪规定。

一、填空题

1. ____________是一个人身份地位的象征，一个人的“自我介绍信”，一个人尊严价值的彰显，是不可缺少的“见面礼”。

2. 使用名片可以在第一时间把自己推销出去，打消别人的猜测和疑虑，有利于____________与____________。

3. 国内通用的名片规格为____________。

4. 国外人士使用的名片规格为____________。

5. 女士专用名片规格为____________。

6. 布纹纸包括麻布纹、细布纹、莱妮纹。布纹纸自身有精美的纹路，印刷效果更好。布纹纸是不少想体现庄重、大方效果的企业选择的纸张，以____________为佳。

7. 名片颜色可分为单色、双色、彩色和____________，以决定不同的印刷次数。

8. 名片的产生主要是为了____________、____________，过去，由于经济与交通不发达，人们交往的范围不太广，对名片的需求量并不大。

二、选择题

1. (　　)是指公司或企业进行业务活动时使用的名片，大多以营利为目的。

A. 商业名片　B. 个人名片　C. 职业名片　D. 娱乐名片

2. (　　)是指政府或社会团体在对外交往中所使用的名片，不以营利为目的。

A. 商业名片　B. 公用名片　C. 职业名片　D. 娱乐名片

3. (　　)是指朋友间交流感情、增进友谊，以及为了结识一些新朋友所使用的名片。

A. 个人名片　B. 公用名片　C. 职业名片　D. 娱乐名片

4. 在社交场合，交换名片的顺序一般是“(　　)，先低后高”。

A. 先主后客　B. 先客后主　C. 先给长辈　D. 先给晚辈

5. 交换名片时，先接对方的名片，把自己的名片放在(　　)，接过后仔细阅读。

A. 左面　B. 对面　C. 上面　D. 下面

6. 接受名片时应(　　)，并微笑注视对方。

A. 问好　B. 谢谢　C. 起身　D. 坐下

三、判断题

1. 他人的名片就是资源和财产，因此我们应该利用一切可能的机会，索取更多的名片，来增加我们的财产数量，为日后积累资源。(　　)

2. 聚会、会议、饭局、商务往来、日常工作等都不是名片获取的途径。(　　)

3. 获取名片之后要进行科学的整理，尤其对于商务人士，可以用名片夹和电脑整理名片。(　　)

4. 使用名片可以在第一时间把自己推销出去，打消他人的猜测和疑虑，有利于交往与沟通。(　　)

5. 名片是人与人之间交往、沟通和联系的重要纽带及方式，是现代娱乐的需要。(　　)

四、简答题

1. 名片的规格是多少？
2. 名片的颜色如何选择？
3. 名片按用途是如何分类的？
4. 名片交换的相关规定有哪些？
5. 使用名片时的注意事项有哪些？

项目三　铁路客运服务礼仪

知识目标

1. 熟悉铁路旅客运输服务的工作内容,具有熟练的服务和操作技能。
2. 熟悉旅客心理,掌握沟通的技巧以及遇有突发事件时的服务处理技巧。
3. 掌握铁路客运服务中最基础的英语服务用语。
4. 掌握铁路客运服务礼仪中常用的基础手语。

能力目标

1. 具备准确进行候车室服务、旅客乘降以及广播宣传工作、车站美化及卫生工作的能力。
2. 具备车厢服务、列车广播和餐茶供应工作的能力。
3. 具备旅客旅行的心理活动的辨别能力,准确地为旅客进行优质的服务。
4. 通过沟通技巧的学习,具备妥善处理突发事件的服务能力。
5. 对于外籍旅客能够使用简单的英语进行会话;对聋哑旅客能够通过手语进行简单的沟通和交流。

单元3.1　铁路客运服务工作的主要内容

单元导航

铁路是国民经济大动脉、国家重要基础设施和大众化交通工具,是综合交通运输体系骨干,重要的民生工程和资源节约型、环境友好型运输方式,在我国经济社会发展中的地位至关重要。铁路客运工作贯穿旅客乘坐旅客列车旅行的全过程,在为旅客提供服务的过程中,为了保证旅客愉快、舒心的旅行,铁路客运服务人员应该做到全心全意为旅客服务,提高服务理念,优质、高效地完成运输旅客的任务。

相关知识

一、服务的含义及分类

(一)服务的含义

服务一般是指社会成员之间相互提供方便的一类活动,通常可分为有偿的、直接或间接的、提供方便的经济性劳动服务。从广义来讲,服务就是为了国家,为了企业,为了某种事业和他人的利益而工作。铁路客运部门的服务,就是通过客运服务人员向旅客提供一定的劳务活动,即提供安全、方便、温馨的服务,满足其在旅行中的愿望和旅行生活方面的需要。

铁路旅客运输的“产品”,就是旅客的“位移”。旅客在从甲地到乙地的旅行过程中,铁路及其工作人员提供的运输和服务与旅客对旅行和服务的消费是同时进行的。可见,铁路旅客运输及服务正是这种能够创造特殊使用价值的劳动,使其成为满足人们生活需要的一种社会服务。

(二)服务的分类

(1)根据客户在服务过程中参与程度的高低,可将服务划分为高接触性服务、中接触性服务和低接触性服务。

高接触性服务指客户在服务活动中参与其中全部或大部分活动及过程,如旅客运输业是典型的高接触性服务行业。

中接触性服务指客户部分或在局部时间内参与服务活动的过程,如银行、律师等提供的服务。

低接触性服务指客户与服务提供者接触较少,且大部分要借助于特定的仪器设备,如邮电部门提供的服务。

(2)根据提供服务的工具不同,可以将服务划分为以机器设备为基础(如自动售货机、自动提款机)的服务、以人为基础(如咨询服务)的服务和二者兼顾三种类型。

(3)根据客户选择自由度的大小,可将服务划分为标准化服务和非标准化服务。

在旅客服务中,旅客是产品或服务的接受者。服务是为了满足旅客物质和精神方面的需求。

动车组列车服务又分为有形服务和无形服务两大类:

(1)有形服务。如安全提示、重点服务、列车验票、卫生清理、餐饮服务等等。

(2)无形服务。如动车组列车服务人员的思想品德、职业道德、社会公德、礼貌修养、言谈举止、服务精神、工作态度等方面。动车组列车的乘务工作关键在于怎样更好地为旅客提供“安全、方便、温馨”的服务,让旅客在旅行中感受到“微笑、品位、雅致、礼遇”的服务过程,这是服务的真正含义所在。

二、铁路客运服务

(一)高速铁路旅客运输组织的特点

1. 高速度

速度是高速铁路主要技术水平的标志,但旅客最关心的是旅行速度,而不是最高运行速度。因此要达到高速度就必须具备以下条件:

(1)线路的限速地段不能过多。

(2)列车牵引性能好,加减速快,起停车附加时间短。

(3)高速铁路的行车组织工作,尤其是列车运行图的铺画,要在保证旅客上下车的前提下,尽可能提高旅行速度。在满足一定服务频率的前提下,要减少列车停站次数及停站时间,一般大站停车 3 ~5 分钟,小站停车 1 ~2 分钟。

(4)列车停站时间短,一般不挂行李车,行包由专列输送。

(5)列车停靠站要准确对位,车站要在列车到达前组织好旅客按车位等待。

2. 高密度

列车的开行密度取决于客流量和列车定员,而客流量主要取决于沿线社会和经济发展水平、其他交通运输方式的情况以及高速铁路的运输质量及服务水平。由于客流波动,早晚集中出行、某些区段客流量较大时,可以考虑重联运行,但非高峰时段也要保证一定的列车密度,以吸引客流。

3. 高正点率

高正点率是高速列车与其他交通运输方式竞争的重要手段。

高速度、高密度是高速铁路吸引旅客的重要因素。京津城际铁路自开行以来上座率在 60% ~70% ,节假日期间的运能更是不能满足需求。

快捷、简明、方便、流畅的旅客流线和相对固定使用的站台、站线,是高速铁路车站建设的方针和目标,也是更好吸引客流的必要条件。以北京南站为例,旅客流线简捷、流畅,旅客由进站购票到检票上车最短 10 分钟之内就能完成。同时车站应该具备完善的旅客引导系统。车站和列车上均配备旅客旅行所需的、先进的设施和设备,营造舒适的候车和乘车环境。

(二)铁路旅客运输服务的特点和基本任务

1. 铁路旅客运输服务的特点

(1)铁路旅客运输的主要服务对象是旅客,其次是行李、包裹和邮件。

(2)铁路旅客运输服务向社会提供的是无形产品,其核心产品是旅客的空间位移。它被旅客本身所消耗,其使用价值具有不确定性,其创造的社会经济效益远大于自身的经济效益。

(3)铁路客运产品具有易逝性。旅客位移的生产和消费过程同时进行,产品不能储存,不能调拨。

(4)旅客运输不同于货物运输,旅客在旅行中有不同的物质文化生活需求,如饮食、休息、适宜的通风、照明、温度等,铁路运输企业不仅应满足这些需求,而且还应积极创造良好的旅行环境并提供优质的服务,使旅客心情愉悦。

(5)旅客运输服务具有高科技性。通过计算机售票、采用计算机绘制系统、提速改造、车内设备改善,提高服务质量。

(6)旅客有较强的自主性,可根据自己的旅行需要自主选择乘车日期、车次。

(7)旅客运输服务具有多样性。需求层次、旅行目的不同,服务也有所不同,例如直达特快、特快、直通、管内列车。

2. 铁路旅客运输服务的基本任务

铁路旅客运输服务的基本任务是安全、准确、迅速、便捷地将旅客、行李、包裹、邮件运送到目的地,最大限度地满足旅客在旅行中的需求,为旅客创造一个良好的旅行环境,并且提供优质的服务,体现“人民铁路为人民”的服务宗旨。

安全——没有任何危险、不受威胁;不出现任何事故(人身和财产的安全)。

准确——行动的结果完全符合实际和预期的目标(时间和空间准确)。

迅速——速度高(必须是在保证安全的基础之上)。

便捷——方便、顺利(铁路网四通八达,应顺畅无阻)。

(三)铁路客运服务的具体体现

1.服务是一种态度

(1)服务首先是一种态度,良好的服务是一种良好的态度。旅客的需求是多样性的,因此服务态度的范畴是广泛的,认识并熟悉旅客,让旅客感受温暖,是让旅客满意的关键因素,也是对旅客的尊重。专注的倾听让旅客感受到尊重,亲切的问候让旅客感受到舒适,耐心的服务让旅客感受到温馨。这些都是服务的因素,也是一种服务态度,一种岗位、自身价值的体现。

(2)服务的真谛是不断的创新,它需要服务者针对需求变化,创造性地去服务对方,它能使人与人之间相互信赖、彼此信任、和谐相处、无限接近。

2.服务是一种素质

(1)服务体现文明,服务是人类的美德,服务是给予,也是收获。

(2)当好一名优秀的动车组乘务人员并非容易的事。服务他人不仅需要高尚的操行,服务本身还是一门学问。我们除了要有专业知识、服务技能、工作标准、制度要求以外,更重要的就是时刻提醒自己要有强烈的服务意识和人生追求,要认识到自己是一名职业的服务者,一名优秀服务的提供者。

(3)当我们在为千万名旅客提供服务的时候,他们为我们展现自身社会价值提供了人生舞台。作为动车组乘务人员,要追求和旅客之间更大的和谐与平等,要做到耐心细致、尽心尽力,在岗位上体现人人为我,我为人人的一种更大的社会价值观。动车组乘务人员是个高尚的职业,我们要为此付出我们的情感,投入我们的热情,展现我们绚丽多彩的人生。

(4)方便他人是一种境界,服务他人是一种美德,它需要服务者一种无私的给予。但在给予的同时,我们收获的是认可、是欣慰、是感谢、是成就……是一种崇高的、精神上的愉悦。

(5)服务是缔造阳光的使者,高品质的服务就如同清晨的第一缕阳光,照亮并温暖每一个被服务者的心灵,使他们沐浴在关爱、和谐的阳光之中。

3.服务是一种快乐

(1)快乐服务是一种人生的境界。

①对每一位旅客要倾注一点一滴的关怀。

②要时刻为旅客、社会奉献一点一滴的真诚服务。

③服务的成败取决于细节,忽视细节就意味着失败。

④服务注重细节,细节决定服务的品质。

⑤从点滴做起,把微不足道的事情做得完美无暇。

(2)对你从事的工作,只有感兴趣才能投入,投入其中才能享受快乐。如果在工作中能够感受快乐,把工作当作一种创造,看作一种满足,全身心投入,不懈坚持,任何人都能从中找到快乐,实现人生的目标。很多人在工作中得不到快乐,根源就在于他们只求结果,不看过程。真正的服务者,确实能够在岗位和职业中体会一种快乐,一种服务社会的快乐,一种实现自我价值的快乐。

(3)看不到细节或者不把细节当回事的人,对工作缺乏认真的态度,做事情只能是敷衍了事。这种人无法把工作当作一种乐趣,而只是当作一种不得不受的苦役,因而在工作中缺乏热情。他们只能永远做别人分配给他们的工作,甚至即便这样,也不能把事情做好。而考虑到细节、注重细节的人,不仅能认真对待工作,将小事做细,而且注重在做事的细节中找到机会,从而使自己走上成功之路。

(4)零度干扰,亦称"零干扰",是服务礼仪的一种重要的支柱理论。它的基本主张是:在向服务对象提供具体服务的一系列过程中,必须主动采取一切行之有效的措施,将对方所受的一切有形或无形的干扰,减少到最小,也就是力争达到干扰为零的程度。其宗旨是要求在服务过程中,为服务对象创造一个安全、舒畅、自由、温馨的环境。

三、铁路客运服务工作的主要内容

(一)车站服务工作

车站服务工作包括12306服务台服务工作、候车室服务工作、旅客乘降工作、广播宣传工作及车站卫生工作等。

1. 12306服务台服务工作

(1)精通本职业务,技术业务过硬,能够做到全面掌握旅客购票、候车等旅行常识。遇有旅客问询时,态度和蔼、热情,做到耐心、细致地回答旅客问题。

(2)受理旅客查找遗失物品、车次检票口查询等相关业务时,认真倾听、积极配合,尽力帮助旅客解决问题,满足旅客合理需求。

(3)旅客在候车期间需要帮助时,要积极为旅客提供各种便民服务,例如旅客的旅行包开线需要针和线时,要提供方便。特殊原因旅客需要广播找人时,要积极联系广播员,并安抚旅客耐心等待,稳定旅客的情绪。

(4)当受理旅客投诉时,要认真倾听事情的经过,如遇有旅客情绪激动,要做好解释和安抚工作,并将情况及时、如实汇报值班站长。

(5)受理旅客的电话咨询时,应规范使用服务语言("请""您好""谢谢""对不起""再见"),禁止使用服务忌语。

(6)办理旅客应急改签以及符合接站条件的旅客进站接站等相关事宜。

2. 候车室服务工作

候车室是旅客等候乘车时休息的场所,候车室内设有一定数量的座椅,并且有足够旅客通行的通路,应保证候车室内空气流通,地面洁净,为旅客创造一个良好的候车环境。候车室内各岗位工作人员的职责如下。

(1)候车室值班人员

①负责本班组的检票作业组织、作业分工,服从领导安排,听从指挥。

②负责落实值班站长(主任)部署的工作,高质量完成任务。

③组织落实候车室检票作业安全风险控制措施,消除安全隐患。

④带领班组职工按作业标准组织检票作业,执行宣传、卡控制度。

⑤负责保障动车商务座旅客、军人、特殊重点旅客、消防救援人员等优先进站制度的落实。

⑥掌握职工班前、班中精神状态,发现异常情况及时汇报。

⑦组织班组职工列队对岗交接,制定巡视分工方案,督促落实。

⑧组织职工检查职场设备设施、大门锁闭情况,及时汇报故障问题。

⑨带领班组职工学习技术业务,提高业务素质。

⑩带领班组职工主动承担保洁工作,促进混岗融入。

⑪对现场突发问题进行应急处置,启动执法仪取证,并第一时间汇报。

⑫组织班组职工执行公共场所禁烟制度,劝阻违章吸烟的行为。

⑬按规定对配电间、消防器材等设备进行巡视检查,做好登记,发现问题及时汇报。

⑭组织职工对候车室讨要、捡拾垃圾的人员进行清理。

⑮负责实名制验票人员的分工管理,无票、票证不符者卡堵候车室外。

⑯带领班组职工文明礼貌服务旅客,杜绝生冷硬顶问题。

⑰负责本部位照明、扶梯等设备的开启、关闭,执行能源管理规定。

⑱负责及时汇报影响班组职工队伍稳定、现场作业的突出问题。

(2)候车室安检人员

①负责本班组安检执机、手检组织、作业分工,服从领导安排,听从指挥。

②负责落实值班站长(主任)部署的工作,高质量完成任务。

③组织落实安检作业的安全风险控制措施,消除安全隐患。

④掌握职工班前、班中精神状态,发现异常情况及时汇报。

⑤组织班组职工对岗交接,制定值岗巡视分工方案,督促落实。

⑥带领班组职工按作业标准组织安检作业,落实安保反恐制度。

⑦组织职工检查职场安检仪、安检门等设备设施,汇报故障问题。

⑧带领班组职工学习技术业务,提高业务素质。

⑨带领班组职工主动承担保洁工作,促进混岗融入。

⑩对现场突发问题进行应急处置,启动执法仪取证,并第一时间汇报。

⑪组织班组职工执行公共场所禁烟制度,劝阻违章吸烟的行为。

⑫按规定对配电间、消防器材等设备进行巡视检查,做好登记,发现问题及时汇报。

⑬带领班组职工文明礼貌服务旅客,杜绝生冷硬顶问题。

⑭根据客流变化组织增开安检通道,杜绝进站拥堵问题。

⑮及时汇报影响班组职工队伍稳定、现场作业的突出问题。

⑯负责本部位照明、扶梯等设备的开启、关闭,执行能源管理规定。

⑰负责查获危险品的清点、登记、上缴工作,手续完备,账物相符。

(3)候车室客运人员

①执行检票作业标准,仪容仪表规范,言谈举止大方得体。

②检查候车室设备设施、标识、配电间消防设施,并做好登记。

③落实本岗位安全风险控制措施,加强对大门、特种设备的管理。

④对岗交接,做好休息室卫生工作,物品定置摆放,更衣柜内整洁。

⑤落实军人、重点商务座旅客优先原则,认真核对各种乘车证,卡控无票乘车。

⑥检票作业完毕后确认人工口、检票口的门是否锁闭。

⑦文明礼貌地解答旅客问题,解决旅客求助,杜绝不良反应。

⑧负责公共场所禁烟管理,责任区域的卫生保洁质量督促,联劳保洁作业。

⑨对候车室内大包占座、座椅躺卧、捡拾讨要人员进行管理。

⑩对候车室内因酗酒兴奋、举止异常的人员进行妥善处置。

3.旅客乘降工作

旅客乘降工作是站台客运人员的主要工作之一,其目的就是迅速集散和疏导旅客,维持站台秩序。按照先重点旅客(老、幼、病、残、孕)和特殊重点旅客(依靠辅助器具才能行动的重点旅客)后团体旅客,最后是一般旅客的顺序乘降。组织引导旅客通过自动检票闸机检票进站,提醒旅客拿好车票和身份证,防止尾随。

(1)站台客运人员的岗位职责

①执行站台接车作业标准,在规定时间出场,加强乘降组织。

②负责本岗区内旅客乘降的安全。

③负责本岗区检票作业旅客扶梯等位置的监控,及时排除安全隐患。

④清理本岗区不符合中转换乘的滞留旅客和闲杂人员。

⑤检查巡视本岗区站台边缘、接触网、线路状态,排除险情。

⑥负责本岗区日间的卫生管理、督促工作和可移动物品的处置。

⑦确认本岗区车厢门口的旅客乘降情况、行包邮政作业情况。

⑧负责本岗区机动车辆、高铁快运、行邮、结合部作业、施工作业、方便门的管理工作。

⑨对本岗区的设备设施、消防器材进行检查巡视,发现故障及时汇报。

⑩解答旅客问事,文明礼貌地为旅客服务,杜绝不良反应。

⑪组织本岗区内候车旅客在安全白线内排队候车,先下后上。

⑫与相邻站台做好联防互控,做好列车背面防扒和闲散人员的清理工作。

⑬在列车进站和开车前按规定时间打铃提示。

⑭对本岗区内因酗酒兴奋、行为异常人员进行妥善处置。

(2)出站口客运人员(补票员)的岗位职责

①对无票、儿童超高、票证不符、携带品超重的旅客按章补费。

②依据征信条例对拒绝补费、无理取闹的旅客进行取证登记、申报。

③加强对补票室的管理,确保现金票据安全。

④对出站口区域的设备设施、标识、消防器材进行巡视检查,发现故障及时汇报。

⑤负责出站口区域卫生质量的管理,包括休息室保洁、物品定置摆放。

⑥按责任分工清理旅客地道中滞留的中转旅客和闲杂人员。

⑦有效制止反门进站的所有人员,清理接站堵口人员。

⑧解答旅客问事,文明礼貌服务旅客,杜绝不良反应。

4.广播宣传工作

客运车站的广播对客运员的工作起着指挥的作用,对旅客起着提示、提醒的作用。通过广播可将车站的接发车准备、检票等工作及时地传达给每一名正在值班的客运工作人员,以便客运工作人员按照广播的提示统一地、有条不紊地完成各项工作。通过广播,可将各次列车出发、到达的时刻和列车晚点情况等有关事宜及时地通知候车室、站台及广场上的旅客,组织旅客安全有序地进出站和上下车。

5. 车站卫生工作

铁路客运站是一个城市的大门,是旅客聚集的地点。做好车站的卫生工作非常重要,只有车站清洁卫生、空气清新、温度适宜,才能给旅客创造一个良好的候车环境。

要想达到干净整洁,窗明地净,物见本色,就要求地面干净无垃圾;玻璃透明无污渍;墙壁无污渍、涂鸦。电梯、扶手、护栏、座椅、台面、危险品检查仪、危险品处置台等处无积尘、污渍。卫生间通风良好,干净无异味,地面无积水,便池无积便、积垢,洗手池清洁无污垢。饮水处地面无积水,饮水机表面清洁无污渍,沥水槽无残渣。站台、天桥、地道等地面无积水、积冰、积雪,股道无杂物。

卫生间配有卫生纸、洗手液(皂),坐便器配一次性坐便垫圈,及时补充。落客平台、站台设置的垃圾箱(桶)上有烟灰盒。

(二)列车服务工作

列车的服务工作包括车厢服务工作、广播宣传工作及餐茶供应工作。

1. 车厢服务工作

始发检票前,列车乘务员应该做好迎接旅客上车的各项准备工作,车门口要做好安全宣传、扶老携幼、看票上车。开车后,按照列车的作业流程及标准做好各项工作。对重点旅客要做到"三知三有",服务热情周到。服务时态度和蔼、用语文明、主动热情、表达得体准确,举止要大方、端庄,处理各种问题要实事求是、灵活果断。到站前组织好旅客到车门口等候下车。

2. 广播宣传工作

广播内容以方便旅行生活为主。始发前,播放旅客引导、行李摆放提示、列车情况介绍以及禁止携带危险品、禁止吸烟等内容。运行中,播放列车设施设备、旅客安全须知、旅行常识、旅行生活知识、治安法制宣传、卫生健康、餐售经营等宣传及前方停站、到站信息预播报等内容,适当插播文艺娱乐、文明礼仪、地方概况、沿线风光、民俗风情、广告等节目。

列车停站信息预播报及时。执行"一站两报",即开车后预报下一到站站名和时刻,到站前(不晚于到站前 10 分钟)再次播报。开车后、到站前硬座车厢乘务员双车(边)通报。

3. 餐茶供应工作

餐茶供应品种多样,有高、中、低不同价位的预包装饮用水、盒饭等旅行饮食。尊重外籍旅客和少数民族旅客的饮食习惯。不出售无生产单位、生产日期、保质期和过期、变质的商品,以及口香糖和玻璃、瓷器等硬质包装的,严重影响列车环境卫生、运输安全的食品和商品。一次性餐饮茶具符合国家卫生及环保要求。

售货(饭)车美观整洁,四周有防撞胶带(条),制动装置作用良好,有经营单位审定的价目表。列车编组 14 辆以上时,售货(饭)车总数不超过 4 辆,列车编组不足 14 辆时,售货

(饭)车不超过3辆。双层客车可使用规格统一、洁净、无害塑料筐(箱)代替售货(饭)车,总数不超过4个。一节车厢内经营的售货(饭)车不超过1辆,经营过程中人车不得分离。非经营期间,售货(饭)车定位制动存放。

技能练习

(1)6人一组,每名同学结合自己的生活经历及学习客运岗位知识的体会,谈一谈铁路客运服务的共同点和不同点。

(2)6人一组,每名同学结合自己的生活经历及学习客运岗位的体会,谈一谈车站客运服务工作的内容。

(3)6人一组,每名同学结合自己的生活经历及学习客运岗位的体会,谈一谈列车客运服务工作的内容。

课后习题

一、填空题

1. ____________一般是指社会成员之间相互提供方便的一类活动,通常可分为有偿的、直接或间接的、提供方便的经济性劳动服务。

2. 铁路旅客运输的“产品”,就是旅客的____________。

3. ____________指消费者部分或在局部时间内参与服务活动的过程,如银行、律师等提供的服务。

4. 根据客户选择自由度的大小,服务可分为____________和非标准化服务。

5. ____________高速列车与其他交通运输方式竞争的重要手段。

6. 铁路旅客运输的主要服务对象是____________,其次是行李、包裹和邮件。

7. 铁路客运产品具有____________。旅客位移的生产和消费过程同时进行,产品不能储存,不能调拨。

8. 旅客运输服务具有____________。需求层次、旅行目的不同,服务也有所不同,例如直达特快、特快、直通、管内列车。

9. ____________负责本班组的检票作业组织、作业分工,服从领导安排,听从指挥。

10. ____________检查候车室设备设施、标识、配电间消防设施,并做好登记。

11. 对重点旅客要做到“____________”,服务热情周到。

12. 一节车厢内经营的售货(饭)车不超过____________辆,经营过程中人车不得分离。

二、选择题

1. 根据客户在服务过程中参与程度的高低,可将服务分为高接触性服务、中接触性服务和(　　)接触性服务。

A. 低　　B. 中低　　C. 超低　　D. 极低

2. 安全提示、重点服务、列车验票、卫生清理、餐饮服务等等属于(　　)。

A. 直接服务　　B. 无形服务　　C. 间接服务　　D. 有形服务

3. 在满足一定服务频率的前提下,要减少列车停站次数及停站时间,一般大站停车3～5分钟,小站停车(　　)分钟。

A. 1　　B. 2　　C. 1～2　　D. 3

4. 高速度、高密度是高速铁路吸引旅客的重要因素。京津城际铁路自开行以来上座率在(　　),节假日期间的运能更是不能满足需求。

A. 60%　　B. 70%　　C. 80%　　D. 60%～70%

5. 铁路旅客运输的基本任务是安全、(　　)、迅速、便捷地将旅客、行李、包裹、邮件运送到目的地,最大限度地满足旅客在旅行中的需求,为旅客创造一个良好的旅行环境,并且提供优质的服务。

A. 确信　　B. 确准　　C. 确保　　D. 准确

6. 列车停站信息预播报及时。执行"一站两报",即开车后预报下一到站站名和时刻;到站前[不晚于到站前(　　)分钟]再次播报。

A. 5　　B. 10　　C. 8　　D. 15

三、判断题

1. 从广义上来讲,服务就是为了国家,为了企业,为了某种事业和他人的利益而工作。(　　)

2. 根据提供服务的工具不同,可以将服务划分为以电子设备为基础(如自动售货机、自动提款机)的服务、以人为基础(如咨询服务)的服务和二者兼顾三种类型。(　　)

3. 列车停站时间短,一般不挂行李车,行包由专列输送。(　　)

4. 列车停靠站要准确,可以不对位,车站要在列车到达前组织好旅客按车位等待。(　　)

5. 铁路旅客运输服务向社会提供的是无形产品,其核心产品是物体的空间位移。(　　)

6. 服务体现文明,服务是人类的美德,服务是给予,也是收获。(　　)

7. 受理旅客的电话咨询时应规范使用服务语言("请""您好""谢谢""对不起""再见"),禁止使用服务忌语。(　　)

8. 候车室客运人员负责保障动车商务座旅客、军人、特殊重点旅客、消防救援人员等优先进站制度的落实。(　　)

9. 出站口客运人员(补票员)应对无票、儿童超高、票证不符、携带品超重的旅客按章补费。(　　)

10. 列车的服务工作包括车厢服务工作、广播宣传工作及餐茶供应工作。(　　)

11. 双层客车可使用规格统一、洁净、无害塑料筐(箱)代替售货(饭)车,总数不超过5个。(　　)

四、简答题

1. 服务的含义及分类是什么?

2. 铁路旅客运输服务的基本任务及特点是什么?

3. 铁路客运服务礼仪的原则是什么?

4. 候车室服务工作包括哪些?

5. 列车内的服务工作包括哪些?

单元 3.2　铁路旅客心理

单元导航

在铁路客运服务工作中，铁路客运服务人员直接与旅客打交道，提高铁路客运服务人员的服务质量尤为重要，这就要求铁路客运服务人员对自己的工作岗位有一个客观的认知过程，并在服务中把握旅客的各种心理、各种需求，以便及时妥善地处理各种问题。同时，通过进一步了解旅客的心理，满足旅客在旅行中的需求，才能更好地做好客运服务工作。

相关知识

一、旅客知觉和态度

（一）旅客知觉

1.感觉与知觉

感觉是人脑对直接作用于感觉器官的客观事物的个别属性的反应，是产生一切高级、复杂心理现象的基础。人类的感觉包括视觉、听觉、味觉、嗅觉、触觉或肌觉和平衡感。其中，触觉或肌觉是指通过肌肉与连接组织内的接收器告知我们骨骼肌肉的位置及移动。人类的感觉十分复杂，因此会出现各种各样的感觉现象。

知觉是直接作用于感觉器官的事物整体在大脑中的反映，是人对感觉信息的组织和解释的过程。例如，看到一个苹果、听到一首歌曲、闻到花香等，这些都是知觉现象。

2.知觉的特性

(1)知觉的相对性

知觉是个体以其已有经验为基础，对感觉所获得的资料做出的主观解释，因此，知觉也常被称为知觉经验。知觉经验是相对的。我们看见一个物体存在时，在一般情形下，不能把该物体孤立地作为引起知觉的刺激，必须同时看到该物体周围存在的其他刺激。这样，该物体周围其他刺激的性质与两者之间的关系，势必影响我们对该物体所获得的知觉经验。

(2)知觉的选择性

客观事物是多种多样的，在特定时间内，人只能感受少量或少数刺激，而对其他事物只做模糊的反应。被选为知觉内容的事物称为对象，其他衬托对象的事物称为背景。某事物一旦被选为知觉对象，就好像立即从背景中突显出来，被认识得更鲜明、更清晰。

(3)知觉的整体性

知觉的对象都是由许多不同属性的部分组成的，人们在知觉它时却能依据以往经验组成一个整体，这一特性就是知觉的整体性(或完整性)。

(4)知觉的恒常性

在视知觉中，知觉的恒常性表现得非常明显，如从不同距离看同一个人，由于距离的改变,投射到视网膜上的视像大小有差别,但我们总是认为大小没有改变,仍然依其实际大小来知觉他。

(5)知觉的组织性

感觉资料在转化为心理性的知觉经验的过程中,显然要对这些资料经过一番主观的选择处理,这种主观的选择处理过程是有组织性的、系统的、合乎逻辑的,而不是紊乱的。因此,在心理学中,称此种由感觉转化到知觉的选择处理过程为知觉组织。

3. 铁路旅客的知觉

旅客对铁路的感知觉是由旅客服务过程中的环境、旅程、时间、乘务员的形象与态度等各个方面组成的。

(1)旅客对服务环境的感知觉

旅客经常出入的地方,如售票处、候车室、餐厅、商场等,这些地方是否宽敞明亮、整洁美观、优雅清净都会使旅客产生不同的感知觉,这些感知觉将会影响到旅客的心理活动和行为。

(2)旅客对行程、时间的感知觉

对于旅客来说,旅行能否准时准点地出发、到达直接影响到旅客对此次旅程的感受。例如,通过调查发现,绝大多数旅客选择交通工具的重要指标就是列车出发时间与正点到达的时间。因此乘务员必须把交通工具的正点到达视为旅客服务的生命线,要尽一切可能减少延误出现,让旅客免去等待的焦灼情绪。候车室也要尽量设置一些购物或娱乐设施,通过影响旅客的时间知觉缓解其等待的焦虑。

(3)旅客对乘务员的感知觉

在接受服务的过程中,旅客对乘务员做出什么样的反应,主要取决于旅客对乘务员的感知觉。而旅客对乘务员的感知觉主要是通过乘务员的外表、表情、语言等形成的。

(二)旅客态度

1. 态度的构成

态度是行为的准备状态,即人们用一种赞成或不赞成的方式去对待和评价对象优劣、思想正误和人们好坏的一种心理倾向。态度既可以通过语言、文字来表达,也可以通过非语言来表达。

态度是由认知因素、情感因素和意向因素构成的比较持久的个人内在结构。这三种心理因素在态度结构中有不同的地位作用。

(1)认知因素

认知因素指人们对态度对象真假好坏的理解、看法、评价。认知因素是个体思想、价值观和知识经验的集合,是态度构成的基础。例如,有人认为,乘务工作是愉快的工作;也有人认为,乘务工作不是愉快的工作,乘务工作是伺候人的辛苦的、低下的工作。这两种不同的认知与评价,反映出不同人对乘务工作价值的认识差别和思想水平的不同。

(2)情感因素

情感因素指人们对态度对象喜欢和厌恶、赞成和反对、肯定和否定的情感体验。例如,在乘务工作中,有的乘务员认为乘务工作高尚,是因为对这一职业有热爱之情,而有的乘务员认为乘务工作是伺候人的,其对这一职业必定是轻视和不尊重的。情感因素在态度结构中起动力与核心作用，因为它能够反映出认知评价状况和促成行为倾向的发生。

(3)意向因素

意向因素指人们对态度对象的行为定向和心理准备状态。意向使人的行为具有倾向性。对旅客服务职业热爱的人，其内心一定会有想当一名乘务员和希望能与乘务员交朋友的思想倾向；而对旅客服务职业轻视和不尊重的人，势必会有远离这一职业的思想倾向。意向在态度结构中起表达态度的准备作用。

2. 旅客服务中的态度改变

在旅客旅行期间，其态度的对象主要是铁路客运服务人员、铁路客运设备设施以及其他铁路因素等。旅客对铁路服务态度一旦形成，就具有稳定持久性，不会轻易改变。

影响旅客态度转变的因素很多，包括宣传手段是否合适、旅客是否积极参与、周围的群体是否对旅客的服务消费态度的改变产生积极影响等。

对于旅客在旅行中的态度，铁路客运工作人员应该想方设法把其转变到铁路运输企业希望的水平上来。在掌握旅客态度的基础上，要根据服务环境来选择合适的转变态度的方式。比如通过展示铁路人性化服务的特点来降低旅客态度转变的难度。

二、沟通技巧

(一)旅客旅行心理分析

铁路客运工作人员为旅客服务的过程就是自己与旅客的心理活动交流的过程，是一个相互关心、相互理解、相互适应、相互沟通的过程。掌握旅客旅行的心理是一门学问，一种技能，是满足旅客需求、做好服务工作的前提。

按照人类需求发展的规律性和层次性，可以把旅客旅行的心理需求分为两大类，即生理需求和心理需求。生理需求，也称物质需求，包括吃、住、用等方面，要求安全、舒适、方便、快捷。心理需求，也称精神需求，是除了生理需求之外的其他需求部分，要求得到别人的关心、尊重、理解，及时得到服务。特别是动车组乘务员的关心、理解、尊重对旅客的旅行体验至关重要。在社会生活中，由于职业的不同，经济收入的不同，形成不同的旅行心理活动和需求是很正常的，服务也应该是多种多样的。由于生活水平的提高，越来越多的人选择乘坐动车旅行，铁路客运服务工作应根据不同职业旅客的心理活动，进行针对性的服务，满足不同层次的旅客的服务需求。

以动车组列车为例，在动车组列车上旅客共性心理需求主要表现在以下几个方面。

1. 安全正点的心理需求

所谓“一路平安”就是不发生任何人身安全和财物安全的意外事故，这是大家的共同愿望。安全正点是铁路旅客运输企业取得旅客信任的核心要求，铁路运输企业必须保证列车不发生行车、火灾、爆炸等事故。

2. 提供方便的心理需求

常言道，“在家百日好，出门一日难”，“在家靠父母，出门靠朋友”。出门在外求方便是人之常情，事之常理。在列车上，方便从何而来？主要靠列车乘务员提供，乘务员为旅客提供方便是职业的要求，竭尽全力满足旅客求方便的心理需求是乘务员应做的工作。

3. 环境温馨的心理需求

随着生活水平的提高，人们出门旅行的要求越来越高。设备、卫生环境的要求是舒适、安静、整洁、方便，并把它作为消费享受来看待。如果车厢里脏、乱、差，异味弥漫，高声喧哗、吵闹，则使人心里烦躁，特别是在旅途长，人员多，车厢内活动范围狭小，各种气味"熏陶"，列车高速运行的环境下，人很容易疲劳和烦躁，发生疾病，甚至产生幻觉，发生异常行为，因此提供舒适的环境是十分重要的。

4. 尊重人格的心理需求

尊重的需要包括自我尊重和得到别人的尊重。人格就是做人的尊严。旅客不仅需要得到乘务员的热情服务，更需要得到尊重，不能用不礼貌的语言和行为对待旅客，包括国籍、民族、风俗习惯、兴趣爱好、年龄性别、体态特征等方面的尊重，如西方人忌讳数字"13"，同他们交谈时应尽量避开这个数字，否则会引起反感。旅客在列车上，希望听到乘务员对他们的尊称；希望对他们热情而有礼貌，不说粗话、不讲脏话，说话态度和蔼。对经济收入不高而求廉的旅客，乘务员不能流露出丝毫看不起的神态。对生理有缺陷的旅客，乘务员不能有歧视的态度，要尽量提供方便，给予同情和照顾。尤其是有过错的旅客，更希望得到乘务员的谅解和尊重。因此乘务员对旅客要一视同仁，平等对待。不以权势、外貌取人，更不能居高临下，盛气凌人。礼貌待客，微笑服务，做到旅客上车有迎声，服务到座有话声，问事求助有回声，工作失礼有歉声。

5. 轻松愉快的心理需求

在列车上，人员集中，活动空间有限，加上车厢密闭，空气不流通，容易使人心烦和困倦，特别是长途旅行的旅客，难以消磨时间，度日如年。车上坐久了，就会感到烦闷，产生孤独感、寂寞感。一旦这些感觉上升，心里就容易产生抑郁状态，有的甚至产生恐惧感。为使旅客摆脱这种心理状态，可以通过影视播放、看书、打牌、观看车厢外景色等调节旅行生活，通过列车广播旅游知识、文艺娱乐节目等增加旅途情趣，调节旅行生活，这样不仅可以增加一些见识，而且可以感到轻松愉快，解除坐车的疲劳和寂寞。

6. 饮食卫生的心理需求

长途旅客携带的食品、饮料通常有限，有的人甚至什么东西都不带，只想在列车上吃点卫生、可口的饭菜。因此列车上提供的饮食：一要卫生，不供应腐烂变味的食品，不出售无商标、无厂名、无有效期的商品；二要分档次，满足不同层次旅客的需要；三要满足不同民族、不同习俗旅客的需要。

（二）什么是沟通

(1)沟通是有意义的传递和正确理解。

(2)沟通的根本途径是聆听和表达(两只耳朵一张嘴)。

(3)恰当的聆听：点头 + 微笑 + 倾听 + 回应 + 记录。

(4)沟通的黄金定律：你想怎么被对待，你就怎么对待别人。

(5)界域距离：亲密界域 15 厘米以内(至爱亲朋)；个人界域 15 ~ 75 厘米(一般熟人)；社交界域 75 ~ 210 厘米(公共关系)；大众界域 210 厘米以外(较大场合)。影响空间距离的因素有性别差异、地位差异、年龄差异、性格差异、环境差异。

（三）与旅客谈话的基本要求

(1)与旅客交谈时,要面对对方,保持适当距离。

(2)站姿端正,可采取稍弯腰或下蹲等动作来调节身体的姿态和高度。

(3)要注视对方的眼睛,以示尊敬。

(4)要注意听取对方的谈话,不可东张西望。

(5)口齿清楚、语气温和、用词文雅、简洁适中、态度诚恳,给对方以体贴信赖感。

(6)如果不得已需要打断旅客说话时,应等对方讲完一句话后,先说“对不起”,再进行说明。

(7)无意碰撞或影响了旅客,应表示歉意,取得对方谅解。

(8)遇到经常乘坐列车的旅客,应主动打招呼问候,表示欢迎。

(9)为旅客发送物品时,应主动介绍物品名称,严格遵循发放原则,先左后右、先里后外、先宾后主、先女后男。

(10)对旅客提出的合理要求,应尽量满足,不能做到时,应耐心解释。

(11)应允旅客的事情,一定要落实,要言而有信。

(12)不打听旅客的隐私,特别是外国旅客的年龄(多为女宾)、薪金收入、衣饰价格等。

（四）有助于表现专业形象的说话方式

为表现专业形象乘务员说话时应做到声音柔和而清晰并具有亲和感,语言简单明了,语速快慢适当,音量高低适中,特殊情况下可使用方言。

不应有的说话方式有以下几种:

(1)声音使人感觉粗俗刺耳,声音太大或太小,声音庸懒倦怠,呼吸声音过大,使人感到局促不安和犹豫,鼻音过重。

(2)口齿不清,语言含糊,令人难以理解,语速过慢使人感觉烦闷,语速过快使人思维无法跟上。

(3)语言平淡,气氛沉闷,使用过于专业的术语,或使用责备的口吻甚至粗鲁的语言。

(4)随意打断旅客说话,表现出厌烦的情绪和神色,边走边讲或不断地看手表,手放到口袋里或双臂抱在胸前,手扶着座椅靠背或坐在扶手上。

(5)谈论与工作无关的事情,与旅客嬉笑玩闹,对旅客评头论足。

（五）应急服务技巧

旅客运输的服务对象是来自四面八方的旅客,不仅有国内的,也有国外的,同一个国家的又有不同民族的旅客。不同的旅客有着不同的性格脾气、风俗习惯,在旅途中有可能出现各种非正常情况。如何巧妙处理旅客旅途中的各种问题,是运输部门体现“旅客至上”服务理念的重要环节。列车乘务员服务原则:一切从旅客出发,做到人性化服务。让旅客在旅行中感受到“微笑、品位、雅致、礼遇”的服务,在面对紧急或特殊情况时,灵活运用各项应急办法和各方面知识,最大限度地满足不同旅客的合理需求。

1.安排重座旅客的处置技巧

(1)遇到重号的旅客,应认真核对两名重号旅客的车票。如果确认是重复的座位号码,应先向旅客致歉,听取两名旅客的意见,观察哪一名旅客有想要调换其他座位的意向。

(2)列车乘务员应及时报告列车长,列车长根据旅客人数判断同等级车厢是否有空座,尽量安排旅客尽快就座,并委婉告诉旅客如果有其他旅客就座的话,会再协助他调整其他座位,不要让旅客自行在车厢内找空位就座,以免造成旅客座位号码再次重复而引起不满,甚至导致投诉等。

(3)遇到满员情况时,列车乘务员可以帮助重号旅客(或后到的重号旅客)提拿行李,等全部旅客上齐后,让重号旅客在相同车厢等级的基础上,选择空余座位入座。

(4)确定旅客人数不是很多的情况下,可征求旅客意见,喜欢坐靠过道还是靠窗口的座位,尽量满足旅客的需求。

2. 迎客时有旅客提出其他服务的处理技巧

列车乘务员应该加强服务意识,要站在旅客角度考虑旅客需求的重要性。要提高服务技巧,当旅客提出特殊需求时做到以下四条:

(1)尽可能立即办理。

(2)因其他原因不能及时办理时,应立即在记事本上记录,或委托其他乘务员及时办理(也可委托他人提醒自己办理),并要及时跟踪处理情况。

(3)如因客观条件无法及时提供服务,应先向旅客说明理由,并稍后办理。

(4)如因客观条件无法提供服务,应及时向旅客做好解释工作。

3. 列车乘务员损坏或弄脏旅客衣物的处理技巧

(1)列车乘务员在服务过程中,由于自身或其他原因损坏或弄脏旅客的衣物,应马上向旅客致歉(态度要诚恳,语言要亲切,语气充满关心),尽量帮助旅客做整理、清洗等弥补工作,将损失降到最低。

(2)对于弄脏的衣物,乘务员应主动提出帮助旅客清洗,如果在车上无法清洗,应将旅客的联络方式留下,待衣物清洗干净后,以邮寄等方式送还旅客。

(3)对于损坏程度较大,需要赔偿的衣物,乘务员应酌情给予赔偿(原则:尽量平息旅客的怒气,以尽快解决问题为首要任务),之后向单位主管部门汇报。

(4)如损坏或弄脏的衣物是由不可抗力的原因引起,乘务员应向旅客解释,由单位有关人员协调解决。

4. 空调故障的处置技巧

(1)首先表示歉意,尽量停下其他事情,采取信息传递的方式通知空调列检进行检修,目的是让旅客感受到乘务员是诚心诚意为其服务。

(2)若空调没有修理好,则要主动服务,对个别老、幼、病、残、孕和不理解的旅客要调整座位,同时可以考虑使用招待茶消消火等。

(3)对个别特别不理解的旅客,列车长必须亲自到场安抚致歉。

(4)空调故障难以修复时,列车长要亲自出面协调处理,乘务员一定要坚守岗位,与旅客同甘共苦,千万不能到其他车厢乘凉。

5. 列车上验票旅客不理解的处置技巧

(1)要注意宣传用语:“为了了解旅客的去向,更好地为旅客服务,现在开始核对席位”,并对旅客的配合表示感谢。

(2)个别旅客不理解时,要注意站在旅客的立场上解释:“先生,您讲的是对的,席位核实是为了了解您的乘车信息,方便为您提供更准确的提示服务,请您理解和配合,谢谢!”

(3)如果个别旅客仍不理解,则放弃对其验票,不要为一个人破坏自己的工作情绪。

(4)如个别旅客不理解,并且不能确定其有票,在解释无效的情况下,不能发火,等一会儿请乘警和列车长亲自来查验。

6. 旅客在开车前因抢占座位、行李架发生争执的处理技巧

(1)乘务员先安抚旅客并简单了解事情的起因,同时报告乘警长和列车长。

(2)尽可能为旅客调整座位,协助旅客妥善放置随身物品,调解、缓解旅客间的矛盾,注意语言技巧,减少对周围旅客的影响。

(3)对继续旅行的旅客,乘务员和乘警要在列车途中加强监控,以避免矛盾再次激发。

(4)乘务员提供优质的服务,比照重点旅客照顾,消除旅客不愉快的记忆,缓解矛盾。

7. 回答旅客提问的技巧

乘务工作中经常遇到旅客提问,回答旅客提问时要站稳,面向旅客回答,耐心、热情,解答要简洁准确,要注意礼貌、得体,讲究回答技巧,切忌给人一种不友好、不平等、不耐烦的感觉。

8. 劝告与说服的技巧

乘务员面对的旅客来自各行各业,难免遇到一些不同意见的旅客,这就需要劝导或说服对方。劝导时要换位思考,了解对方的心理状态,明了对方的心思,采取立足对方的劝说方法,尽量把乘务员的大度、诚意和善意说到对方的心坎里,起到增强理解的目的。否则,无法说服他人,甚至会因曲解而产生误会和矛盾。

9. 接待投诉旅客的技巧

(1)认真倾听并表示感谢。

(2)说明感谢的理由。

(3)马上真诚地道歉,立即复述并认同。

(4)做出承诺,立刻改进。

(5)遵循旅客的必要意见。

(6)迅速改进并回应。

(7)确认旅客的满意度。

技能练习

(1)2人一组,1人是列车乘务员,1人是乘车旅客,该旅客为难乘务员,乘务员应如何与旅客进行沟通与交流。

(2)6人一组,1人是列车长,1人是列车乘务员,2人是旅客,1人是乘警,1人是列车医护急救人员,模拟旅客在列车上突发疾病时的应急处理服务技巧。

(3)2人一组,1人是列车长,1人是乘车旅客,该旅客向列车长投诉乘务员的服务质量问题,列车长应如何处理才能让旅客满意。

一、填空题

1. ____________是人脑对直接作用于感觉器官的客观事物的个别属性的反应。

2. 人类的感觉包括____________、____________、味觉、嗅觉、触觉或肌觉和平衡感。

3. 知觉是个体以其已有经验为基础，对感觉所获得的资料做出的主观解释，因此，知觉也常被称为____________。

4. 态度是由____________、____________和意向因素构成的比较持久的个人内在结构。

5. 尊重的需要包括____________和得到别人的尊重。

6. 沟通的根本途径是____________和____________。

7. ____________根据旅客人数判断同等级车厢是否有空座。

8. 知觉的____________都是由许多不同属性的部分组成的，人们在知觉它时却能依据以往经验组成一个整体，这一特性就是知觉的整体性（或完整性）。

9. ____________指人们对态度对象真假好坏的理解、看法、评价。

10. ____________指人们对态度对象喜欢和厌恶、赞成和反对、肯定和否定的情感体验。

二、选择题

1. 人类的感觉包括（　　）、（　　）、（　　）、嗅觉、（　　）或肌觉和平衡感。

A. 视觉　　B. 听觉　　C. 味觉　　D. 触觉

2. （　　）是直接作用于感觉器官的事物整体在大脑中的反映，是人对感觉信息的组织和解释的过程。

A. 视觉　　B. 知觉　　C. 味觉　　D. 触觉

3. （　　）指人们对态度对象的行为定向和心理准备状态。

A. 情感因素　　B. 认知因素　　C. 意向因素　　D. 心理因素

4. 意向使人的行为具有（　　）。

A. 倾向性　　B. 热情性　　C. 感知性　　D. 意向性

5. 旅客旅行的心理需求分为两大类，即（　　）和心理需求。

A. 卫生需求　　B. 精神需求　　C. 环境需求　　D. 生理需求

6. 亲密界域在（　　）厘米以内（至爱亲朋）。

A. 10　　B. 5　　C. 20　　D. 15

7. （　　）根据旅客人数判断同等级车厢是否有空座，尽量安排旅客尽快就座。

A. 列车长　　B. 列车员　　C. 安全员　　D. 乘警

8. 在旅客旅行期间，其态度的对象主要是（　　）。

A. 信号员　　B. 安全员　　C. 值班员　　D. 铁路客运服务人员

9. （　　）指人们对态度对象真假好坏的理解、看法、评价。

A. 认知因素　　B. 情感因素　　C. 意向因素　　D. 心理因素

10. （　　）是人脑对直接作用于感觉器官的客观事物的个别属性的反应，是产生一切高级、复杂心理现象的基础。

A. 听觉　　B. 感觉　　C. 嗅觉　　D. 味觉

三、判断题

1. 感觉是人脑对直接作用于感觉器官的客观事物个别属性的反应。（　）
2. 知觉具有稳定性。（　）
3. 认知因素指人们对心理对象真假好坏的理解、看法、评价。（　）
4. 意向因素指人们对态度对象的行为定向和心理准备状态。（　）
5. 人类的感觉包括视觉、听觉、味觉、嗅觉、触觉或肌觉和平衡感。（　）
6. 嗅觉是直接作用于感觉器官的事物整体在大脑中的反映。（　）
7. 感觉的对象都是由许多不同属性的部分组成的。（　）
8. 由感觉转化到知觉的选择处理过程为感觉组织。（　）
9. 态度是由认知因素、情感因素和意向因素构成的比较持久的个人内在结构。（　）
10. 情感因素指人们对态度对象喜欢和厌恶、赞成和反对、肯定和否定的情感体验。（　）

四、简答题

1. 在乘务工作中，应采取什么方法来了解不同旅客乘车时的心理状态？
2. 谈谈影响旅客在旅行中态度的因素是什么？
3. 在列车上遇有不同的事件，如何与旅客进行心理上的沟通，才能让旅客感到满意？

单元3.3　铁路客运服务英语

单元导航

在铁路客运服务中，经常会遇到外籍旅客，但是铁路客运人员的英语水平目前还需加强培训，尤其是当前铁路已经飞速进入高铁时代，大量的外籍旅客乘坐动车组列车，对列车乘务员的英语水平提出了更高的要求，而乘务员的英语会话能力已经成为客运服务的一块短板，所以要想更好地为旅客提供优质的服务，就必须全面提高铁路客运服务人员的综合素质，满足旅客旅行的需要。

相关知识

一、车站售票服务

(1) A：劳驾。有没有到上海的车？

Excuse me. Is there any train to Shanghai, please?

B：什么时候的？

When?

A：啊？

Pardon?

B：我是说，你什么时候出发？

I mean, when will you set out?

A:啊,尽快吧。

Ah, as soon as possible.

B:最早的是今天下午两点的。

The earliest you can get is at 2 o'clock this afternoon.

A:什么?那就有点晚了哦。没有早一点的吗?

What? That's a little bit late. Isn't there any earlier?

B:不好意思,上午的都订满了。

I'm sorry, the tickets were completely booked up this morning.

A:好吧,那就下午两点的吧。

OK, then 2 p. m. would be all right.

A:票价多少?

How much is the ticket?

B:150 元。

150 Yuan.

A:我要靠窗的座位。因为我会晕车。

I want a seat next to the window. Because I have some carsickness.

A:不好意思。我有点赶时间,所以,您能不能快一点?

Excuse me. I'm in a hurry, so can you be a little faster?

B:好的,马上。

OK, right away.

B:150 元,先生。

It's 150 Yuan, sir.

A:给你。

Here it is.

B:谢谢,刚好 150 元。这是您的票。下一位。

Thank you. It's exactly 150 Yuan. And it's your ticket. Next please.

(2)A:有没有到南京的车?我要两张。

Is there any train to Nanjing, please? I want two tickets.

B:当然有啊,十点整出发的,也就是半个小时以后出发。

Yes, of course. It is 10 a. m. Set out in 30 minutes.

A:好的,我要两张。

OK, I want two.

B:知道了,350 元一张,所以一共 700 元。

I see. 350 Yuan each. So, it's 700 Yuan altogether.

A:给您。

Here it is.

B:谢谢,女士。这是您的票。祝您旅途愉快。下一位。

Thank you, madam. Here are your tickets. Have a nice journey. Next please.

(3)A:劳驾。

Excuse me, sir.

B:啊?有什么问题吗?

Yes? What can I help you?

A:我十分钟内就要上车了,但是找不到车。

I have to get on the train in ten minutes, but I just can't find it.

B:给我看看你的票。

Show me your ticket.

A:给你。

Here you are.

B:在一楼,你走出电梯,车就在你的左边。

It's on the ground floor. Get out from the elevator, and you can see it on your left.

A:谢谢您了。

Thank you very much, sir.

B:不用客气,年轻人,祝你好运!

You're welcome, young man. Good luck!

二、列车服务

(一)列车通告用语

1. 开车前5分钟通告

女士们、先生们,欢迎您乘坐由××开往××方向的××次列车。请您对号入座,妥善保管随身物品。列车就要开了,祝您旅途愉快。

Ladies and gentlemen, Welcome to take the No. ×× train from ×× to ××. Please take your seats according to the number on the ticket, and take good care of the belongings with you. The train is leaving. Wish you a happy journey.

2. 始发后通告

女士们、先生们,欢迎您乘坐本次列车,列车途中停站有××站、××站……为确保您的安全,动车组列车实行全程禁烟,严禁携带危险品乘车。谢谢您的合作。

Ladies and gentlemen, Welcome to take this train, we will stop at following stations: ×× station, ×× station... For safety reasons, no smoking is allowed in any of multiple units during the whole course, and it's strictly prohibited to take any dangerous articles on this train. Thanks for your cooperation.

3. 中途站开车后通告

女士们、先生们,列车前方停车站是××站。

Ladies and gentlemen, the next stop is ×× station.

4. 中途站到站前通告

女士们、先生们,列车前方停车站是××站,请您提前做好下车准备。

Ladies and gentlemen, the next stop is ×× station, please be ready to get off.

5. 终到站通告

女士们、先生们，列车已经到达××站，感谢您乘坐动车组列车，再见。

Ladies and gentlemen, the train has arrived at ×× station, thank you for taking the EMU train. Goodbye.

（二）引导座位

A：晚上好，先生，麻烦您告诉我，我的座位在哪里？我找不到。

Good evening, sir, can you tell me where my seat is ? I can't find it.

B：好的。请让我看看您的车票。

OK. Show me your ticket, please.

A：好的。给您。

Sure. Here you are.

B：您的座位号是8C，在车厢的中间。请跟我来。

Your seat number is 8C. It's in the middle of this carriage. Follow me, please.

A：好的，谢谢。

OK. Thank you.

B：这是您的座位。

Here is your seat.

A：谢谢。顺便问一下，我可以跟邻座换一下座位吗？我的一个朋友就在附近，我想让他坐在我的旁边一起聊天。

Thanks. By the way, can I change my seat with my neighbor? One of my friends is nearby. I hope he can sit by my side for a chit-chat.

B：这主意不错，但我要问问您的邻座，看他是否接受您的要求。

It's a good idea. But I have to ask your neighbor whether he could accept your request.

A：您想得真周到。

That's very thoughtful of you.

B：（过了一会儿）您的邻座是个好人，他同意了。

(After a while) Your neighbor is kind enough to accept your request.

A：非常感谢。

Thank you very much.

B：不用客气。

Not at all.

（三）服务用语

1. 安全宣传

A：打扰一下，女士。我可以在这儿抽烟吗？

Excuse me, madam. Can I smoke here?

B：抱歉，不行。列车上不许吸烟。

Sorry, you can't. Smoking is not allowed on the train.

A:但在普通的列车车厢连接处,我却可以抽烟。

But I can smoke at the junction of the carriages in an ordinary train.

B:您说得没错。但这是高铁列车。高铁列车是全车禁烟的。车厢装有探测仪器,这些烟雾探测器非常灵敏,一点点烟雾都可以引起报警。一旦警报拉响,列车立刻自动刹车。这样一来,路上就要耽误不少时间。

You are right. But this is a high-speed train. Smoking is prohibited in any section of the train. There are devices on this high-speed train. They are sensitive enough to detect any tiny amount of smoke. Once the alarm goes off, the train stops automatically in that case, we will face long delays on route.

A:我明白了。我会等下了车再吸烟。谢谢您的指教。

I see. I will not smoke until I get off the train. Thank you for your explanation.

B:愿意为您效劳。

My pleasure.

2. 车内服务

(1)那位小伙子坐错位了。

I'm afraid that young man might be in the wrong seat.

(2)您恐怕坐错座位了。

I'm afraid you are in the wrong seat.

(3)我的座位在哪?

Where is my seat?

(4)您的座位是6车18B号,这是5车12F号。

Your seat is 18B of coach 6, but this is 12F of coach 5.

(5)我帮您问问她旁边的先生,看看能不能跟您换座位。

I may ask that gentleman sitting beside her whether he could exchange seat with you.

(6)您介意和那位先生换座位吗?

Would you mind trading seats with that gentleman?

(7)您介意换个座位吗?

Would you mind taking another seat?

(8)我看看是否还有空座位。

I'll see whether there is an empty seat for you.

(9)劳驾,我可以过一下吗?

Excuse me. May I get through?

(10)您能帮我把行李放上去吗?

Can you help me put my luggage up there?

(11)到天津还有几站?

How many train stops to Tianjin?

(12)到蓟州要多长时间?

How long does it take to get to Jizhou?

(13)这趟车几点到北京?

What time does this train get to Beijing?

(14)A:晚上好,先生。这张小桌子有点脏,我能把它整理一下吗?

Good evening, sir. This small table is a little dirty. May I tidy it up?

B:好的,谢谢。

OK. Thank you.

A:不用客气。给您一个塑料垃圾袋,您可以把水果皮、蛋壳和葵花籽壳倒在里面。

Not at all. Here is a plastic trash bag. You can put fruit peel, eggshells and sunflower seed shells into it.

B:我明白了。请问在哪里可以倒水喝?

I see. Where can I get water to drink?

A:在车厢的尽头。储水式电热水器就安置在那边。

It's at the end of this carriage. The water-storage electric heater is over there.

B:谢谢。顺便问一下,列车上有茶叶卖吗?

Thank you. By the way, can I buy any tea on the train?

A:有的。服务员有时推着装满饮料和零食的小推车,在车厢走廊来回走动。

Yes, once in a while, a train attendant pushes a handcart with light refreshments back and forth in the corridor.

B:太好了。谢谢了。

That's great. Thanks again.

A:不用客气。

You are welcome.

(四)车内提醒

(1)动车组列车不准吸烟。

Please do not smoke on CRH trains.

(2)在动车组列车上吸烟是违法行为。

It is illegal to smoke on CRH trains.

(3)这里不能吸烟。

You are not allowed to smoke here.

(4)由于列车中途停车时间较短,未到站的旅客请您不要下车。站台上不能吸烟,谢谢合作。

Midway stops are very brief. Please remain on board unless this is your station. Please observe the smoking ban. Thank you for your cooperation.

(5)如果您有什么需要的话,请按座位扶手上的服务按钮。

If you need anything, just press the service button on the arm of the seat.

(6)请回到您的座位上。

Please return to your seat.

(7)您可以把行李放在头顶的行李架上。

You can put your luggage on the rack over your head.

(8)请往后/前移动一下。

Move back/forward a little, please.

(9)您能把音乐调小一点吗?

Can you turn down the music?

(五)下车准备

(1)女士们、先生们,列车前到站是天津西站。有在天津西站下车的旅客,请您提前做好下车准备。

Ladies and gentlemen, the next station is Tianjinxi station. If this is your station please prepare in good time and make sure you have all belongings with you.

(2)下车的旅客,请从列车运行方向的前(后)部车门下车。

Please exit from the front(rear)door in the direction of travel.

(3)我们将在10分钟后到达目的地。

We are arriving at the destination in 10 minutes.

(4)先生,您好!请您醒醒,您的目的地就要到了。

Excuse me, sir! Please wake up! We are arriving at your destination.

(5)女士们、先生们,列车已经到达天津西站。

Ladies and gentlemen, this is Tianjinxi station.

(6)感谢您乘坐和谐号动车组,下次乘车再见。

Thank you for travelling by CRH. See you next time.

(7)请带好您的随身物品。

Take care of your belongings.

(8)您有充足的时间收拾行李。

You will have enough time to collect your luggage.

(9)终点站天津站到了,请旅客们下车,谢谢您。

This is the Tianjin terminus. All exit please. Thank you.

(10)您能就改进服务质量给我们提一些建议吗?

Would you please give us some advice on improving our service?

(11)我们还能做些什么来改善服务品质?

What could we do to improve our service?

(12)祝您在天津旅行愉快。

We hope you have a nice trip in Tianjin.

(六)行李引导

A:打扰一下,请问这是谁的手提包?

Excuse me, whose handbag is this?

B:是我的,怎么啦?

It's mine. What's the matter?

A:我觉得放在窗边的挂钩上不安全。挂钩是用来挂帽子、外套、毛巾之类的物品的。

I'm afraid it's not safe to hang it on the hook by the window. Besides, the hook is for caps, coats, towels and the like.

B:谢谢您的建议。

Thank you for your advice.

A:(对另一位乘客)打扰一下,先生。请问这是谁的旅行箱?

(To another passenger) Excuse me, sir. Whose suitcase is this?

B:是我的。有什么问题吗?您是要我把它打开做安检吗?

It's mine. What's wrong with it? Do you want to open it up for security check?

A:不,您误会了。我的意思是那个箱子太大,搁在那里不合适。它随时可能从行李架上滑落下来,构成安全隐患。我建议您把它取下来,放在您的座位底下。

No, you misunderstood. I mean it's too large to be there. It could slip off the rack anytime. That's a safety hazard. I suggest you take it down and put it under your seat.

B:非常感谢。您考虑得真周到。

Thank you very much. It's most thoughtful of you.

A:不必客气。让我来帮您吧。

Don't mention it. Come on, let me give you a hand.

B:不用了,谢谢。我一个人能行。

No, thanks. I can manage。

三、餐车服务

(一)点餐服务

A:您好,先生。您想吃点什么?

Good afternoon, sir. What can I do for you?

B:我想吃午饭。

I'd like to have lunch here.

A:请问一共有几位?

How many people, please?

B:四个人。

Four.

A:请走这边,我带您过去。

This way, please. Let me show you to the table.

B:谢谢。

Thank you.

A:不用客气。这儿就是。请坐。

Not at all. Here you are. Take a seat, please.

B:要等很久吗?

Do we have to wait for a long time?
A:不用太久。我马上拿来。
No. I'll bring it over right away.
B:请问你们中午有什么套餐?
Can you tell me what you serve for lunch?
A:我们供应的套餐大约有十种。这是套餐的简介。请问你们喜欢哪一种?
We serve almost ten kinds of meals. Here is the menu. Which do you prefer?
B:我们是四川人。辣味菜符合我们的口味。
We are from Sichuan. So hot food is agreeable.
A:我明白了。现在选好了吗?
I see. May I take your order now?
B:青椒炒肉套餐,四份。
Fried meat with green pepper for four people.
A:好的。想喝点什么吗?
OK. Would you like something to drink?
B:两瓶啤酒。
Two bottles of beer.
A:请稍候。一会儿就端上来了。
Wait for a moment, please. You'll be served soon.

(二)早餐服务

(1)A:早上好,您想要点什么?
Good morning, can I help you?
B:现在可以吃早餐吗?
Can I have breakfast now?
A:当然可以。
Yes, of course.
(2)A:55 元。
55 Yuan.
B:我觉得计算有点问题。
I'm afraid there is a mistake here.
A:让我再核实一下。(过了一会儿)对不起,您的收费应该是 45 元。
Let me check. (A few minutes later) Sorry, the total is 45 Yuan.
B:你们收支票吗?
Do you accept checks?
A:对不起,我们这儿不收支票。
Sorry, we don't.
B:没关系。给你 100 元。
That's all right. Here is 100 Yuan bill.

A:找您零钱。欢迎下次光临。

Here is the change. See you next time.

B:谢谢。

Thank you.

四、情景服务

(一)方位引导

A:打扰一下,乘务员。请问洗手间在哪里?

Excuse me,sir. Where is the washroom?

B:洗手间在每节车厢的尽头。但很抱歉,您现在不能用。

There is a washroom at the end of the carriage. But I'm sorry to say you can't use it now.

A:为什么呢?

Why is that?

B:因为出了故障,洗手间被暂时锁闭。

Because the washroom is locked up because of a malfunction.

A:我明白了。那什么时候才能使用呢?

I see. When can I use it?

B:修好后就可以使用了。请稍等。要不您去别的洗手间。

It is available after it has been repaired. Just wait for a little while or you can go to the other washroom.

A:谢谢。

Thank you.

(二)晚点解答

A:打扰一下,请问火车什么时候到达终点站?

Excuse me,when will the train arrive at the terminal?

B:预计在傍晚6点。

It is due to arrive at six o'clock in the evening.

A:我不这样看。我得承认现在这样的希望变得很渺茫了。

But that's not the way I see. I must say there is little hope of that now.

B:您讲得很有道理。由于技术故障,火车已经延误了20分钟。但不要为此灰心丧气。一切都会好起来,再说他们正在组织加快运营。

There is a lot in what you say. The train has been delayed 20 minutes for technical reasons. But don't let this get you down. Things will be better. They are trying to speed up the operation.

A:棒极了。

That's awesome.

B:让我们做最好的打算,做最坏的准备。

Let's hope for the best and prepare for the worst.

A:说得好。

You can see that again.

(1)2人一组,1人是车站售票员,1人是购票人,进行购买车票的英语对话。

(2)2人一组,1人是列车乘务员,1人是旅客,该旅客为重点旅客(老人)。进行列车乘务员引导该旅客就座的英语对话。

(3)2人一组,1人是列车乘务员,1人是旅客,进行该旅客与列车乘务员的一段换乘列车的英语对话。

(4)2人一组,1人是餐车服务员,1人是旅客,进行该旅客与餐车服务员的一段用餐的英语对话。

(5)2人一组,1人是列车乘务员,1人是旅客,进行该旅客与列车乘务员的一段列车晚点询问的英语对话。

单元3.4　铁路客运服务手语

单元导航

手语是一种语言形式,并且是一种三维语言,学习手语有益于增强智力和协调能力,还可以使你的表情丰富,眉目传情,在交往中有着积极的作用,便于与听觉有障碍的人员进行沟通。在铁路客运服务中经常会遇到听觉有障碍的旅客,如果不会手语沟通起来特别困难,因为不明白旅客的意思,铁路客运服务人员经常会问周围的旅客谁会手语,或者用笔写下来跟旅客进行沟通,所以在高铁时代,手语也是铁路客运服务人员必备的一门技能。

相关知识

一、称呼

(1)我——一手食指指向自己。

(2)你——一手食指指向对方。

(3)他——一手食指指向侧方第三者。

(4)我们——一手食指先指胸部,然后掌心向下,在胸前平行转一圈。

(5)你们——一手食指先指向对方,然后掌心向下,在胸前平行转一圈。

(6)他们——一手食指指向侧方第三者,然后掌心向下,在胸前平行转一圈。

(7)自己——一手伸食指,指尖向上,贴于胸前。

(8)大家——一手掌心向下,在胸前平行转一圈。

(9)谁 ——一手伸食指,指尖向上,在肩前摇动。

(10)男——一手直立,五指并拢在头侧自后向前挥动,以“短发”表示男子。

(11)女(姑娘)—— 一手拇指、食指捏耳垂,象征耳环,泛指妇女(凡女性均用此手势)。

(12)婴儿——双手掌心向内,一上一下,虚置胸前,做抱婴儿状。

(13)小孩(少年、儿童)——一手平伸,掌心向下,在胸前向下微按(根据小孩、儿童、少年不同身高而决定手的高低)。

(14)青年——一手掌心在颏下抚摸两下,以颏下胡须来表示青年。

(15)老人——①一手在下巴做理胡须动作,以长胡须来表示老;②双手食指搭成“人”字形。

(16)父亲(爸爸)——一手伸拇指贴在嘴唇上。

(17)母亲(妈妈)——一手伸食指贴在嘴唇上。

(18)哥哥——一手先伸中指贴于嘴唇上,再改伸掌直立,在头侧自前挥动,即“男”手语。

(19)姐姐——一手先伸中指贴于嘴唇上,然后改以拇指、食指捏耳垂。

(20)妹妹——一手先伸小拇指贴于嘴唇上,再做“女”手势。

(21)男孩(儿子)——①同“男”手势;②同“小孩”手势。

(22)女孩(女儿)——①同“女”手势;②同“小孩”手势。

(23)女士——①同“女”手势;②一手食指书空“士”字。

(24)男士——①同“男”手势;②一手食指书空“士”字。

(25)同志——一手伸食指、中指,手背向上,在胸前平行挥动两下。

(26)同学—— ①同“同志”手势;②双手伸掌,掌心向内置于胸前,如读书状。

(27)朋友——双手拇指互碰几下,表示友谊。

(28)先生——一手伸拇指,贴于胸前,表示尊敬。

(29)工人——①一手食指、中指与另一手食指搭成“工”字形;②双手食指搭成“人”字形。

(30)教师——双手五指撮合,指尖相对,在胸前摇动几下,意即“传授”。

二、地名

(一)位置

一手握拳伸出拇指,置于另一手掌心上,表示所在的位置(图 3-1)。

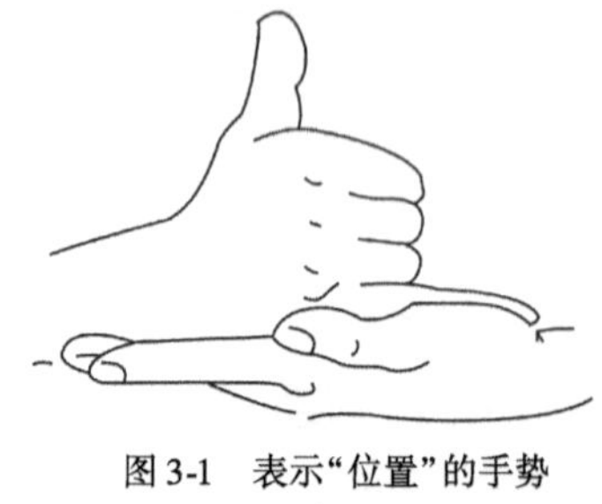

图 3-1 表示“位置”的手势

(二)黑龙江

(1)一手打手指字母“H”的指式,并在头发边摸一下。

(2)双手拇指、食指相捏,从上嘴唇两边引出两条线,如“龙须”状。

(3)双手掌心相对,相距一尺余,斜着向前做曲线移动(图 3-2)。

(三)沈阳

一手食指弯曲如钩,贴在太阳穴上(图 3-3)。

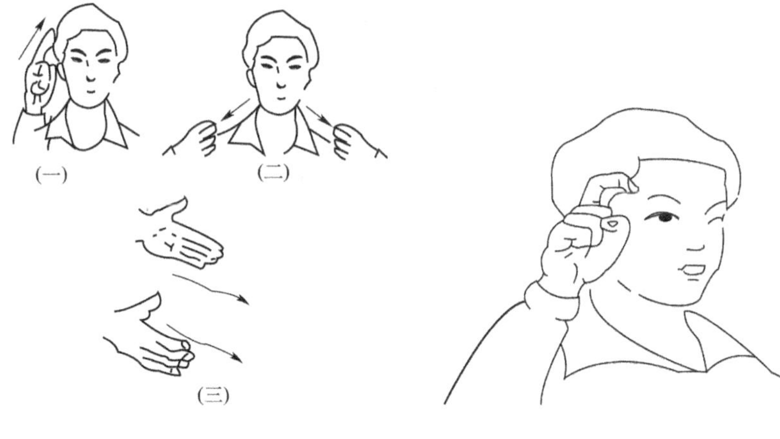

图 3-2　“黑龙江”的手势　　　　图 3-3　“沈阳”的手势

（四）辽宁

(1)双手拇指、食指相搭成“辽”字形。

(2)手指字母“N”的指式(图 3-4)。

（五）北京

右手食指、中指自左肩斜划向右腰部(北京人的习惯打法)(图 3-5)。

图 3-4　“辽宁”的手势　　　　图 3-5　“北京”的手势

（六）上海

双手握拳,小指一上一下互相勾住(原是英文字母“S”的双拼指式,上海人的习惯打法)(图 3-6)。

（七）深圳

(1)左手平伸,掌心向下;右手食指从左手拇指处向下伸。

(2)双手伸食指、中指,指尖相对,掌心向内,然后同时向下移动,表示“关卡”的意思(图 3-7)。

（八）广州

(1)双手掌心向上,在腰部两侧碰几下(习惯打法)。

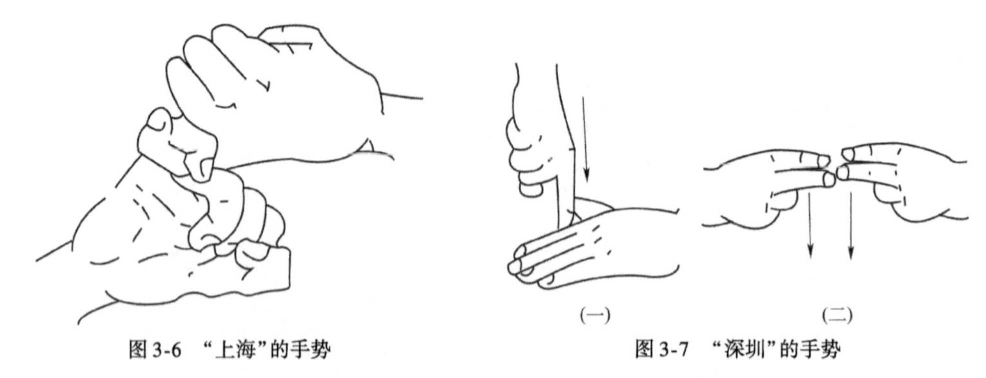

图3-6 “上海”的手势　　图3-7 “深圳”的手势

(2)一手中指、无名指、小指与另一手食指搭成“州”字形(图3-8)。

(九)长春

(1)双手伸食指,指尖相对,从中间向两边拉开,即“长”的手势。

(2)左手握拳不动,右手伸食指在左拳食指骨节处点一下,即“春天”的手势(图3-9)。

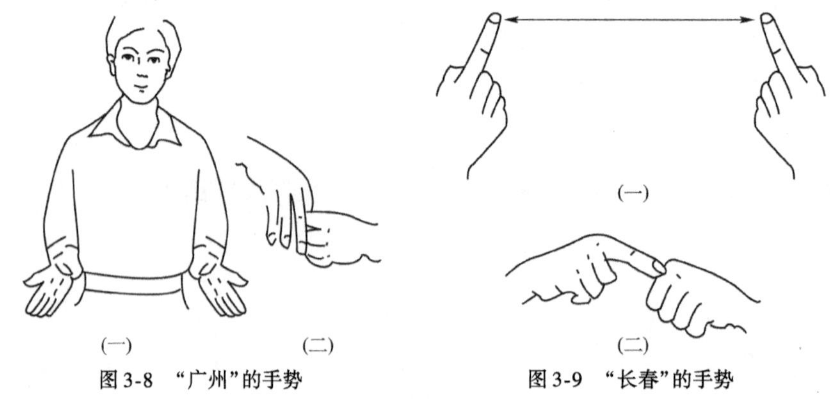

图3-8 “广州”的手势　　图3-9 “长春”的手势

(十)吉林

(1)手指字母“J”的指式。

(2)双手拇指、食指搭成圆形,连续上举两次,即“林”的手势(图3-10)。

三、铁路用语

(1)运输:双手微曲,掌心向上,如两条船,再交叉移动几下,如船来船往,引申为“运输”(图3-11)。

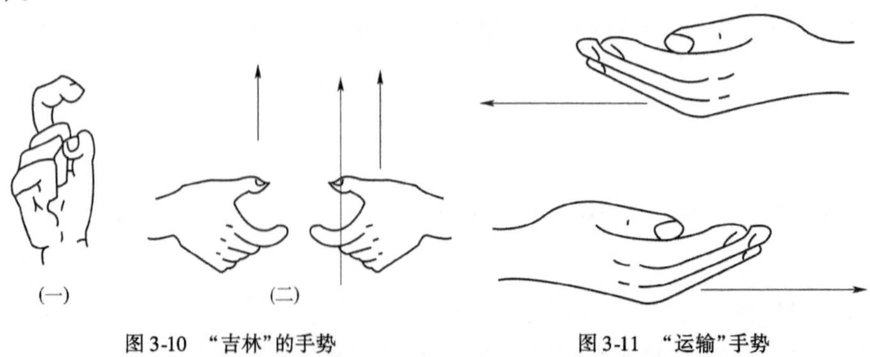

图3-10 “吉林”的手势　　图3-11 “运输”手势

(2)高铁。高:一手平伸,掌心向下,向上举过头。铁:双手握拳,虎口向上,一上一下,上拳敲打下拳,再向里移动(图3-12)。

图3-12 “高铁”手势

(3)车站。车:双手虚握如握方向盘,左右转动,模仿操纵方向盘的动作。站:双手搭成“^”形(图3-13)。

(4)火车。左手食指、中指伸直平放,象征铁轨。右手食指、中指弯曲如钩,指尖抵在左手食指、中指上,并向前移动,象征火车在轨道上行驶(图3-14)。

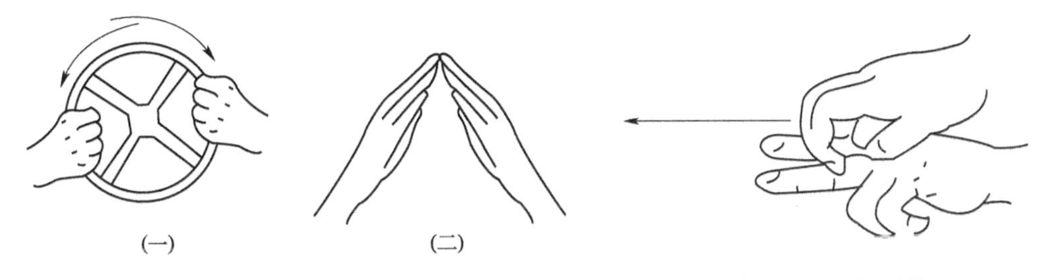

图3-13 “车站”手势　　图3-14 “火车”手势

(5)火车票。火:双手五指微曲,指尖向上,交替上下动几下,如火苗跳动状。车:双手虚握如握方向盘,左右转动,模仿操纵方向盘的动作。(“火车票”可用“火车”手势,余类推。)票:双手拇指、食指指尖相对,向两边微拉,如车票大小(图3-15)。

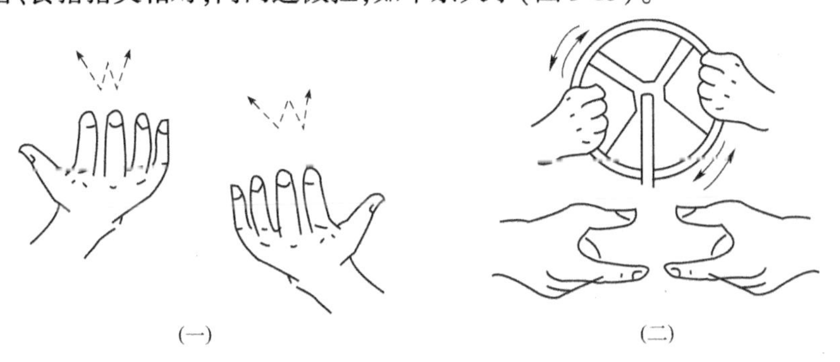

图3-15 “火车票”手势

(6)事故。事:右手食指、中指相搭,从左手虎口内向上伸出。故:一手食指、中指、无名指按于另一手腕部,如中医诊脉状,表示有毛病(图3-16)。

(7)轮椅:双手握拳,在腰部两侧做转动轮子状(图3-17)。

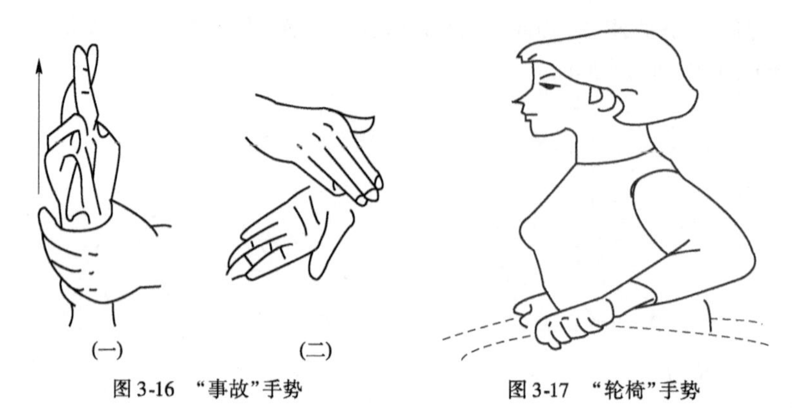

图 3-16 “事故”手势　　图 3-17 “轮椅”手势

(8)指示灯。指示:一手伸出拇指,另一手伸出食指,并在拇指背后左右微微摆动。灯:一手五指撮合,指尖向下,然后五指放开,象征灯光(图 3-18)。

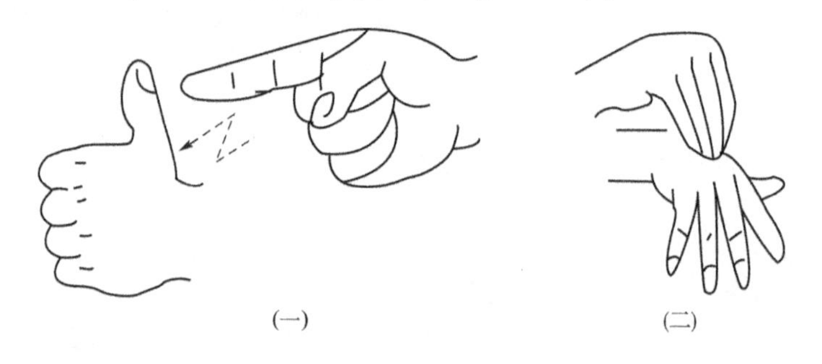

图 3-18 “指示灯”手势

(9)电话:一手伸大拇指、小拇指,大拇指置于耳边,小拇指置于口边如打电话状(图 3-19)。

(10)站:一手食指、中指,指尖向下伸直,抵于另一手掌心上(图 3-20)。

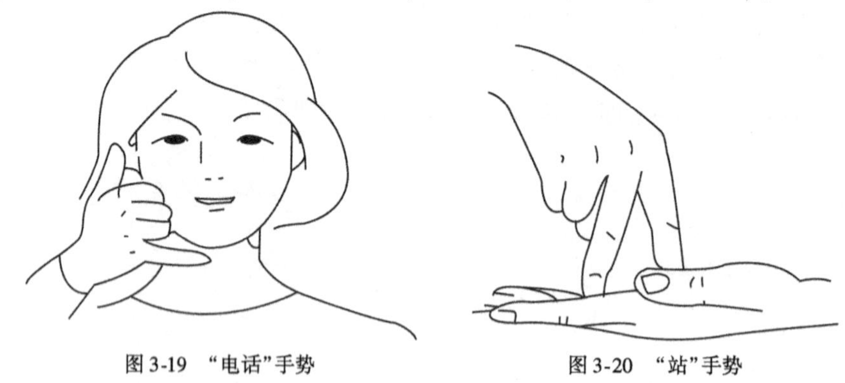

图 3-19 “电话”手势　　图 3-20 “站”手势

(11)隧道:左手弯曲成弧形,右手侧伸,从左掌心下向前伸出,象征车辆通过隧道(图 3-21)。

(12)检修。检:双手拇指、食指、中指相捏,上下动几下,表示“检查”。修:一手食指、中指翻转一下,表示“修改”之意(图 3-22)。

(13)交通:双手五指并拢,掌心向内,相对而立,象征车辆,再交叉移动几下,如车辆来往,引申为“交通”(图 3-23)。

(14)枢纽。枢:一手食指指尖立于另一手掌心上,表示“中心点”。纽:一手拇指、食指相捏,做扭动电钮状(图3-24)。

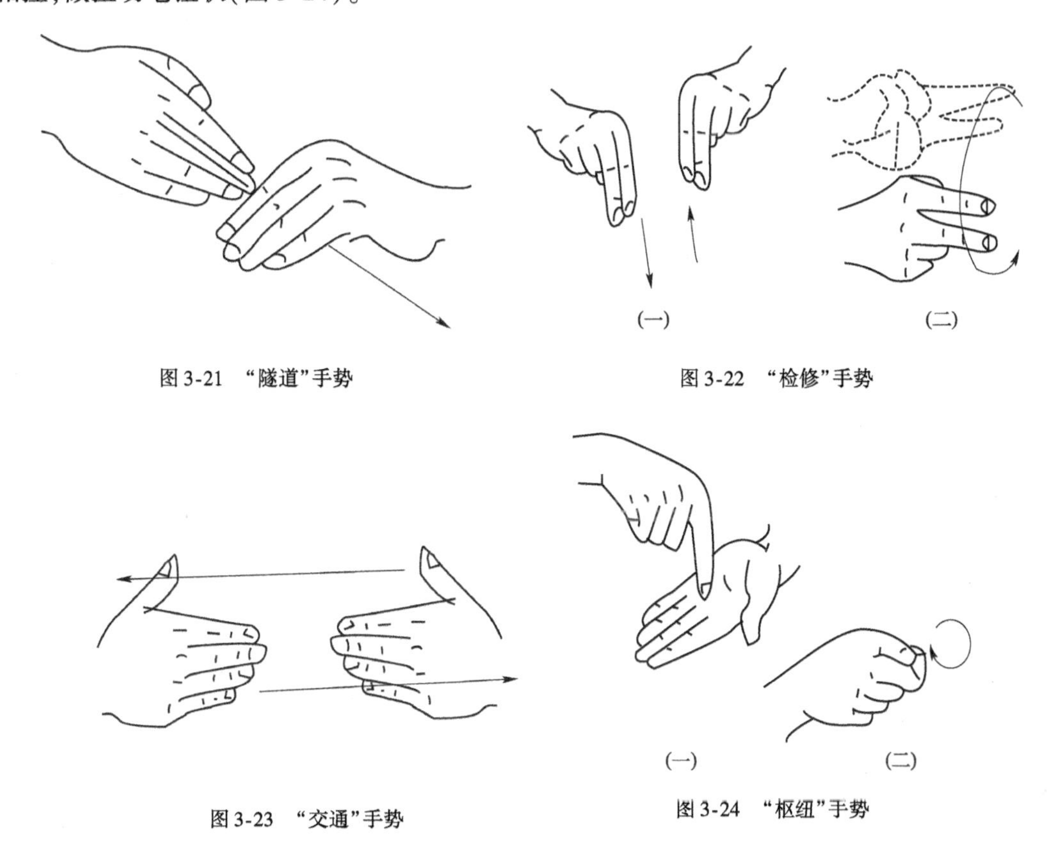

图3-21　“隧道”手势

图3-22　“检修”手势

图3-23　“交通”手势

图3-24　“枢纽”手势

(15)道路:双手侧伸,掌心相对,相距尺余,向前方伸出,表示笔直的大路(图3-25)。

(16)行李。行:双手伸出食指互碰一下,同时张开五指,表示“物件”“东西”。李:一手握拳下垂做提重物状(图3-26)。

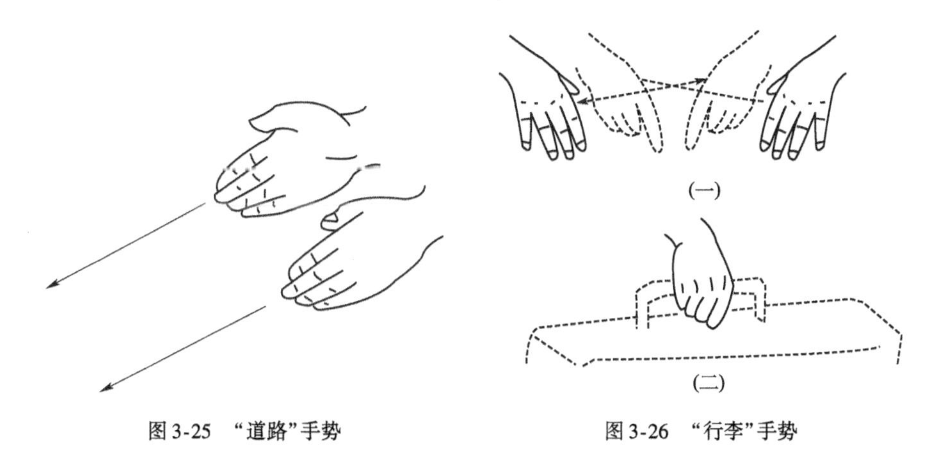

图3-25　“道路”手势

图3-26　“行李”手势

(17)车票。车:双手虚握如握方向盘,左右转动,模仿操纵方向盘的动作。票:双手拇指、食指指尖相对,向两边微拉,如车票大小(图3-27)。

四、方向

(1)方向。方:双手拇指、食指相搭成方形。向:一手掌向前伸出,以示方向(图3-28)。

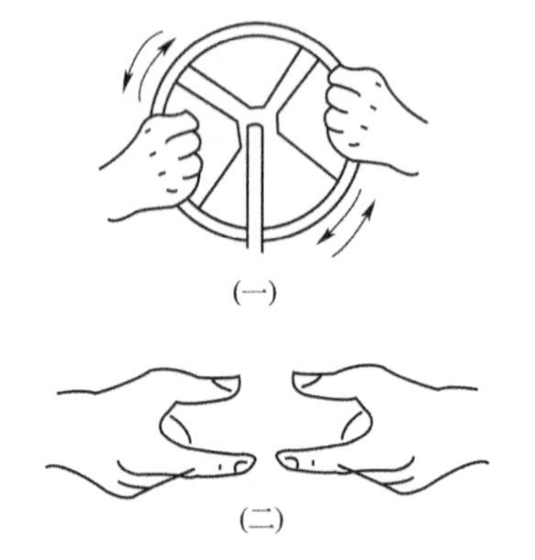

图3-27 “车票”手势

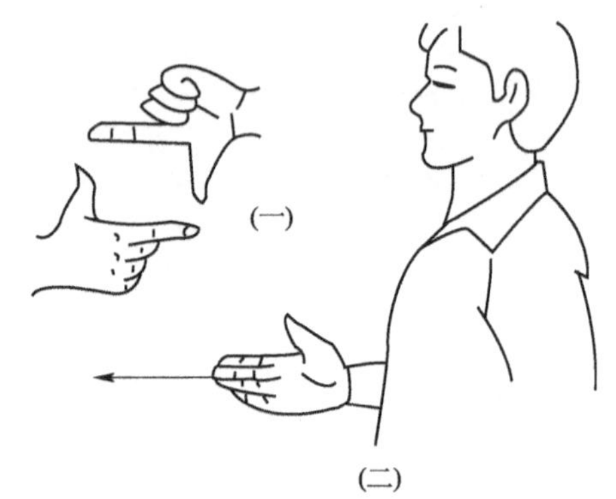

图3-28 “方向”手势

(2)上:一手食指向上指(图3-29)。

(3)下:一手食指向下指(图3-30)。

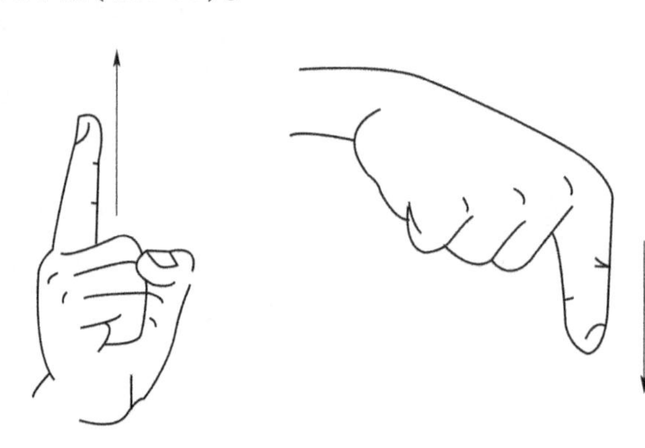

图3-29 “上”的手势　　图3-30 “下”的手势

(4)北:右手伸掌,小臂上举,指尖在头右侧(图3-31)。

(5)南:右手伸掌,指尖朝下(图3-32)。

图3-31 “北”的手势　　图3-32 “南”的手势

(6)东:右手伸掌,指尖指向右边。这是根据地图中上北、下南、左西、右东的习惯(如打手语者面对地图)制定的(图 3-33)。

(7)西:右手伸掌,指尖指向左边(图 3-34)。

图 3-33　"东"的手势

图 3-34　"西"的手势

(8)旁边:一手食指在另一侧手臂处向外指几下(图 3-35)。

(9)正面:左掌直伸,四指并拢,掌心向外。右手食指指左手掌心,表示正面(图 3-36)。

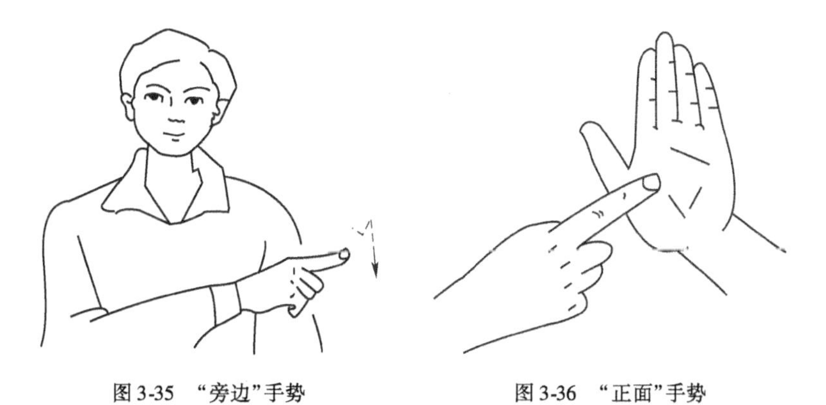

图 3-35　"旁边"手势　　图 3-36　"正面"手势

(10)反面:左手横伸,手背向外。右手食指指尖向上,放于左手手掌后并向下移,表示里面(图 3-37)。

(11)对面。对:双手食指指尖朝上,相距一定距离,置于胸前。面:一手轻贴一下脸颊(图 3-38)。

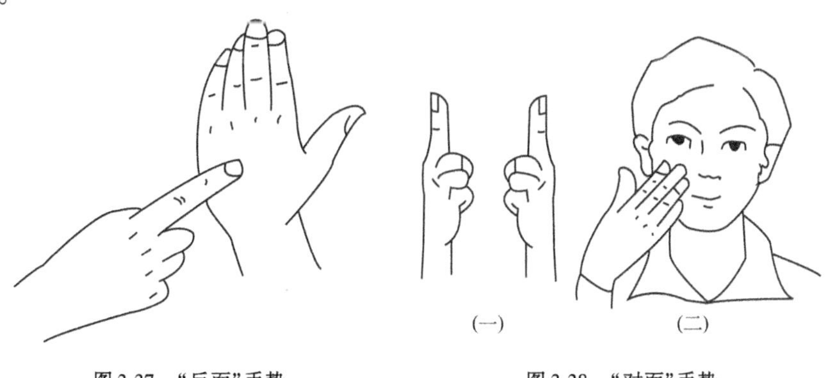

图 3-37　"反面"手势　　图 3-38　"对面"手势

五、服务用语

1. 你考虑清楚(表3-1)

表3-1

用　语	手　势	示 意 图
你	一手食指指向对方	
考虑	一手食指置太阳穴处转动,显示动脑思索的神情	
清楚	一手掌心从另一手掌心上擦过(幅度大一些),并握拳伸出拇指	

2. 打扰你这么久(表3-2)

表3-2

用　语	手　势	示 意 图
打扰	一手握拳向前打一下,双手拇指和四指相捏,指尖相对,先相互接触一下,再放开五指	 (一)　(二)
你	一手食指指向对方	
久	同"耐久"手势(右手拇指、食指伸出,拇指指尖抵于左掌心,食指向下转动后,再向右拉开	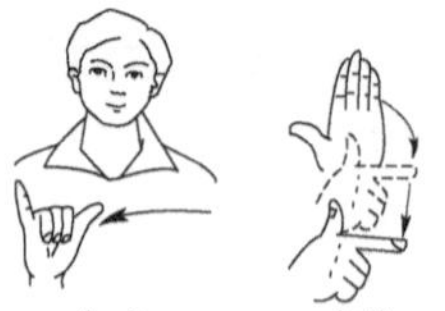 (一)　(二)

3. 你同意我的想法(表3-3)

表3-3

用　语	手　势	示 意 图
你	一手食指指向对方	

续上表

用　　语	手　　势	示　意　图
同意	双手食指平伸，指尖相对，由两侧向中间交叉移动，一手食指从口边向前上方提起	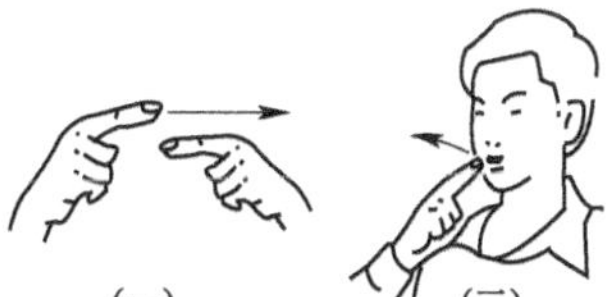 (一)　(二)
我	一手食指指自己	
的	手指打出“D”的手势	
想法	一手食指置太阳穴处转动，显示动脑思索的神情	

4. 别烦恼，我们合作研究解决吧（表3-4）

表3-4

用　　语	手　　势	示　意　图
烦恼	一手五指虚撮，指尖抵于额头，表示“烦恼”	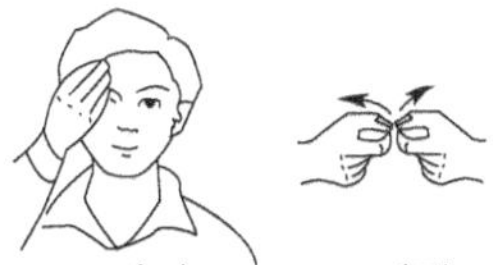 (一)　(二)
我们	一手食指先指胸部，然后掌心向下，在胸前平行转一圈	
合作	双手握拳，上拳打下拳	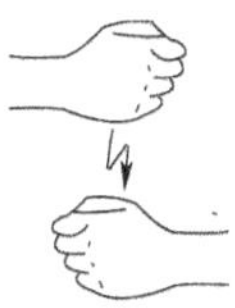

续上表

用　　语	手　　势	示 意 图
研究	一手食指在太阳穴处转动几下，表示“思考”。一手食指、中指并拢，在另一手掌心上转动	(一)　(二)
解决	双手五指撮合，指尖相对，然后同时向下边甩动边放开五指	

5. 你不反对我(表 3-5)

表 3-5

用　　语	手　　势	示 意 图
你	一手食指指向对方	
不	一手伸直，左右摆动几下	
反对	双手伸出小拇指，同时向上移动一下	
我	一手食指指自己	

6. 不好意思(表 3-6)

表 3-6

用　　语	手　　势	示 意 图
不	一手伸直，左右摆动几下	
好	一手握拳，向上伸出拇指	
意思	手指字母“Y”的指式。一手食指在太阳穴处转一圈	(一)　(二)

7. 实在对不起(表 3-7)

表 3-7

用　　语	手　　势	示　意　图
实	一手食指、中指相叠,弹打另一手食指	
在	一手伸出拇指、小指,置于另一手掌心上	
对不起	一手五指并拢,举于额际,先做"敬礼"手势,然后下放,改为伸小指,在胸部点几下,表示向人致歉并自责之意	

8. 太麻烦你了(表 3-8)

表 3-8

用　　语	手　　势	示　意　图
太	左手食指横伸;右手食指书空"太"字	
麻烦	一手五指撮合,指尖抵于前额,缓缓转动几下,脸露"烦恼"表情	
你	一手食指指向对方	
了	一手食指书空"了"字	(一)　(二)

技能练习

(1)2 人一组,1 人是列车乘务员,1 人是旅客,该旅客向列车乘务员询问所购买车票到站时间、列车是否晚点等,用手语进行对话。

(2)2 人一组,1 人是列车乘务员,1 人是旅客,该旅客询问在长春站换乘到哈尔滨的列车在几站台、几点等,用手语进行对话。

(3)2 人一组,1 人是列车长,1 人是旅客,该旅客向列车长投诉该车厢乘务员的服务态度不好,用手语进行对话。

项目四　高铁车站客运服务

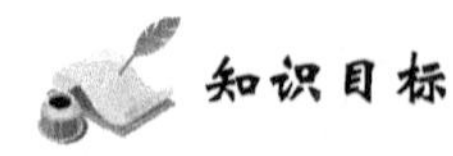

知识目标

1. 掌握高铁车站客运工作人员的仪容仪态仪表。
2. 掌握高铁车站客运工作人员的服务用语及服务态度。
3. 了解高铁车站客运工作人员安全秩序、设备设施、环境卫生的基本规定。
4. 掌握高铁车站客运工作人员的基础管理及人员素质的要求。
5. 掌握高铁车站各岗位服务质量作业标准。

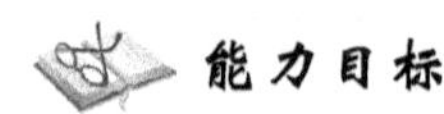

能力目标

1. 能够通过学习《铁路旅客运输服务质量规范》(车站部分),丰富自己的铁路服务常识,从而塑造好良好的形象和气质。

2. 了解高铁车站客运工作人员的礼仪标准,以便更好地运用到实际工作中去,掌握如何与旅客进行沟通、协调,处理各种突发问题。

3. 掌握高铁车站客运工作人员与旅客沟通的重要性。

单元 4.1　高铁车站客运服务质量规范

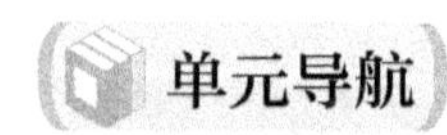

单元导航

高铁车站是办理动车组列车客运业务的车站。高铁车站只办理客运业务,不办理货运业务,在中间站因高铁动车组列车停车时间短,所以不办理行包、邮政托运业务。高铁车站主要设备有旅客站房、站台、雨棚、进出站通道、车站安全监控设备。

高铁车站客运服务标准是车站客运人员在售票、候车、检票、乘降组织以及行包运输等各环节,为旅客提供优质的售、取票业务,良好的候车环境,安全的乘降组织以及高铁快件的运输工作,为旅客愉快的旅行打下良好的基础。

相关规定

为进一步适应旅客运输服务需求,提高铁路客运服务质量,为旅客创造一个温馨、舒适的旅行环境,高标准地为旅客服务,中国铁路总公司制定了《铁路旅客运输服务质量规范》(铁总运〔2016〕247 号),自 2017 年 1 月 1 日起施行。由高铁中型及以上车站服务质量规范、高铁小型车站服务质量规范、普速大型车站服务质量规范、普速中型车站服务质量规范、普速小型车站服务质量规范 5 个部分组成。各部分适用范围见表 4-1。本单元以高铁中型及以上车站服务质量规范为例介绍铁路车站客运输服务质量规范的部分内容。

《铁路旅客运输服务质量规范》(车站部分)适用范围　表4-1

内　容	车站类型	适用范围
高铁中型及以上车站服务质量规范	中国铁路总公司所属铁路运输企业的高铁特大型、大型、中型车站	办理动车组列车客运业务的特、一等普速车站,其动车组列车和普速旅客列车旅客共用区域以及实行物理隔离的动车组列车旅客专用售票窗口、候车室、检票口、站台等区域的管理、作业和服务比照适用本规范
高铁小型车站服务质量规范	中国铁路总公司所属铁路运输企业的高铁小型车站	办理动车组列车客运业务的二、三等普速车站,其动车组列车和普速旅客列车旅客共用区域以及实行物理隔离的动车组列车旅客专用售票窗口、候车室、检票口、站台等区域的管理、作业和服务比照适用本规范
普速大型车站服务质量规范	中国铁路总公司所属铁路运输企业的普速大型车站	办理动车组列车客运业务的普速大型车站,其动车组列车和普速旅客列车旅客共用区域以及实行物理隔离的动车组列车旅客专用售票窗口、候车室、检票口、站台等区域的管理、作业和服务比照适用《高铁中型及以上车站服务质量规范》,其他区域的管理、作业和服务适用本规范
普速中型车站服务质量规范	中国铁路总公司所属铁路运输企业的普速中型车站	办理动车组列车客运业务的普速中型车站,其动车组列车和普速旅客列车旅客共用区域以及实行物理隔离的动车组列车旅客专用售票窗口、候车室、检票口、站台等区域的管理、作业和服务比照适用《高铁小型车站服务质量规范》,其他区域的管理、作业和服务适用本规范
普速小型车站服务质量规范	中国铁路总公司所属铁路运输企业的普速小型车站	本规范对中国铁路总公司所属铁路运输企业的普速小型车站旅客运输服务提出了质量要求

相关知识

一、文明服务

(一)仪容仪表

高铁车站客运工作人员必须时刻注重自己的仪容仪表、着装、佩戴标准统一。

《高铁中型及以上车站服务质量规范》对高铁车站客运工作人员仪容仪表的规定:仪容整洁,上岗着装统一,干净平整。

(1)头发干净整齐、颜色自然,不理奇异发型、不剃光头。男性两侧鬓角不得超过耳垂底部,后部不长于衬衣领,不遮盖眉毛、耳朵,不烫发,不留胡须;女性发不过肩,刘海长不遮眉,短发不短于7厘米。

(2)面部、双手保持清洁,指甲修剪整齐,长度不超过指尖2毫米,身体外露部位无文身。女性淡妆上岗,保持妆容美观,不浓妆艳抹,不染彩色指甲。

(3)按岗位换装统一,衣扣拉链整齐。着裙装时,丝袜统一,无破损。系领带时,衬衣束在裙子或裤子内。外露的皮带为黑色。佩戴的外露饰物款式简洁,限手表一只、戒指一枚,女性还可佩戴发夹、发箍或头花及一副直径不超过3毫米的耳钉。不歪戴帽子,不挽袖子和卷裤脚,不敞胸露怀,不赤足穿鞋,不穿尖头鞋、拖鞋、露趾鞋,鞋的颜色为深色系,鞋跟高度不超过3.5厘米,跟径不小于3.5厘米。

(4)佩戴职务标志(售票员除外),胸章牌(长方形职务标志)戴于左胸口袋上方正中,下边沿距口袋1厘米处(无口袋的戴于相应位置),包含单位、姓名、职务、工号等内容。臂章佩戴在上衣左袖肩下四指处。售票员、验证人员、安检值机人员等坐姿作业人员可不戴制帽,其他人员执行职务时应戴制帽,帽徽在制帽折沿上方正中。

(二)服务用语及服务态度

在铁路客运服务中,必须使用标准的、规范的服务用语,礼貌地为旅客服务,真正体现"以人为本、旅客至上"的服务理念,优质地为旅客服务。使用文明、礼貌用语的同时面带微笑也是高铁车站客运工作人员服务中不可缺少的一部分。

《高铁中型及以上车站服务质量规范》对高铁车站客运工作人员服务用语及服务态度的规定如下:

(1)表情自然,态度和蔼,用语文明,举止得体,庄重大方。

(2)使用普通话,表达准确,口齿清晰。服务语言表达规范、准确,使用"请、您好、谢谢、对不起、再见"等服务用语。对旅客、货主称呼恰当,统称为"旅客们""各位旅客""旅客朋友",单独称为"先生、女士、小朋友、同志"等。

(3)旅客问讯时,面向旅客站立(售票员、封闭式问讯处工作人员办理业务时除外),目视旅客,有问必答,回答准确,解释耐心。

(4)遇有失误时,向旅客表示歉意。对旅客的配合与支持,表示感谢。

1. 全面服务,重点照顾

(1)无需求无干扰。配备自动售(取)票机、自动检票机、电子显示屏等服务设备,通过广播、揭示揭挂、电子显示等方式宣传服务设备的使用方法,方便旅客自助服务。

(2)有需求有服务。售票处、候车区公布中国铁路客户服务中心客户服务电话(区号+电话号码)、铁路12306手机客户端和微信公众号二维码,直辖市、省会城市和计划单列市所在地主要车站、站房规模和发送量较大的车站进站口外和候车室内设咨询服务台,受理旅客咨询、求助、投诉,专人负责,及时回应。实行首问首诉负责制,旅客问讯时,有问必答,回答准确;对旅客提出的问题不能解决时,指引到相应岗位,并做好耐心解释。接听电话时,先向旅客通报单位和工号。

2. 重点关注,优先照顾,保障重点旅客服务

(1)按规范设置无障碍设施设备。售票厅设无障碍售票窗口。特大、大型车站候车室设有重点旅客候车区和特殊重点旅客服务点(可与问讯处、服务台等合设),位置醒目、便于寻找,并配备轮椅、担架等辅助器具;地市级以上车站候车区设置相对封闭的哺乳区;在检票口附近等方便的区域设置黄色标志的重点旅客候车专座。设有无障碍厕所和无障碍电梯,正常使用。盲道畅通无障碍。

(2)重点旅客优先购票、优先进站、优先检票上车。

(3)根据需求为特殊重点旅客提供帮助,有服务,有交接,有通报。

(4)尊重民族习俗和宗教信仰。少数民族自治地区车站可按规定在图形标志中增加当地通用的民族语言文字,可根据需要增加当地通用的民族语言播音。

(5)旅客在站内遗失物品时,帮助(或广播)查找;收到旅客遗失物品及时登记、公告,登记内容完整,保管措施妥当,处置措施合法。

(三)行为举止

在铁路客运服务中,高铁车站客运工作人员的行为举止不但代表着个人形象,同时也代表着铁路运输企业的整体形象,在铁路客运服务工作中起着举足轻重的作用。

《高铁中型及以上车站服务质量规范》对高铁车站客运工作人员行为举止的规定:立岗姿势规范,精神饱满,举止端庄、大方得体。

(1)立岗姿势规范,精神饱满。站立时,挺胸收腹,两肩平衡,身体自然挺直,双臂自然下垂,手指并拢贴于裤线上,脚跟靠拢,脚尖略向外张呈"V"字形。女性可双手四指并拢,交叉相握,右手叠放在左手之上,自然垂于腹前;左脚靠在右脚内侧,夹角为45°,呈"丁"字形。

(2)迎送列车时,足靠安全线,不侵入安全线外,面向列车方向目迎目送,以列车进入站台开始,开出站台为止。办理交接时行举手礼,右手五指并拢平展,向内上方举手至帽沿右侧边沿,小臂形成45°角。

(3)清理卫生时,清扫工具不触碰旅客及其携带物品。挪动旅客物品时,须征得旅客同意。需要踩踏座席时,带鞋套或使用垫布。占用洗脸间洗漱时,礼让旅客。

(4)不高声喧哗、嬉笑打闹、勾肩搭背,不在旅客面前吃食物、吸烟、剔牙齿和出现其他不文明、不礼貌的动作,不对旅客评头论足,接班前和工作中不食用异味食品。

(四)列车环境

在铁路客运服务中,要为旅客创造一个舒适、温馨的候车环境,让旅客感受到铁路大家庭的温暖,除了候车室内的卫生清洁、干净外,候车室内的温度适宜也是重中之重。

《高铁中型及以上车站服务质量规范》对高铁车站环境的规定:站容整洁,环境舒适。

(1)干净整洁,窗明地净,物见本色。

①地面干净无垃圾;玻璃透明无污渍;墙壁无污渍、涂鸦。电梯、扶手、护栏、座椅、台面、危险品检查仪、危险品处置台等处无积尘、污渍。卫生间通风良好,干净无异味,地面无积水,便池无积便、积垢,洗手池清洁无污垢。饮水处地面无积水,饮水机表面清洁无污渍,沥水槽无残渣。站台、天桥、地道等地面无积水、积冰、积雪,股道无杂物。

②各服务处所设置适量的垃圾箱(桶),外皮清洁,内配的垃圾袋材质符合国家标准,厚度不小于0.025毫米,无破损、渗漏,每日消毒一次。垃圾车外表无明显污垢,垃圾不散落,污水不外溢。垃圾及时清运,储运密闭化,固定通道,日产日清。

③保洁工具定点隐蔽存放。设有供保洁作业使用的水、电设施和存放保洁机具、清扫工具的处所,不影响旅客候车、乘降。

④由具备资质的专业保洁企业保洁,使用专业保洁机具和清洁工具,清洗剂符合环保要求,不腐蚀、污染设备备品。保洁人员经过保洁专业知识和铁路安全知识培训合格,持证上岗。墙壁、玻璃、隔断、护栏等2米以下的部位每日保洁,2米以上的部位及顶、棚等设施定期

保洁。车站对保洁作业有检查,有考核。

(2)通风良好,空气质量符合国家规定。空调温度调节适宜,体感舒适,原则上保持冬季18℃~20℃,夏季26℃~28℃。高寒地区站房进出口处有门斗和风幕(防寒挡风门帘)。

(3)照明充足,售票处、问讯处(服务台)、高铁快运营业场所照明照度不低于150勒克斯,候车区照明照度不低于100勒克斯,站台、天桥及进出站地道照明照度不低于50勒克斯。

(4)各服务处所按规定开展"消毒、杀虫、灭鼠"工作,蚊、蝇、蟑螂等病媒昆虫指数及鼠密度符合国家规定。

(5)服务备品齐全完整,质地良好,符合国家环保规定。卫生间配有卫生纸、洗手液(皂)、擦手纸(干手器),坐便器配一次性坐便垫圈,及时补充。落客平台、站台设置的垃圾箱(桶)上有烟灰盒。分设照明开关,使用节能灯具,根据自然光照度及时开启或关闭照明。用水处有节水宣传揭示。

(五)广播

《高铁中型及以上车站服务质量规范》对高铁车站广播的规定:广播语音清晰,音量适宜,用语规范,内容准确,播放及时。

(1)通告列车运行情况、检票等信息,有禁止携带危险品进站上车、旅行安全常识、公共卫生和候车区禁止吸烟等宣传。

(2)使用普通话。少数民族自治地区车站可根据需要增加当地通用的民族语言播音。特大、大型车站使用普通话和英语双语播报客运作业信息,中型车站可增加英语播报客运作业信息。

(3)采用自动语音合成方式,日常重点内容播音录音化,可变信息尽可能集中录制,减少信息合成的频次。

二、客运安全

(一)安全管理制度

《高铁中型及以上车站服务质量规范》对高铁车站安全管理制度的规定如下:

(1)安全制度健全有效,安全管理职责明确,能满足安全生产需要。

(2)有安全生产责任制、安全检查和安全质量考核、劳动安全、消防管理、食品安全、设施设备、安检查危、实名验证、结合部、现金票据安全、站台作业车辆安全、旅客人身伤害处理等管理制度和办法。

(3)有旅客候车、乘降、进出站、高铁快运保管和装卸等安全防范措施。

(4)与保洁、商业、物业、广告、安检、高铁快运等结合部有安全协议。

(5)有恶劣天气、列车停运、大面积晚点、启动热备车底、突发大客流、设备故障、客票(服)系统故障、火灾爆炸、重大疫情、食物中毒、作业车辆(设备)坠入股道、旅客人身伤害等非正常情况下的应急预案。

(二)安全设备设施管理

《高铁中型及以上车站服务质量规范》对高铁车站安全设备设施管理的规定如下:安全

设备设施配备齐全到位,作用良好。

(1)按规定配备危险品检查仪、安全门、危险品处置台、手持金属探测器、防爆罐等安全检查设施设备,正常启用,显示器满足查验不同危险品的需求。危险品检查仪、安全门、危险品处置台、防爆罐设在旅客进站流线、高铁快运营业场所适当位置,不影响旅客通行。危险品检查仪传输带延长端适当。

(2)按规定配备消防设备、器材,定期检测维护,合格有效。

(3)应急照明系统覆盖进出站通道、候车室、售票处、站台、天桥、地道等处所,状态良好。

(4)备有喇叭、手持应急照明灯具、应急车次牌、隔离设施等应急物品,定点存放。有应急食品储备或定点食品供应商联系供应机制。

(5)安全标志使用正确,位置恰当,便于辨识。电梯、天桥、地道口、楼梯踏步、站台有引导、安全标志。落地玻璃前有防撞装置和警示图形标志。

(6)电梯、天桥、楼梯悬空侧按规定设置防护装置,高度不低于1.7米。

(三)执行安全检查规定

《高铁中型及以上车站服务质量规范》对高铁车站安全检查的规定如下:

(1)配备安检人员,有引导、值机、手检、处置。开启的危险品检查仪数量满足旅客进站需求。

(2)旅客人人通过安全门和手持金属探测器检查,携带品件件过机。安检口外开设的车站小件寄存处对寄存物品进行安全检查。

(3)安检人员持证上岗,佩戴标志。

(4)对检查发现和列车移交的危险物品、违禁品按规定处理。

(5)站区实行封闭式管理,旅客进出站乘降有序,站内无闲杂人员。进出站通道流线清晰,有管理措施。站台两端设置防护栅栏并有“禁止通行”或“旅客止步”标志。夜间不办理客运业务时,可关闭站区相应服务处所,但应对外公告。疏散通道、紧急出口、消防车通道等有专人管理,无堵塞。

(6)进入站台的作业车辆及移动小机具、小推车不影响旅客乘降,不堵塞通道,不侵入安全线;停放时在指定位置,与列车平行,有制动措施;行驶或移动时,不与本站台的列车同时移动,不侵入安全线,速度不超过10千米/小时。无非作业车辆进入站台。

(7)安全使用电源,无违规使用电源、电器。

(8)工作人员人人通过生产作业、消防、电器、电气化、卫生防疫、劳动人身等安全培训,特定岗位的工作人员按规定通过相应岗位安全培训。安全培训有计划,有记载,有考核。

三、设备设施

《高铁中型及以上车站服务质量规范》对高铁车站设备设施的规定如下:

(1)基础设施设备符合设计规范,定期维护,作用良好,无违规改造和改变用途。

①有售票处、公安制证处、候车室、补票处、高铁快运营业场所、天桥或地道、站台、风雨棚、围墙(栅栏)等基础设施,地面硬化平整,房屋、风雨棚、天桥、地道无渗漏,墙面、天花板无开裂、翘起、脱落,扶手、护栏、隔断、门窗牢固完好,楼梯踏步无缺损。

②有通风、照明、广播、供水、排水、防寒、防暑、空调等设备设施。

(2)图形标志符合标准,齐全醒目,位置恰当,安装牢固,内容规范,信息准确。

①有位置标志、导向标志、平面示意图、信息板等引导标志,指引准确。站台两端各设有一个站名牌,并利用进出站地道围栏、无障碍电梯、广告牌、垃圾箱(桶)、基本站台栅栏等站台设施,设置不少于两处便于列车内旅客以正常视角快速识别的站名标志。各站台设有出站方向标志,实行便捷换乘的有便捷换乘标志。

②根据各服务处所和服务设备设施的功能、用途设置揭示揭挂,采取电子显示屏、公告栏等方式公布规章文电摘抄、旅客乘车安全须知、客运杂费收费标准、高铁快运办理范围等服务信息。

③电子显示引导系统信息显示及时,每屏信息的显示时间适当,便于旅客阅读。

④售票处、候车区(室)、出站检票处和补票处设有儿童票标高线。

⑤售票窗口、自动售(取)票机、自动检票机前设置黄色“一米线”,宽度10厘米。

⑥采用中、英文;少数民族自治地区车站可按规定增加当地通用的民族语言文字。

(3)旅服系统运行稳定可靠,自动检票、导向、广播、时钟、查询、求助、监控等旅客服务设备设施齐全,状态良好。

①有管理平台,采用“铁路局集中控制、大站集中控制、车站独立控制”模式,有用户管理和安全保密制度。

②售票处、候车区、站台有时钟,显示时间准确。

③广播覆盖各服务处所,具备无线小区广播和分区广播功能;音箱(喇叭)设备设置合理,音响效果清晰。

④有电子显示引导系统,满足温度环境使用要求,室外显示屏具有防雨、防湿、防寒、防晒、防尘等性能,信息显示及时,每屏信息的显示时间适当,便于旅客阅读。

a. 特大、大型车站进站大厅(集散厅)设置进站显示屏,显示车次、始发站、终到站、开车时刻、候车区(检票口)、状态等发车信息。

b. 候车区内设置候车引导屏,显示车次、始发站、终到站、开车时刻、检票口、状态等信息。

c. 检票口处设置进站检票屏,显示车次、终到站、开车时刻、站台、状态等信息。

d. 天桥、地道内设置进、出站通道屏,显示当前到发列车车次、始发站、终到站、站台、到开时刻、列车编组前后顺位等信息。

e. 站台设置站台屏,显示当前车次、始发站、终到站、实际开点(终到站为到点)、列车编组前后顺位、引导提示等信息。

f. 出站口外侧设置出站屏,显示到达车次、始发站、到达时刻、站台、状态等信息。

g. 待机状态显示站名、安全提示、欢迎词等信息。

⑤售票处、候车区可有自助查询终端,内容完整、准确。

⑥视频监控系统覆盖车站各服务处所,具备自动录像功能。录像资料留存时间不少于15天,涉及旅客人身伤害、扰乱车站公共秩序等重要的视频资料为一年。

⑦特大、大型车站候车室等场所可向旅客提供无线互联网接入服务。

⑧车站售票、候车场所可设置银行自助存取款机。

(4)售票设施设备满足生产需要,作用良好。

①售票窗口配备桌椅、计算机、制票机、居民身份证阅读器、双向对讲器、窗口屏、保险柜、验钞机等售票设备及具有录像、拾音、录音功能的监控设备,发售学生票、残疾军人票的窗口配备学生优惠卡、残疾军人证的识读器,退票、改签窗口配备二维码扫描仪,电子支付窗口配备 POS 机。

a. 在窗口正上方设置窗口屏,显示窗口号、窗口功能、工作时间或状态等信息。

b. 有对外显示屏,同步显示售票员操作的售票信息。

c. 设置工号牌或采用电子显示屏,显示售票人员姓名、工号、本人正面二寸工作服彩色白底照片等信息。

②有剩余票额信息显示屏,及时、正确显示日期、车次、始发站、终到站、开车时刻、各席别剩余票额等售票信息。

③配备自动售(取)票机,自动售票机具备现金或银行卡支付功能。

④补票处邻近出站检票闸机,配备桌椅、计算机、制票机、保险柜、验钞机、学生优惠卡识读器等售票设备和衡器,有防盗、报警设施。

⑤有存放票据、现金的处所和设备,具备防潮、防鼠、防盗、监控和报警功能。

(5)候车区布局合理,方便旅客。

①配备适量座椅,摆放整齐,不影响旅客通行。

②设有问讯处(服务台、遗失物品招领处),位置适当,标志醒目,配备信息终端和存放服务资料、备品的设备。

③设有饮水处,配备电开水器,有加热、保温标志,水质符合国家标准要求。可开启箱盖的电开水器加锁,箱盖与箱体无间隙。

④设有卫生间,厕位适量。有通风换气和洗手池、干手器等盥洗设备,正常使用,作用良好。厕位间设置挂钩。

⑤电梯正常启用,作用良好。安全标志醒目,遇故障、维修时有停止使用等提示,操作人员持证上岗(仅操作停止、启动、调整方向的除外)。

⑥省会城市所在地高铁特大、大型车站为商务座旅客设置独立的贵宾候车区,其他车站提供候车区域。

⑦检票口设自动检票通道和人工检票通道,配备自动检票机。已检票区域与候车区有围栏,封闭良好。

(6)实施车站全封闭实名制验证的,设有相对独立的验证口、验证区域、验证通道和复位口,并配备验证设备。

(7)高铁快运营业场所外有机动车作业场地和停车位。办理窗口有桌椅、计算机、制票机、扫描枪,配有电子衡器和装卸搬运机具,电子支付窗口配备 POS 机。有施封钳等包装工具,有专用箱、集装袋、锁等包装材料。高铁快运作业场地分区合理,有防火、防爆、防盗、防水、防鼠设备。

(8)站台设有响铃设备,作用良好;地面标示站台安全线或安装安全门(屏蔽门),内侧铺设提示盲道;安全线内侧或安全门(屏蔽门)左侧设置上下车指示线标志,位置准确,醒目易识;设置的座椅、垃圾箱(桶)、广告灯箱等设施设备安放牢固,不影响旅客通行。

(9)给水站按规定设置水井、水栓,给水系统作用良好,水源保护、水质符合国家标准。按规定办理吸污作业的车站有吸污设备,作用良好。

(10)客运人员每人配置具备录音功能的手持电台和音视频记录仪,其他岗位按需配备,作用良好。站台客运人员手持电台具备与司机通话功能。

(11)有设备管理制度和设备登记台账。有巡视检查、维护保养记录。发生故障立即报告,及时维修,影响旅客使用时设有提示。

四、客运组织

《高铁中型及以上车站服务质量规范》对高铁车站客运组织的规定如下。

(一)售票

(1)提供窗口、自动售(取)票机、铁路客票代售点等多种售票渠道,售票网点布局合理,管理规范。

①售票窗口和自动售(取)票机设置、开放的数量适应客流量,日常窗口排队不超过20人。

②办理售票、退票、改签、换票、取票、变更到站、挂失补办、中转签证等业务,发售学生票、残疾军人票、乘车证签证等各种车票,支持现金、银行卡等支付方式。

(2)根据车站客流及最早最晚办理客运业务列车到达时刻合理确定售票时间和停售时间,并在售票处醒目位置公布;开窗时间不晚于本站首趟列车开车前30分钟,关窗时间不早于本站最后一趟列车办理客运业务后20分钟。工作时间内暂停售票时设有提示。用餐或交接班时间实行错时暂停售票。

(3)自动售(取)票机及时补充票据、零钞和凭条。设备故障等异常状况处置及时。

(4)票据、现金妥善保管,票面完整、清晰。票据填写规范,内容准确、无涂改,按规定加盖站名戳和名章。

(二)进站、候车、检票组织

(1)按规定实行实名制验证,核验车票、有效身份证件原件、旅客的一致性。

(2)安检设备的设置适应客流量和站场条件,秩序良好,通道顺畅。

(3)候车室(区)旅客可视范围内有客运人员,及时巡视、解答旅客咨询、妥善处置异常情况。特大、大型车站设有值班站长。候车区具备车票改签和自助取票功能。贵宾候车区按规定配备专职服务员以及验票终端等服务设备,提供免费小食品、饮品、报刊等服务。

(4)开始、停止检票时间的设置适应客流量和站场条件,进站口有提前停止检票时间的提示。开始检票或列车到站前,通告车次、停靠站台等检票信息。

(5)自动检票机通道和人工检票通道正常启用,通道数量适应客流情况,并设有商务座旅客快速检票通道。设两侧检票口的,对长编组、重联动车组列车同时开启。按照先重点、后团体、再一般的原则,引导旅客通过自动检票机、人工检票通道分别排队等候、检票进站,宣传自动检票机的使用方法,提醒旅客拿好车票或身份证,防止尾随。具备居民身份证自动识读检票条件的自动检票机正常启用。人工检票口核验车票和其他乘车凭证,对车票加剪。

(6)对无票、日期车次不符、减价不符、票证人不一致等人员按规定拒绝进站、乘车。

(7)停止检票前,通告候车室,无漏乘;停止检票时,关闭检票口,通告候车室和站台。

(三)站台组织

(1)站台客运人员提前到岗,检查引导屏状态和显示内容、站台及股道情况。

(2)按站台车厢位置标志在站台安全线或屏蔽门内组织旅客排队等候,有序乘降。铃响时巡视站台,无漏乘。

(3)办理站车交接,短编组动车组列车在4、5号车厢之间;长编组动车组列车在8、9号车厢之间;重联动车组列车在列车运行方向前组第7、8位车厢之间。

(4)开车时间前30秒打响开车铃,铃声时长10秒。

(5)车站确认列车旅客乘降、上水、吸污和高铁快运、餐车物品装卸作业完毕后,使用无线对讲设备通知列车长与客运有关的作业完毕。

(6)同一站台有两趟列车同时进行乘降作业时,有宣传,有引导,无误乘。

(四)出站组织

(1)出站检票人员提前到岗,检查自动检票机、出站显示屏状态和内容。

(2)引导旅客通过自动检票机检票出站。

(3)对违章乘车旅客及违章携带品正确处理,票款收付准确。

(4)列车出站后及时清理,站台、通道无滞留人员。

(5)换乘客流大的车站根据需要设置站内换乘流线,配备相应的设备和引导标志。

(五)高铁快运作业

(1)高铁快运作业场地满足集散分拣、装卸、物品和集装容器暂存等作业要求,其位置可方便、快捷进出车站和站台。高铁快运物品经指定通道进出车站、站台。

(2)高铁快运使用专用箱、冷藏箱、集装袋等集装容器以集装件的形式在高铁车站间运输。承运物品和集装件严格执行安全检查规定。

(3)装卸、搬运高铁快运集装件时轻搬轻放,堆码整齐。合理安排装车计划,列车到站前将集装件提前搬运至站台指定位置,列车停稳后按计划装载;始发站在旅客上车前完成装车,中途站在开车铃响前完成装车;装卸车作业过程不干扰旅客乘降。装车完毕后向列车长汇报集装件装车位置及件数。

(4)运输过程中发生高铁快运包装松散、破损时,有记录、有交接。

(5)到站卸车提前到位,立岗接车。集装件外包装、施封破损或集装件短少的,凭客运记录或现场检查,核实现状,办理交接。

(6)遇高铁列车在站临时更换车底或终止运行时,协助列车客运乘务组完成集装件换乘,必要时临时看管卸下的集装件。

(7)高铁快运作业区无闲杂人员出入,无非高铁快运工作人员查找、搬运。发现非工作人员持集装件出站时当场制止。

(8)高铁快运装卸人员经过装卸作业知识、技能和铁路安全知识培训合格,持证上岗。

（六）列车给水、吸污作业

(1)给水站根据给水方案配备给水人员，防护用具齐全，按指定线路提前到指定位置接送车，有人防护，同去同回。

(2)按规定程序及时上水，始发列车辆辆满水，中途站按给水方案补水，有注水口的挡板锁闭，水管回卷到位(管头插入上水井内)。吸污站按规定进行吸污作业，保持作业清洁。作业完毕，向站台客运人员报告。

（七）应急处置

(1)遇恶劣天气、列车停运、大面积晚点、启动热备车底、突发大客流、设备故障、客票(服)系统故障、火灾爆炸、重大疫情、食物中毒、作业车辆(设备)坠入股道、旅客人身伤害等非正常情况时，及时启动应急预案，掌握售票、候车、旅客滞留、高铁快运等情况，维持站内秩序，准确通报信息，做好咨询、解释、安抚等善后工作。

①列车晚点15分钟以上时，根据调度通报，公告列车晚点信息，说明晚点原因、预计晚点时间，广播每次间隔不超过30分钟。电子显示屏实时显示。按规定办理退票、改签或逢餐点提供免费饮食品，协调市政交通衔接。

②遇列车在车站空调失效时，站车共同组织；必要时，组织旅客下车、换乘其他列车或疏散到车站安全处所。到站按规定退还票价差额。

③遇车底变更时，车站按车底变更计划调整席位，组织旅客换乘，告知列车，并按规定办理改签、退票。

④遇售票、检票系统故障时，组织维护部门进行故障排查，按规定启用应急售票、换票程序，组织人工办理检票。

⑤遇列车故障途中需更换车底时，在车站换乘的，由客调通知换乘站、高铁快运到站，由换乘站组织集装件换车。在区间换乘的，集装件不换至救援车，由故障车所在地铁路局根据救援方案一并安排随车运送至动车所所在地高铁车站，动车所所在地高铁车站编制客运记录并安排最近车次运送至到站。

(2)有应急预案培训和演练，有记录，有结果，有考核。

(3)春、暑运等客流高峰时期，换票、验证、安检、进站等处所设有快速(绿色)通道。

五、商业、广告经营

《高铁中型及以上车站服务质量规范》对高铁车站商业、广告经营的规定如下：

(1)站内商业场所、位置、面积、业态布局统一规划，不占用旅客候车空间，不影响旅客乘降流线，不遮挡旅客服务信息；统一标志，统一服务内容，统一服务标准，有商业经营管理规范，对经营行为有检查，有考核。

(2)经营单位持有效经营许可，经营行为规范，明码标价，文明售货，提供发票。不出售禁止或限量携带等影响运输安全的商品，不出售无生产单位、无生产日期、无保质期、过期、变质以及口香糖等严重影响环境卫生的食品。代搬行李服务无诱导旅客消费。

(3)餐饮食品经营场所环境卫生符合要求，用具清洁，消毒合格，生熟(成品、半成品)分开。销售散装熟食品时，有防蝇、防尘措施，不徒手接触食品。

(4)站内广告设置场所、位置、面积、形式统一规划,广告设施安全牢固,形式规范,内容健康,与车站环境相协调。不挤占、遮挡图形标志、业务揭示、安全宣传等客运服务信息,不影响客运服务功能,不影响安全。旅客通道内安装的广告牌使用嵌入式灯箱,突出墙面部分不超过200毫米,棱角部位采取打磨、倒角处理。除围墙、栅栏外,无直接涂写、张贴式广告。广播系统不发布音频广告。播放视频时不得外放声音。

六、基础管理

《高铁中型及以上车站服务质量规范》对高铁车站基础管理的规定如下:

(1)管理制度健全,有考核,有记载。定期分析安全和服务质量状况,有针对性具体整改措施。

(2)业务资料配置到位,内容修改及时、正确。

(3)各工种按岗位责任各负其责,相互协作,落实作业标准。

(4)业务办理符合规定,票据、台账、报表填写规范、清晰。营运进款结算准确,票据、现金入柜加锁,及时解款。

(5)定期召开站区结合部协调会,有监督,有检查,有考核。

(6)定期开展职业技能培训,培训内容适应岗位要求,评判准确。

七、人员素质

《高铁中型及以上车站服务质量规范》对高铁车站工作人员素质的规定如下:

(1)身体健康,五官端正,持有效健康证明。新职人员具备高中(职高、中专)及以上文化程度。

(2)持有效上岗证,经过岗前安全、技术业务培训合格。客运值班员、售票值班员、客运计划员、综控室操作人员从事客运服务工作满2年。综控室操作人员具备广播员资质。

(3)熟练使用本岗位相关设备设施,熟知本岗位业务知识和职责,掌握本岗位应急处置作业流程,具备应对突发事件的能力。

技能练习

(1)6人一组,按照《高铁中型及以上车站服务质量规范》的规定,检查对方的仪容仪表存在哪些不足,并进行指正。

(2)6人一组,按照《高铁中型及以上车站服务质量规范》的规定,检查对方的行为举止存在哪些不足,并进行指正。

(3)6人一组,按照《高铁中型及以上车站服务质量规范》的规定,其中3人扮演高铁车站客运工作人员,3人扮演旅客,进行服务语言的练习,检查各自存在哪些不足。

(4)6人一组,按照《高铁中型及以上车站服务质量规范》的规定,其中1人扮演客运值班主任,1人扮演客运员,2人扮演同行旅客(1名旅客有病),2人扮演乘车旅客,分工明确,合理安排,当2名同行旅客(其中1名旅客有病)在候车室内突发急病时,如何按照规定进行处理?

课后习题

一、填空题

1. 高铁车站是办理____________客运业务的特、一、二、三等普速车站。

2. 高铁车站只办理____________，不办理____________。

3. 高铁车站主要设备有旅客站房、____________、雨棚、____________、车站安全监控设备。

4. 高铁车站客运工作人员必须时刻注重自己的____________、____________、佩戴标准统一。

5. 头发____________、颜色自然，不理____________，不剃光头。

6. 男性两侧鬓角不得超过____________，后部不长于____________，不遮盖眉毛、耳朵，不烫发，不留胡须。

7. 面部、双手保持清洁，指甲修剪整齐，长度不超过指尖____________，身体外露部位无文身。

8. 按岗位换装统一，衣扣拉链____________。着裙装时，丝袜统一，无____________。

9. 佩戴职务标志（售票员除外），胸章牌（长方形职务标志）戴于左胸口袋____________，下边沿距口袋____________处（无口袋的戴于相应位置），包含单位、姓名、职务、工号等内容。

10. 在铁路客运服务中，必须使用标准的、规范的服务用语，礼貌地为旅客服务，真正体现____________的服务理念，优质地为旅客服务。

11. 实行____________，旅客问讯时，有问必答，回答准确；对旅客提出的问题不能解决时，指引到相应岗位，并做好耐心解释。

12. ____________优先购票、优先进站、优先检票上车。

13. 站立时，____________，两肩平衡，身体自然挺直，双臂自然下垂，手指并拢贴于____________，脚跟靠拢，脚尖略向外张呈“V”字形。

14. 迎送列车时，足靠安全线，不侵入____________外，面向列车方向目迎目送，以列车进入站台开始，开出站台为止。

15. 高铁车站应通风良好，空气质量符合国家规定。空调温度调节适宜，体感舒适，原则上保持冬季____________，夏季____________。

二、选择题

1. 女性发不过肩，刘海长不遮眉，短发不短于（　　）。

A. 8 厘米　　B. 7 厘米　　C. 6 厘米　　D. 5 厘米

2. 佩戴的外露饰物款式简洁，限手表（　　）只、戒指（　　）枚，女性还可佩戴发夹、发箍或头花及一副直径不超过 3 毫米的耳钉。

A. 一，二　　B. 二，一　　C. 一，一　　D. 二，二

3. 高铁车站工作人员身体健康，五官端正，持（　　）。新职人员具备高中（职高、中专）及以上文化程度。

A. 有效健康证明　　B. 身份证　　C. 户口本　　D. 合格证

4. 客运值班员、售票值班员、客运计划员、综控室操作人员从事客运服务工作满(　　)年。

A. 1　　B. 4　　C. 3　　D. 2

5. 遇车底变更时,车站按车底变更计划调整席位,组织旅客(　　),告知列车,并按规定办理改签、退票。

A. 进入车厢　　B. 下车　　C. 换乘

6. 列车晚点15分钟以上时,根据调度通报,公告列车晚点信息,说明晚点原因、预计晚点时间,广播每次间隔不超过(　　)。

A. 30分钟　　B. 20分钟　　C. 15分钟　　D. 25分钟

7. 列车应按规定程序及时上水,始发列车辆辆满水,(　　)按给水方案补水。

A. 下车站　　B. 中途站　　C. 换乘站　　D. 终到站

8. 到站卸车提前到位,立岗接车。集装件外包装、施封破损或集装件短少的,凭(　　)或现场检查,核实现状,办理交接。

A. 电报　　B. 调度命令　　C. 工作证　　D. 客运记录

9. 合理安排装车计划,列车(　　)将集装件提前搬运至站台指定位置,列车停稳后按计划装载。

A. 到达后　　B. 到站后　　C. 到站前　　D. 出发前

10. 电梯、天桥、楼梯悬空侧按规定设置防护装置,高度不低于(　　)米。

A. 1.7　　B. 1.6　　C. 1.0　　D. 1.5

三、判断题

1. 车站客运服务标准是车站客运人员在售票、候车、检票、乘降组织以及行包运输等各环节,为旅客提供优质的售、取票业务,良好的候车环境,安全的乘降组织以及高铁快件的运输工作。(　　)

2. 女性淡妆上岗,保持妆容美观,不浓妆艳抹,不染彩色指甲。(　　)

3. 系领带时,衬衣束在裙子或裤子内。外露的皮带为白色。(　　)

4. 旅客问讯时,面向旅客站立(售票员、封闭式问讯处工作人员办理业务时除外),目视旅客,有问必答,回答准确,解释耐心。(　　)

5. 尊重民族习俗和宗教信仰。少数民族自治地区车站可按规定在图形标志中增加英语标志,可根据需要增加当地通用的民族语言播音。(　　)

6. 女性站立时可双手四指并拢,交叉相握,右手叠放在左手之上,自然垂于腹前;右脚靠在左脚内侧,夹角为45°,呈"丁"字形。(　　)

7. 办理交接时行举手礼,右手五指并拢平展,向内上方举手至帽沿右侧边沿,小臂形成35°角。(　　)

8. 办理站车交接,短编组动车组列车在4、5号车厢之间;长编组动车组列车在8、9号车厢之间;重联动车组列车在列车运行方向前组第7、8号车厢之间。(　　)

9. 业务办理符合规定,票据、台账、报表填写规范、清晰。营运进款结算准确,票据、现金入柜加锁,及时解款。(　　)

单元4.2 高铁车站的服务礼仪

单元导航

随着高速铁路建设的不断推进,我们进入了高铁时代。随着人们生活水平的不断提高,旅客对铁路客运服务质量的要求也越来越高,如何提高高铁车站的客运服务水平成为重中之重,从仪容、仪表、仪态等方面对高铁车站客运工作人员进行服务礼仪培训,提高高铁车站客运工作人员的整体形象显得尤为重要。

相关知识

一、面部仪容规范

1.头发标准

头发干净整齐、颜色自然,不理奇异发型,不剃光头。定期清洗,保养头发,避免头皮屑飘落的现象,保持头发的清洁和干爽。

男性:不染彩色头发,不留胡须,不留长发,前发不覆额,侧发不掩耳,后发不过领,不剃光头,不留怪形鬓角(图4-1)。

女性:不染彩色头发,发不过肩,发型不怪异,发卡、头花颜色不过艳,长发盘起,高度适中,前发不掩眉,鬓发不过耳,短发不短于7厘米,佩戴统一的头花、发卡,位置统一,以正面看不到发卡为宜,散发和碎发用摩丝、发蜡定型,做到美观、自然、整齐、利落。头发两侧鬓角不得长于耳垂底部,后部不长于衬衣领(图4-2)。

图4-1 男性头发标准

图4-2 女性头发标准

2.面部妆容

女性淡妆上岗,唇线与口红的颜色一致;眉毛修剪整齐,眉笔和眼线为黑色或深棕色;眼影的颜色与制服一致;使用清香、淡雅型香水。工作中保持妆容美观,端庄大方。补妆及时,不浓妆艳抹。不染彩色指甲。

睫毛膏不易过厚,睫毛不宜过长,颜色为黑色,忌使用假睫毛。鼻毛定期修剪,不超过鼻翼下方,即鼻毛不外漏。选择自然红色唇膏,唇线与口红的颜色一致。

3.表情标准

面部表情和蔼可亲,伴随微笑自然地露出6~8颗牙齿,嘴角微微上翘;微笑注重“微”字,笑的幅度不宜过大。微笑时真诚、甜美、亲切、善意、充满爱心。口眼结合，嘴唇、眼神含笑。

4. 眼神标准

对人目光友善，眼神柔和，亲切坦然，眼睛和蔼有神，自然流露真诚，眼睛礼貌，不左顾右盼、心不在焉。

5. 声音语态

声音要清晰柔和、细腻圆滑，语速适中，富有甜美悦耳的感染力。语调平和，音量适中，语音厚重温和。

6. 其他

接班前和工作中不食用异味食品（如葱、大蒜等），保持口气清新。不在旅客面前吃食物、吸烟、剔牙齿和出现其他不文明、不礼貌的动作。

二、职务着装规范

1. 整体标准

按岗位换装统一，衣扣、拉链整齐。着裙装时，丝袜统一，无破损。系领带时，衬衣束在裙子或裤子内。注意制服的衣领、袖口、衣袋及边线有无破损。着装时不可挽袖口及裤腿，衣领领口及袖口要扣紧，不可露出内衣。外露的皮带为黑色。佩戴的外露饰物款式简洁，限手表一只、戒指一枚，女性还可佩戴发夹、发箍或头花及一副直径不超过 3 毫米的耳钉。不歪戴帽子，不挽袖子和卷裤脚，不敞胸露怀，不赤足穿鞋，不穿尖头鞋、拖鞋、露趾鞋，鞋的颜色为深色系，应穿着统一配置的款式，不得有任何装饰物，保持光亮、无污渍、无破损，随时保持洁净。鞋跟高度不超过 3.5 厘米，跟径不小于 3.5 厘米。穿着马甲时，清洁干净，熨烫平整，后腰带系牢，不易过紧，略显腰型。皮鞋应为黑色。

2. 职务标志

佩戴职务标志（售票员除外），胸章牌（长方形职务标志）戴于左胸口袋上方正中，下边沿距口袋 1 厘米处（无口袋的戴于相应位置），包含单位、姓名、职务、工号等内容。臂章佩戴在上衣左袖肩下四指处。售票员、验证人员、安检值机人员等坐姿作业人员可不戴制帽，其他人员执行职务时应戴制帽，帽徽在制帽折沿上方正中。党、团员徽章佩戴在胸章正上方，无间隙。

三、行为举止规范

1. 基本站姿标准（图 4-3）

头正直，颈部放松，下巴适当回收，两眼平视前方。躯干直立，胸部自然地向前上方挺起，使躯干直立。两肩下沉，两侧肩胛骨适当靠近，两臂自然下垂于体侧，或放在身体前后。两腿并膝自然伸直，身体重心垂直落在脚弓和前脚掌上，两脚平均支撑身体重量。男士站立时，两腿可略分开；女士须两腿合拢。

2. 服务站姿标准

头部可以微微侧向自己的服务对象，但一定要保持面部的微笑。手臂可以持物，也可以自然下垂。在手臂垂放时，从肩部至中指应当呈现出一条自然的垂线。双脚之间可以以适宜为原则张开一定的距离，重心要放在自己的脚后跟与脚趾中间，如列车晃动或过弯道时，叉开的双脚不宜宽于肩部，把稳站牢。女士双脚一前一后站成“丁字步”，即一只脚的后跟紧靠在另一只脚的内侧;双膝在靠拢的同时,前后略为重叠。

3. 走姿标准(图 4-4)

(1)行走时双肩平稳不摇,目光平视,下颌微收,面带微笑。

图 4-3　基本站姿

图 4-4　走姿

(2)上身正直不动,头正挺胸、收腹、立腰,重心稍前倾。

(3)手臂伸直放松,手指自然弯屈,摆动时,以肩关节为轴,上臂带动前臂,双臂向前,然后自然摆动,摆动幅度以 30°~40°为宜,肘关节略弯曲。

(4)注意步位。两只脚的内侧落地时理想的行走线迹是一条直线。

(5)步幅适当均匀,步位相平直前。两脚跟交替前进,在一线上,两脚尖稍外展。女性行走时两脚要踏在一条直线上,脚尖正对前方,步速适中。

(6)与旅客相遇时,应停下脚步,侧身让旅客先通过,并微笑招呼,不与旅客抢行。

(7)如需从正在交谈的旅客中间穿过,要客气地招呼,请求协助,可说"对不起",得到旅客允许后,方可通过,并向旅客致谢。

(8)列队出(退)勤时,按规定线路行走,步伐一致。多人行走时,两人成排,三人成列。

4. 蹲姿标准(图 4-5)

基本动作:双膝一高一低。下蹲时,双脚不并在一起,而是左脚在前,右脚在后。左脚应完全着地,小腿基本垂直于地面;右脚则应脚掌着地,脚跟提起。此刻右膝须低于左膝,右膝内侧可靠于左小腿的内侧,形成左膝高右膝低之态。女性应并拢两腿,男性则可适度地将其分开。臀部向下,基本上以右腿支撑身体。

5. 坐姿标准(图 4-6)

(1)入座时要轻要稳。走到座位前,转身后,轻稳地坐下,女士入坐时,若是裙装,应用手将裙稍稍拢一下,不要坐下后再站起来整理衣服。

(2)面带笑容,双目平视,嘴唇微闭,微收下颌。

(3)双肩平正放松,两臂自然弯曲放在膝上,亦可放在椅子上或是沙发扶手上,掌心向下。

(4)坐在椅子上立腰、挺胸,上体自然挺直。

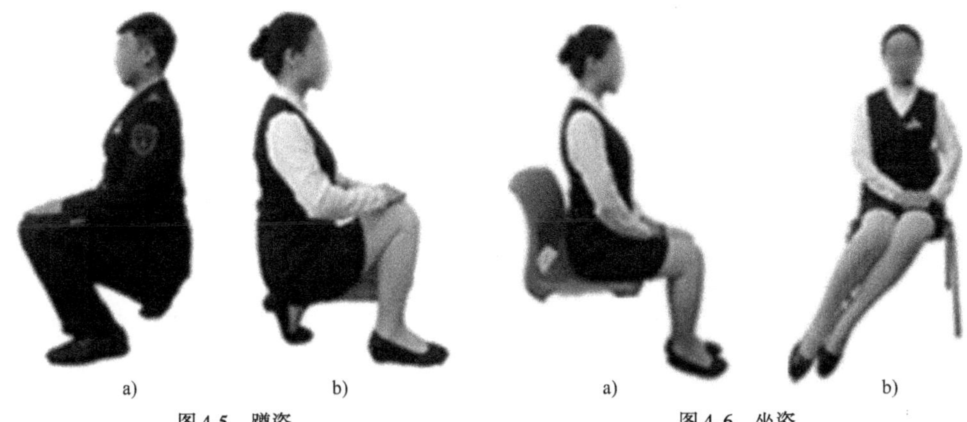
a)　b)　a)　b)

图4-5　蹲姿　　图4-6　坐姿

(5)两手相交放在腹部或两腿上,或者放在两边座位扶手上。

(6)双膝自然并拢,双腿正放或侧放,双脚并拢或交叠。(男士坐时可略分开,男士两膝盖间的距离以一拳为宜,女士两膝盖并拢,不能分开。)

(7)坐在椅子上时,应坐满椅子的2/3,脊背轻靠椅背。

(8)起立时,右脚向后收半步,而后站起。

(9)入座跟客人交谈时,要把身体不时转向左右两边的客人。谈话时可以有所侧重,此时上体与腿同时转向一侧。

(10)交谈结束,应慢慢站起,然后从左侧走出。

6. 手势标准(图4-7)

自然优雅,规范适度,五指伸直并拢,掌心斜向上方,手与前臂形成直线,以肘关节为轴,弯曲140°左右为宜,手掌与地面基本成45°角。手势动作应与表情和表意相一致,不能用单手指指点旅客或为旅客指向。

图4-7　手势标准

技能练习

(1)6人一组,练习微笑,可以用筷子练习,互相找出不足,并进行指正。

(2)6人一组,练习站姿,可以采取背靠背的方式进行练习,互相找出不足,并进行指正。

(3)6人一组,练习走姿,互相找出不足,并进行指正。

(4)6人一组,练习指引,互相找出不足,并进行指正。

课后习题

一、填空题

1. 头发____________、颜色自然,不理奇异发型,不剃光头。

2. 男性不染彩色头发,不留____________,不留长发。

3. 女性不染彩色头发,____________,发型不怪异。

4. 面部表情____________，伴随微笑自然地露出6～8颗牙齿。

5. 按岗位____________，衣扣、拉链整齐。

6. 佩戴职务标志(售票员除外)，胸章牌(长方形职务标志)戴于左胸口袋上方正中，下边沿距口袋____________厘米处。

7. 党、团员徽章佩戴在胸章____________，无间隙。

8. 行走时双肩平稳不摇，____________，下颌微收，面带微笑。

9. 列队出(退)勤时，按____________行走，步伐一致。

10. 与旅客相遇时，应停下脚步，____________让旅客先通过，并微笑招呼，不与旅客抢行。

二、选择题

1. 女性短发不短于(　　)厘米。

A. 5　　B. 3　　C. 4　　D. 7

2. 眉笔和眼线为(　　)或深棕色。

A. 黑色　　B. 棕色　　C. 褐色　　D. 蓝色

3. 选择自然(　　)唇膏，唇线与口红的颜色一致。

A. 橘色　　B. 红色　　C. 粉色　　D. 大红色

4. 面部表情和蔼可亲，伴随微笑自然地露出(　　)颗牙齿。

A. 6～8　　B. 7～8　　C. 4～5　　D. 2～3

5. 女性还可佩戴发夹、发箍或头花及一副直径不超过(　　)毫米的耳钉。

A. 1　　B. 4　　C. 2　　D. 3

6. 鞋跟高度不超过(　　)厘米。

A. 2.5　　B. 1.5　　C. 3.5　　D. 3

7. 跟径不小于(　　)厘米。

A. 3.5　　B. 2.5　　C. 3　　D. 1.5

8. 皮鞋应为(　　)。

A. 黑色　　B. 棕色　　C. 白色　　D. 褐色

9. 佩戴职务标志(售票员除外)，胸章牌(长方形职务标志)戴于左胸口袋上方正中，下边沿距口袋(　　)厘米处。

A. 2　　B. 3　　C. 1　　D. 4

10. 党、团员徽章佩戴在胸章(　　)，无间隙。

A. 正上方　　B. 正下方　　C. 左斜方　　D. 右斜方

三、判断题

1. 头发干净整齐、颜色自然，不理奇异发型、不剃光头。(　　)

2. 眉笔和眼线为棕色或深棕色。(　　)

3. 女性不染彩色头发，鬓发不过耳，短发不短于5厘米。(　　)

4. 头发两侧鬓角不得长于耳垂底部，后部不长于衬衣领。(　　)

5. 面部表情和蔼可亲，伴随微笑自然地露出3～4颗牙齿。(　　)

6. 接班前和工作中不食用异味食品。(　　)

7. 按岗位换装统一，衣扣拉链整齐。着裙装时，丝袜统一，无破损。(　　)

8. 着装时不可挽袖口及裤腿,衣领领口及袖口要扣紧,不可露出内衣。 ( )

9. 女性还可佩戴发夹、发箍或头花及一副直径不超过2毫米的耳钉。 ( )

10. 鞋跟高度不超过2.5厘米。 ( )

单元4.3 高铁车站各岗位服务标准

单元导航

高铁车站客运工作人员要树立“以服务为宗旨,待旅客如亲人”的服务理念,坚持“安全正点、方便快捷”的原则,采用先进的设备,推进科学管理,创新服务方式,实现服务文明、设备良好、环境舒适、饮食卫生,让旅客心情愉悦、旅行快乐。

相关知识

一、高铁中型及以上车站客运员服务作业流程

(一)班前准备

(1)参加点名。按规定时间参加集体点名,听取传达电报、命令、领导指示和当班重点工作,布置任务,责任到人;检查着装、仪容、标志;业务试问有成绩、有记载、有考核。

(2)列队上岗。经指定路线进入作业岗位。做到排列整齐、姿态端正、步伐一致。

(3)对岗交接。接清客流变化、列车运行、候车秩序、涉外运输、特殊重点旅客、职场卫生、设备设施、工具备品及重点事项等情况。做到列车运行情况不清不接,重点事项不明不接,应处理问题未处理不接,卫生不合格不接,设备及备品、资料不齐全、不定位不接,现金、票据款账不清不接。

(二)交班作业

(1)进行卫生彻底清扫,整理工具、备品、座席、票据、资料等;实行专业保洁的车站,进行卫生质量检查,对当班工作情况进行归纳和总结。

(2)对岗交接。交清客流变化、列车运行、候车秩序、涉外运输、特殊重点旅客、职场卫生、设备设施、工具备品及重点事项等情况。做到列车运行情况不清不交,重点事项不明不交,应处理问题未处理不交,卫生不合格不交,设备及备品、资料不齐全、不定位不交,现金、票据款账不清不交。

(3)参加班终总结会,总结一班工作。自我讲评实事求是,不隐瞒问题,遇有违章违纪、旅客投诉等情况时,分析原因,明确责任,制定整改措施,按规定考核。

(三)候车室作业

实名制验证及安检作业如下:

(1)车站应根据实际情况合理设置验证系统“车次最大晚点时间”和“提前检票最大时间”以及用户、密码等参数。

（2）实名制验证人员正确登录验证检票程序，核验票证人一致性。对于持二代身份证购买的车票，系统自动比对车票和证件的一致性；对于持其他有效身份证件购买的车票，系统提供证件式样，由验证检票人员人工核验。

（3）验证系统显示屏显示核对“通过”界面时，需核对乘车人面貌是否一致；显示“票证不符不通过”或“过期票”时，拒绝进站；显示“需附加检查学生证”或“请核对伤残军人证”时，除核对乘车人面貌是否一致外，还需核对减价凭证；显示“未到检票时间”或“检票站与乘车站不符”时，要对旅客进行提示，正确引导。

（4）实行人工验证的车站要认真核对票证人一致情况，严格执行相关规定。

（四）候车组织

（1）按规定设置《旅客留言簿》。由值班干部阅处，处理旅客意见不超过24小时。

（2）候车室（区）旅客可视范围内有客运工作人员，及时巡视，解答旅客的咨询、了解旅客需要，发现儿童超高或携带品超过规定标准，应及时引导旅客购票或办理托运；发现设备、设施出现问题及时反馈和修复，确保正常使用，能妥善处置异常情况。

（3）组织旅客有序候车，做到候车旅客的携带品摆放不堵塞通道，无占用旅客座席、影响旅客就餐现象。

（4）遇列车晚点、车底变更等情况，应及时向旅客说明原因，做好宣传、解释工作，主动帮助旅客解决困难，稳定旅客情绪，不使用“不知道”“没点”“听广播”等不负责任的用语。

（5）进站检票前需提前预告。

①准确掌握列车运行情况，到岗后及时报告。

②组织旅客排队，发现儿童超高或携带品超过规定标准，应及时通知旅客购票或办理托运，做到有序可控。

③检票前，向旅客通告检票车次、方向、发车时间及上车站台，加强宣传，防止误乘、漏乘。

④客流较大时可进行预检。

（6）严格按规定时间检票。特殊情况应联系列车长提前检票。控制检票速度，及时宣传引导，维护检票秩序，保证不挤、不乱、不摔；做到无票、日期车次不符、减价不符、票证人不一致等人员按规定拒绝进站、乘车，消灭误检、漏检车票。

（7）停止检票前，通告候车室，加强宣传，防止漏乘；停止检票时，关闭检票口，做好互控，与站台确认进站通道无旅客滞留。

（8）与综控、站台等岗位加强作业联系，列车预告、检票、停检互相提示应答，防止漏广播、漏检、误检问题的发生。

（9）检票后应及时整理候车区，清扫卫生，确认自动检票机、显示屏等的状态。

（五）商务座候车区作业

（1）核验车票、有效身份证件原件、旅客的一致性，旅客需凭票候车。严格执行上级有关安全规定，禁止闲人进入，保持良好秩序。

（2）对特殊重点旅客做好交接。

（3）及时通告检票车次、时间、上车站台、车厢位置等信息。

(4)接待旅客彬彬有礼,热情周到,对不同国籍、民族的旅客应遵守有关礼仪,能用简单英语服务。做到言语有度,行为有礼,谦虚谨慎,不卑不亢,严守国家机密。

(5)遇列车晚点、车底变更等情况,应及时向旅客说明原因,做好宣传、解释工作,主动帮助旅客解决困难,稳定旅客情绪,不使用"不知道""没点""听广播"等不负责任的用语。

(6)卫生做到随脏随扫,保持空气清新,做到门外台阶无杂物,洗面池、便池无污渍,厕所无异味,四壁无灰尘,卫生无死角;室内地面干净,茶具洁净,窗明几净。

(7)工具、备品、沙发、座椅及时整理,布质备品定期洗涤,皮质备品定期保养,物品定位摆放,清扫工具隐蔽存放。

（六）综控操作

1. 车站独立控制模式、大站集中控制模式-主控站

(1)使用本人用户名,登录旅客服务系统集成管理平台进行作业。在执行列车接发作业前,先确认旅客服务系统集成管理平台中本次列车计划是否已经生成,重点查看调度计划(列车运行信息)、客运计划、检票计划、广播计划和自动检票机状态。

(2)按照旅客服务系统集成管理平台操作程序和规定,正确使用引导、广播、监控等系统设施设备。监控引导广播计划自动执行情况及设备的运行状态,与各岗位人员作业过程进行联控、互控。

(3)监听广播计划执行情况,按时播报相关作业内容,确保信息及时、正确。根据作业要求及时调整广播内容,需要加播临时广播内容时,广播内容符合有关规定,上报客运值班站长(主任)审批。人工播音时,做到语音亲切,发音准确,吐字清晰,音量适宜,无误播、错播、漏播。

(4)正确处理旅客求助,做到响应迅速,处理及时。对无法自行处理的情况,及时通知相应岗位人员到场处理。

(5)使用视频监控系统对候车区(室)、售票处、站台等客运职场秩序状况和作业情况进行巡视,重点对旅客候车、检票、乘降、出站等处所进行全面监控,及时掌握客流和乘降秩序的变化情况,及早发现或做出预测,并迅速将信息通报有关处所和部门,提前做好准备工作或实施应急措施。

(6)根据调图文电和客调命令,及时调整、核对旅客服务系统的客运组织业务模板。对次日客运组织计划进行核对,并由车站部门负责人审核把关,确保基础信息准确、完整。

2. 铁路局集中控制、大站集中控制模式

(1)使用本人用户名,登录旅客服务系统集成管理平台进行作业。在执行列车接发作业前,先确认旅客服务系统集成管理平台中本次列车计划是否已经生成,重点查看调度计划(列车运行信息)、客运计划、检票计划、广播计划和自动检票机状态。

(2)在列车运行秩序正常的情况下,车站可安排综控操作员在距离综控室较近的场所作业,保证遇有突发事件时能够及时返回综控室。

(3)遇非正常作业时,按照操作程序和规定,根据接收的列车运行信息和客运作业变化情况,动态调整调度计划和客运计划,对车站旅客服务系统集成管理平台各功能模块进行操作。

(4)掌握设备运行状态,发现问题或故障及时报告、报修、登记,确保旅客服务系统运行

正常。

(5)综控操作员与车站值班干部共同对次日客运组织计划进行核对。

（七）问讯作业

(1)与计划室、售票处、综控室、客运室、行包房联系,掌握列车运行、客流计划、售票组织、旅客乘降、行包运输等情况。

(2)无闲杂人员,不存放无关物品。服务资料齐全、完整、准确、适用,方便查阅。做到及时更新、修改、补充。

(3)遇列车晚点时,应及时向旅客说明原因,做好宣传、解释工作,主动帮助旅客解决困难,稳定旅客情绪,不使用“不知道”“没点”“听广播”等不负责任的用语。

(4)妥善保管、处理旅客遗失物品,做到交付无误,登记准确,无错交、漏交物品,无人认领的物品按章处理。

（八）站台作业

(1)实行岗位作业“三定”(定岗、定位、定责)管理,坚守岗位,加强巡视,认真交接,确保站区秩序井然和旅客生命财产安全。

(2)根据列车到达预告及时上岗,检查引导屏状态和显示内容、站台及股道情况。组织旅客按车厢位置在站台安全线以内排队等候。

(3)根据列车进入股道情况与候车室及时联络,做好旅客上车准备。

(4)同一物理站台有两趟列车同时进行乘降作业时,有宣传,有引导,无误乘。

(5)同一物理站台一侧有列车(含车辆、单机)移动时,另一侧有旅客乘降的,旅客乘降、行包装卸和站台售货等作业应在乘降作业侧进行,与列车通过侧预留安全距离,车站应制定具体措施,安排客运人员现场防护。

(6)在指定区域组织旅客有序候车、乘降,列车停稳后先下后上,引导旅客按规定路线进、出站,防止天桥、地道对流和旅客钻车、横越线路等问题;按岗堵截列车两端,防止旅客进入线路,确保安全。

(7)客运值班员应主动与列车长联系办理业务交接,做到手续齐全,签字交接。列车移交的旅客和物品有专人负责,按章处理。做好特殊重点旅客服务,与列车办理交接;行为神情异常旅客由客运和公安人员共同办理,全程监护。

(8)实行岗位作业定岗、定位、定责“三定”管理,保证站台旅客乘降组织人员合理[列车两端、地道、高架楼(电)梯口等旅客通道关键处所责任到人],做到以站保车,确保站区秩序井然和旅客生命财产安全。车站制定具体的安全防护措施,旅客乘降人数多、同一物理站台会车等重点时段或车次要有干部到场组织旅客乘降,确保旅客候车、检票、乘降不乱、不挤。

(9)列车出站后,做好站台及旅客出站通道的检查巡视,确认站台无非作业人员、车辆滞留,旅客全部正常出站。站台、检票口、出站口客运人员加强互控,采取广播、引导、监控等手段配合“一车一清”作业。车站应明确划分作业人员责任区域,制定有效的联控、巡查措施,确保一车一清质量。

(10)一车一清。列车出站后,做好站台及旅客出站通道的检查巡视,确认站台无非作业人员、车辆滞留。站台、检票口、出站口客运人员加强互控,采取广播、监控等手段配合“一车一清”作业。车站应明确划分作业人员责任区域，制定有效的联控、巡查措施，确保一车一清质量。站台无旅客乘降时，实行轮流值岗，做好安全工作；随时清理站台滞留人员，发现突发事件及时处理。

(11)与综控、检票、出站、上水等岗位加强作业联系，列车预告、检票、停检互相提示应答，防止漏接车、漏广播、漏显示、漏检、漏乘、误乘、带管开车等问题的发生。

(12)在站台参与旅客列车接发作业的人员，应认真执行全站办客运要求，车站应明确接发旅客列车作业人员的责任区域。

（九）给水作业

(1)提前上岗(列车停留的到发线不邻靠正线的，客车给水人员应提前下股道到线间指定位置接车，具体时间由车站根据实际情况自定)，检查给水设备，发现上水栓冻结应及时采取解冻措施。清理股道中的障碍物，做好给水准备工作。

(2)列车进站时，给水员站在规定的安全位置，面向列车进站方向，目迎列车进站，待列车停稳后，迅速作业。

(3)人定岗、岗定栓、栓定车。给水作业时先插管后开栓，水栓达全开位置。监视给水情况，防止掉管、跑水、漏水、溢水，保证给水质量。给水过程中加强瞭望，注意安全，密切观察列车给水状态，发现问题及时与列车有关人员联系，迅速处理。

(4)作业完毕，做到水阀关闭，水管拔下，清除管中残水，将水管拉直放在两线中间或放入专用箱内，摆放整齐。管头插入井中或放入专用箱内。

(5)作业完毕后，通过对讲机向站台指定人员报告：“××次上水作业完毕。”客运值班员(客运员、站务员)应答：“××次上水作业完毕，××明白。”

(6)给水员按规定路线和先后顺序统一撤岗，严格执行同去同归制度(始发列车撤岗时机由给水站自行规定)。

（十）出站口作业

(1)接到列车进站通告后，提前到岗、开门，做好检票准备，并检查出站显示屏状态和内容。

(2)引导旅客排队经自动检票机检票，有序出站，防止尾随。

(3)遇有大客流危及旅客人身安全，值班干部可安排敞开出口。

(4)发现无票、携带品超标准及不符合乘车条件的旅客要根据实际按章处理。计算运价里程、票价和运费，做到检斤准确，计费正确，无乱补乱罚行为，正确填写“客运杂费收据”，不简化、不漏项。

(5)列车出站后与站台人员及时清理站台和通道滞留人员。无列车到达时，出站口门应锁闭，严禁闲杂人员由出站口进、出车站。

(6)票据、现金妥善保管，签字交接；票据、现金及时放入保险柜内，柜门加锁，密码破号，票款及时上交；补票室严禁无关人员进入。

(7)保持出站口、补票室及通道等责任区卫生清洁，备品定位摆放，清扫工具隐蔽存放。

二、高铁中型及以上车站售票员服务作业流程

（一）班前准备

(1)参加点名。按规定时间参加集体点名，听取传达电报、命令、领导指示和当班重点工

作,布置任务,责任到人;检查着装、仪容、标志;业务试问有成绩、有记载、有考核。

(2)列队上岗。经指定路线进入作业岗位。做到排列整齐、姿态端正、步伐一致。

(3)对岗交接。准确迅速,不影响旅客购票。接清客流及列车运行情况、现金、票据、卫生、设备、备品、重点事项等。做到卫生不合格不接,重点事项不明不接,应处理问题未处理不接,票据、现金款账不清不接,设备、备品不齐全、不定位不接。

(二)售票作业

(1)将备用金按面额分类存放,票卷、代用票等定位放置。

(2)进入售票系统,核对计算机显示票号、票卷票号是否一致,POS 签到,显示窗口屏,公示工号牌,及时开口办理业务。

(3)按照问、输、收、做、核、交“六字”法售票:问清旅客乘车日期、车次、发到站、席别、票种、张数、有效身份证件;输入乘车日期、车次、选择发到站、票种、数量、席别;收取购票款,认真清点,并输入计算机内;录入证件类型、号码、姓名;核对票面上下票号是否一致、票价是否正确、票面记载事项是否齐全,否则禁止出售,按废票处理;将证件及余款交付旅客。

(4)改签、变更到站。按旅客乘车需求,在有运输能力的条件下,按规定办理。

(5)实名制车票挂失补。旅客实名制车票丢失时,车站核对信息后,可发售一张挂失补车票。售票员需提示旅客,乘车时向列车工作人员声明,并在到站后 24 小时内,凭客运记录、挂失补车票和购票时所使用的有效身份证件原件,至退票窗口办理挂失补车票退票手续,按规定核收补票的手续费。

(6)做到唱收唱付,日期、车次、经由、席别、票种、到站准确,收、找款清楚、正确。

(7)结账。按照关、点、填、交、核、结“六字”法结账:关闭窗口,停止售票;点清售票款;填写交款单,加盖名章;按规定缴款、交接;及时登记溢赔,做到账款相符,窗口无欠款、无账外款。

(三)退票作业

(1)将退票用款、报销凭证按面额分类固定位置存放。

(2)进入退票系统,POS 签到,显示窗口屏,公示工号牌,及时开口办理业务。

(3)按照看、输、核、盖、交“五字”法退票:看清票面票号、日期、车次、发到站、票价、有效期,检查票面有无㊓字戳记,注意有无挂失,发现问题问清车票来源、票价及退票原因;将票面信息录入计算机;核对票面内容、证件与屏幕显示是否一致并注意核对退票理由(实名制票证是否相符);在票面上打印或加盖“退”字;按屏幕显示现金净退款总计,将应退票款、证件、退票及报销凭证递交旅客,按键复位返回,将已退车票入柜保管。

(4)按照关、点、填、交、核、结“六字”法结账:关闭窗口,停止退票;点清退票剩余款;填写交款单,加盖名章;将退票剩余款交接,核对借款、剩余款金额,接款人员盖章接款;与退票报告核对,发生溢赔,补齐欠款;登记溢赔,将已退车票上交结账。做到账款相符,窗口无欠款、无账外款。

(四)日常工作

(1)按规定设置《旅客留言簿》。由值班干部阅处,处理旅客意见不超过 24 小时。

(2)自动售(取)票机有操作说明和服务电话,及时补充票据、零钞和凭条。设备故障等异常状况处置及时,并做好记录。按时对自动售票机进行结账盘点作业。打印结账凭条,清点钱箱票款,按规定上缴。

(3)公安制证窗口工作时间应与窗口售票时间一致。

(4)严格执行作业纪律,做到"十不准""三必须"。

"十不准"包括:

①不准内外勾结、以票谋私。

②不准抢占、私留、藏匿热门车票。

③不准代买、代卖车票。

④不准私自携带现金、提包、银行卡、手机等进入工作岗位。

⑤不准办理未出示有效身份证件的旅客的互联网和电话订票的换、取票业务。

⑥不准违规使用特殊用途车票。

⑦不准私自截留改签车票、改签过期车票。

⑧不准违规办理不收退票费的退票业务。

⑨不准将旅客退票转售他人,截留退票费。

⑩不准使用空闲售票窗口占票。

"三必须"包括:离岗必须关机,临时离岗必须按暂停键退出售票界面,离开售票窗口票款抽屉必须加锁。

(5)严格按计划售票,认真执行计划运输的有关规定。

(五)交班作业

(1)对当班工作情况进行归纳和总结。进行卫生彻底清扫,整理工具、备品。

(2)对岗交接准确迅速,不影响旅客购票。交清客流及列车运行情况、现金、票据、卫生、设备、备品、重点事项等。做到卫生不合格不交,重点事项不明不交,应处理问题未处理不交,票据、现金款账不清不交,设备、备品不齐全、不定位不交。

(3)参加班终总结会,进行自我讲评,做到实事求是,不隐瞒问题,吸取经验教训;对班工作进行总结,不断改进工作。

三、高铁小型车站客运员服务作业流程

(一)班前准备

(1)参加点名。按规定时间参加集体点名,听取传达电报、命令、领导指示和当班重点工作,布置任务,责任到人;检查着装、仪容、标志;业务试问有成绩、有记载、有考核。

(2)列队上岗。经指定路线进入作业岗位。做到排列整齐、姿态端正、步伐一致。

(3)对岗交接。接清客流变化、列车运行、候车秩序、涉外运输、特殊重点旅客、职场卫生、设备设施、工具备品及重点事项等情况。做到列车运行情况不清不接,重点事项不明不接,应处理问题未处理不接,卫生不合格不接,设备及备品、资料不齐全、不定位不接,现金、票据款账不清不接。

(二)交班作业

(1)进行卫生彻底清扫,整理工具、备品、座席、票据、资料等。对当班工作情况进行归纳

和总结。

(2)对岗交接。交清客流变化、列车运行、候车秩序、涉外运输、特殊重点旅客、职场卫生、设备设施、工具备品及重点事项等情况。做到列车运行情况不清不交,重点事项不明不交,应处理问题未处理不交,卫生不合格不交,设备及备品、资料不齐全、不定位不交,现金、票据款账不清不交。

(3)参加班终总结会,总结一班工作。自我讲评实事求是,不隐瞒问题,遇有违章违纪、旅客投诉等情况时,分析原因,明确责任,制定整改措施,按规定考核。

(三)候车室作业

应实名制验证及执行安检作业。

(1)车站应根据实际情况合理设置验证系统"车次最大晚点时间"和"提前检票最大时间"以及用户、密码等参数。

(2)实名制验证人员正确登录验证检票程序,核验票证人一致性。对于持二代身份证购买的车票,系统自动比对车票和证件的一致性;对于持其他有效身份证件购买的车票,系统提供证件式样,由验证检票人员人工核验。

(3)验证系统显示屏显示核对"通过"界面时,需核对乘车人面貌是否一致;显示"票证不符不通过"或"过期票"时,拒绝进站;显示"需附加检查学生证"或"请核对伤残军人证"时,除核对乘车人面貌是否一致外,还需核对减价凭证;显示"未到检票时间"或"检票站与乘车站不符"时,要对旅客进行提示,正确引导。

(4)实行人工验证车站要认真核对票证人一致情况,严格执行相关规定。

(四)候车组织

(1)按规定设置《旅客留言簿》。由值班干部阅处,处理旅客意见不超过24小时。

(2)候车巡视。候车室(区)旅客可视范围内有客运工作人员,及时巡视,解答旅客的咨询,了解旅客需要,发现儿童超高或携带品超过规定标准,应及时引导旅客购票或办理托运;发现设备、设施出现问题及时反馈和修复,确保正常使用,能妥善处置异常情况。

(3)组织旅客有序候车,做到候车旅客的携带品摆放不堵塞通道,无占用旅客座席、影响旅客就餐现象。

(4)遇列车晚点、车底变更等情况,应及时向旅客说明原因,做好宣传、解释工作,主动帮助旅客解决困难,稳定旅客情绪,不使用"不知道""没点""听广播"等不负责任的用语。

(5)进站检票前需提前预告。

①准确掌握列车运行情况,到岗后及时报告。

②组织旅客排队,发现儿童超高或携带品超过规定,应及时通知旅客购票或办理托运,做到有序可控。

③检票前,向旅客通告检票车次、方向、发车时间及上车站台,加强宣传,防止误乘、漏乘。

④客流较大时可进行预检。

(6)严格按规定时间检票。人工检票时,按照"看、剪、控"程序进行:详细确认票面,看准日期、车次,验看减价凭证,确认后加剪车票;控制检票速度,及时宣传引导,维护检票秩序，保证不挤、不乱、不摔；做到无票、日期车次不符、减价不符、票证人不一致等人员按规定拒绝进站、乘车，消灭误检、漏检车票。磁介质车票剪短边1/3处。

(7)停止检票前，通告候车室，加强宣传，防止漏乘；停止检票时，关闭检票口，做好互控，与站台确认进站通道无旅客滞留。

(8)与综控、站台等岗位加强作业联系，列车预告、检票、停检互相提示应答，防止漏广播、漏检、误检问题的发生。

(9)检票后应及时整理候车区，清扫卫生，确认自动检票机、显示屏等的状态。

（五）综控操作

1.车站独立控制模式、大站集中控制模式-主控站

(1)使用本人用户名，登录旅客服务系统集成管理平台进行作业。在执行列车接发作业前，先确认旅客服务系统集成管理平台中本次列车计划是否已经生成，重点查看调度计划(列车运行信息)、客运计划、检票计划、广播计划和自动检票机状态。

(2)按照旅客服务系统集成管理平台操作程序和规定，正确使用引导、广播、监控等系统设施设备。监控引导广播计划自动执行情况及设备的运行状态，与各岗位人员作业过程进行联控、互控。

(3)监听广播计划执行情况，按时播报相关作业内容，确保信息及时、正确。根据作业要求及时调整广播内容，需要加播临时广播内容时，广播内容符合有关规定，上报客运值班站长(主任)审批。人工播音时，做到语音亲切，发音准确，吐字清晰，音量适宜，无误播、错播、漏播。

(4)正确处理旅客求助，做到响应迅速，处理及时。对无法自行处理的情况，及时通知相应岗位人员到场处理。

(5)使用视频监控系统对候车区(室)、售票处、站台等客运职场秩序状况和作业情况进行巡视，重点对旅客候车、检票、乘降、出站等处所进行全面监控，及时掌握客流和乘降秩序的变化情况，及早发现或做出预测，并迅速将信息通报有关处所和部门，提前做好准备工作或实施应急措施。

(6)根据调图文电和客调命令，及时调整、核对旅客服务系统的客运组织业务模板。对次日客运组织计划进行核对，并由车站部门负责人审核把关，确保基础信息准确、完整。

2.铁路局集中控制、大站集中控制模式

(1)使用本人用户名，登录旅客服务系统集成管理平台进行作业。在执行列车接发作业前，先确认旅客服务系统集成管理平台中本次列车计划是否已经生成，重点查看调度计划(列车运行信息)、客运计划、检票计划、广播计划和自动检票机状态。

(2)在列车运行秩序正常的情况下，车站可安排综控操作员在距离综控室较近的场所作业，保证遇有突发事件时能够及时返回综控室。

(3)遇非正常作业时，按照操作程序和规定，根据接收的列车运行信息和客运作业变化情况，动态调整调度计划和客运计划，对车站旅客服务系统集成管理平台各功能模块进行操作。

(4)掌握设备运行状态，发现问题或故障及时报告、报修、登记，确保旅客服务系统运行正常。

(5)综控操作员与车站值班干部共同对次日客运组织计划进行核对。

(六)站台作业

(1)实行岗位作业“三定”(定岗、定位、定责)管理,坚守岗位,加强巡视,认真交接,确保站区秩序井然和旅客生命财产安全。

(2)根据列车到达预告及时上岗,检查引导屏状态和显示内容、站台及股道情况。组织旅客按车厢位置在站台安全线以内排队等候。

(3)根据列车进入股道情况与候车室及时联络,做好旅客上车准备。

(4)同一物理站台有两趟列车同时进行乘降作业时,有宣传,有引导,无误乘。

(5)同一物理站台一侧有列车(含车辆、单机)移动时,另一侧有旅客乘降的,旅客乘降、行包装卸和站台售货等作业应在乘降作业侧进行,与列车通过侧预留安全距离,车站应制定具体措施,安排客运人员现场防护。

(6)在指定区域组织旅客有序候车、乘降,列车停稳后先下后上,引导旅客按规定路线进、出站,防止天桥、地道对流和旅客钻车、横越线路等问题;按岗堵截列车两端,防止旅客进入线路,确保安全。

(7)客运值班员应主动与列车长联系办理业务交接,做到手续齐全,签字交接。列车移交的旅客和物品有专人负责,按章处理。做好特殊重点旅客服务,与列车办理交接;行为神情异常旅客由客运和公安人员共同办理,全程监护。

(8)实行岗位作业定岗、定位、定责“三定”管理,保证站台旅客乘降组织人员合理[列车两端、地道、高架楼(电)梯口等旅客通道关键处所责任到人],做到以站保车,确保站区秩序井然和旅客生命财产安全。车站制定具体的安全防护措施,旅客乘降人数多、同一物理站台会车等重点时段或车次要有干部到场组织旅客乘降,确保旅客候车、检票、乘降不乱、不挤。

(9)列车出站后,做好站台及旅客出站通道的检查巡视,确认站台无非作业人员、车辆滞留,旅客全部正常出站。站台、检票口、出站口客运人员加强互控,采取广播、引导、监控等手段配合“一车一清”作业。车站应明确划分作业人员责任区域,制定有效的联控、巡查措施,确保一车一清质量。

(10)一车一清。列车出站后,做好站台及旅客出站通道的检查巡视,确认站台无非作业人员、车辆滞留,旅客全部正常出站。站台、检票口、出站口客运人员加强互控,采取广播、监控等手段配合“一车一清”作业。车站应明确划分作业人员责任区域,制定有效的联控、巡查措施,确保一车一清质量。站台无旅客乘降时,实行轮流巡视,做好安全工作;随时清理站台滞留人员,发现突发事件及时处理。

(11)与综控、检票、出站等岗位加强作业联系,列车预告、检票、停检互相提示应答,防止漏接车、漏广播、漏显示、漏检、漏乘、误乘问题的发生。

(12)在站台参与旅客列车接发作业的人员,应认真执行全站办客运要求,车站应明确接发旅客列车作业人员的责任区域。

(七)出站口作业

(1)接到列车进站通告后,提前到岗、开门,做好检票准备,并检查出站显示屏状态和内容。

(2)引导旅客排队经自动检票机检票,有序出站,防止尾随,人工口核对车票及其他乘车凭证。逐人查验车票,按照“看、验、控”程序进行:详细确认票面,看准日期、车次、到站;验看减价凭证,注意废票、涂改票和假证件;卡控无票、减价不符和携带品超标准的旅客出站;对挂失补车票重点核验。做到携带品超标准不放、减价凭证不符不放、车票票面不符不放、无票人员不放、成人持儿童票不放。

(3)废票及时投入废票箱或碎纸机,无乱扔、乱放、私留废票等问题,出站口废票箱加锁,钥匙专人保管,及时销毁废票,废票箱不得满溢。

(4)发现无票、携带品超标准及不符合乘车条件的旅客要根据实际按章处理。计算运价里程、票价和运费,做到检斤准确,计费正确,无乱补乱罚行为,正确填写“客运杂费收据”,不简化、不漏项。

(5)列车出站后与站台人员及时清理站台和通道滞留人员。无列车到达时,出站口门应锁闭,严禁闲杂人员由出站口进、出车站。

(6)票据、现金妥善保管,签字交接;票据、现金及时放入保险柜内,柜门加锁,密码破号,票款及时上交;补票室严禁无关人员进入。

(7)保持出站口、补票室及通道等责任区卫生清洁,备品定位摆放,清扫工具隐蔽存放。

四、高铁小型车站售票员服务作业流程

(一)班前准备

(1)参加点名。按规定时间参加集体点名,听取传达电报、命令、领导指示和当班重点工作,布置任务,责任到人;检查着装、仪容、标志;业务试问有成绩、有记载、有考核。

(2)列队上岗。经指定路线进入作业岗位。做到排列整齐、姿态端正、步伐一致。

(3)对岗交接。准确迅速,不影响旅客购票。接清客流及列车运行情况、现金、票据、卫生、设备、备品、重点事项等。做到卫生不合格不接,重点事项不明不接,应处理问题未处理不接,票据、现金款账不清不接,设备、备品不齐全、不定位不接。

(二)售票作业

(1)将备用金按面额分类存放,票卷、代用票等定位放置。

(2)进入售票系统,核对计算机显示票号、票卷票号是否一致,POS 签到,显示窗口屏,公示工号牌,及时开口办理业务。

(3)按照问、输、收、做、核、交“六字”法售票:问清旅客乘车日期、车次、发到站、席别、票种、张数、有效身份证件;输入乘车日期、车次、选择发到站、票种、数量、席别;收取购票款,认真清点,并输入计算机内;录入证件类型、号码、姓名,打印车票;核对票面上下票号是否一致、票价是否正确、票面记载事项是否齐全,否则禁止出售,按废票处理;将车票、证件及余款交付旅客。

(4)改签、变更到站。按旅客乘车需求,在有运输能力的条件下,按规定办理。

(5)实名制车票挂失补。旅客实名制车票丢失时,车站核对信息后,可发售一张挂失补车票。售票员需提示旅客,乘车时向列车工作人员声明,并在到站后 24 小时内,凭客运记录、挂失补车票和购票时所使用的有效身份证件原件,至退票窗口办理挂失补车票退票手

续,按规定核收补票的手续费。

(6)做到唱收唱付,日期、车次、经由、席别、票种、到站准确,收、找款清楚、正确。

(7)废票立即处理,不得超过车票售出后30分钟。不能读磁办理时加盖“废”字戳记,废票入柜保管。

(8)结账。按照关、点、填、交、核、结“六字”法结账:关闭窗口,停止售票;点清售票款;填写交款单,加盖名章;按规定缴款、交接;及时登记溢赔,将废票装订后上交结账。做到账款相符,窗口无欠款、无账外款。

(三)退票作业

(1)售退票同一窗口时,进入退票系统,通过切换售退程序,办理退票业务。

(2)按照看、输、核、盖、交“五字”法退票:看清票面票号、日期、车次、发到站、票价、有效期,检查票面有无㊅字戳记,注意有无挂失,发现问题问清车票来源、票价及退票原因;将票面信息录入计算机;核对票面内容、证件与屏幕显示是否一致并注意核对退票理由(实名制票证是否相符);在票面上打印或加盖“退”字;按屏幕显示现金净退款总计,将应退票款、证件和退票报销凭证递交旅客,按键复位返回,将已退车票入柜保管。

(3)按照关、点、填、交、核、结“六字”法结账:关闭窗口,停止退票;点清退票剩余款;填写交款单,加盖名章;将退票剩余款交接,核对借款、剩余款金额,接款人员盖章接款;与退票报告核对,发生溢赔,补齐欠款;登记溢赔,将退票上交结账。做到账款相符,窗口无欠款、无账外款。

(四)日常工作

(1)按规定设置《旅客留言簿》。由值班干部阅处,处理旅客意见不超过24小时。

(2)自动售(取)票机有操作说明和服务电话,及时补充票据、零钞和凭条。设备故障等异常状况处置及时,并做好记录。按时对自动售票机进行结账盘点作业。打印结账凭条,清点钱箱票款,按规定上缴。

(3)公安制证窗口工作时间应与窗口售票时间一致。

(4)严格执行作业纪律,做到“十不准”“三必须”。

“十不准”包括:

①不准内外勾结、以票谋私。

②不准抢占、私留、藏匿热门车票。

③不准代买、代卖车票。

④不准私自携带现金、提包、银行卡、手机等进入工作岗位。

⑤不准办理未出示有效身份证件的旅客的互联网和电话订票的换、取票业务。

⑥不准违规使用特殊用途车票。

⑦不准私自截留改签车票、改签过期车票。

⑧不准违规办理不收退票费的退票业务。

⑨不准将旅客退票转售他人,截留退票费。

⑩不准使用空闲售票窗口占票。

“三必须”包括:离岗必须关机,临时离岗必须按暂停键退出售票界面,离开售票窗口票款抽屉必须加锁。

（五）交班作业

(1)对当班工作情况进行归纳和总结。进行卫生彻底清扫,整理工具、备品。

(2)对岗交接准确迅速,不影响旅客购票。交清客流及列车运行情况、现金、票据、卫生、设备、备品、重点事项等。做到卫生不合格不交,重点事项不明不交,应处理问题未处理不交,票据、现金款账不清不交,设备、备品不齐全、不定位不交。

(3)参加班终总结会,进行自我讲评,做到实事求是,不隐瞒问题,吸取经验教训;对班工作进行总结,不断改进工作。

技能练习

(1)6人一组,进行班前准备工作的演练,并互相指导。

(2)6人一组,进行售票作业的演练,并互相指导。

(3)6人一组,进行退票作业的演练,并互相指导。

(4)6人一组,进行站台作业的演练,并互相指导。

(5)6人一组,进行出站口作业的演练,并互相指导。

课后习题

一、填空题

1. 高铁车站客运工作人员要树立"＿＿＿＿＿＿"的服务理念,坚持"＿＿＿＿＿＿"的原则。

2. 班前准备包括＿＿＿＿＿＿、＿＿＿＿＿＿、＿＿＿＿＿＿。

3. 检票前,向旅客通告＿＿＿＿＿＿、＿＿＿＿＿＿、＿＿＿＿＿＿,加强宣传,防止误乘、漏乘。

4. 接到列车进站通告后,＿＿＿＿＿＿,＿＿＿＿＿＿并检查出站显示屏状态和内容。

5. 计算运价里程、票价和运费,做到＿＿＿＿＿＿,＿＿＿＿＿＿,无乱补乱罚行为,正确填写"客运杂费收据",不简化、不漏项。

6. 废票立即处理,不得超过车票售出后　　　　　　分钟。不能读磁办理时加盖"废"字戳记,废票入柜保管。

7. 结账"六字"法为:＿＿＿＿＿＿、＿＿＿＿＿＿、＿＿＿＿＿＿、＿＿＿＿＿＿、＿＿＿＿＿＿、＿＿＿＿＿＿。

8. 根据＿＿＿＿＿＿和＿＿＿＿＿＿,及时调整、核对旅客服务系统的客运组织业务模板。

9. 站台作业人员应与＿＿＿＿＿＿、＿＿＿＿＿＿、＿＿＿＿＿＿等岗位加强作业联系,列车预告、检票、停检互相提示应答,防止漏接车、漏广播、漏显示、漏检、漏乘、误乘问题的发生。

10. 高铁车站客运工作人员应经指定路线进入作业岗位。做到＿＿＿＿＿＿、＿＿＿＿＿＿、＿＿＿＿＿＿。

二、选择题

1. 交班作业不包括(　　)。

A. 进行卫生彻底清扫　B. 对岗交接　C. 参加点名　D. 参加班终总结会

2. 岗位作业“三定”管理包括(　　)。

A. 定岗　B. 定位　C. 定职　D. 定责

3. 不属于售票“六字”法的有(　　)。

A. 问　B. 输　C. 补　D. 收

4. 综控操作员应掌握设备运行状态,发现问题或故障及时(　　),确保旅客服务系统运行正常。

A. 报告　B. 报备　C. 报修　D. 登记

三、判断题

1. 车站应根据实际情况合理设置验证系统“车次最小晚点时间”和“提前检票最小时间”以及用户、密码等参数。(　　)

2. 磁介质车票剪短边 1/4 处。(　　)

3. 精神异常的旅客由客运和公安人员共同办理,全程监护。(　　)

4. 改签、变更到站应按旅客乘车需求,在有运输能力的条件下,按规定办理。(　　)

5. 旅客实名制车票丢失时,车站核对信息后,可发售一张挂失补车票。售票员需提示旅客,乘车时向列车工作人员声明,并在到站后 12 小时内,凭客运记录、挂失补车票和购票时所使用的有效身份证件原件,至退票窗口办理挂失补车票退票手续,按规定核收补票的手续费。(　　)

6. “五字”法退票包括:看、输、核、盖、交。(　　)

7. 综控操作员与车站值班员共同对次日客运组织计划进行核对。(　　)

8. 综控操作员要正确处理旅客求助,做到响应迅速,处理及时。对无法自行处理的情况,及时通知相应岗位人员到场处理。(　　)

9. 出站口站台人员应对挂失补车票重点核验。做到携带品超标准不放、减价凭证不符不放、车票票面不符不放、无票人员不放、成人持儿童票不放。(　　)

10. 持挂失补车票的旅客,凭客运记录、挂失补车票和购票时所使用的有效身份证件原件,至退票窗口办理挂失补车票退票手续,不收补票的手续费。(　　)

项目五　动车组列车客运服务

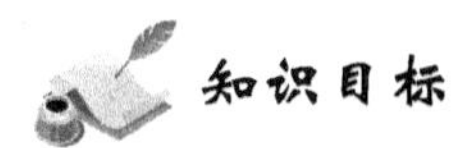

知识目标

1. 掌握动车组列车乘务人员的仪容仪态仪表。
2. 掌握动车组列车乘务人员的服务用语及服务态度。
3. 了解动车组列车对乘务人员安全秩序、设备设施、环境卫生的基本规定。
4. 掌握动车组列车对乘务人员的基础管理及人员素质的要求。
5. 掌握动车组列车列车长和列车乘务员岗位服务质量作业标准。
6. 掌握动车组列车服务设备设施的定位放置标准。

能力目标

1. 通过学习《铁路旅客运输服务质量规范》(列车部分),丰富自己的铁路服务常识,从而塑造好良好的形象和气质。

2. 了解动车组列车乘务人员的礼仪标准,以便更好地运用到实际工作中去,掌握与旅客沟通、协调的技巧,处理各种突发问题。

3. 了解动车组列车乘务人员与旅客沟通的重要性。

4. 了解动车组列车上的服务设备设施的使用以及服务备品的定位放置标准。

单元5.1　动车组列车客运服务质量规范

单元导航

《动车组列车服务质量规范》是中国铁路总公司为了使动车组列车乘务人员在乘降组织、安全秩序、服务备品、文明服务、票务处理、仪容仪表等各环节,为旅客提供标准、优质的服务,给旅客创造一个温馨、舒适的旅行环境,满足旅客在旅行中的需求而制定的。

相关规定

为进一步适应旅客运输服务需求,提高铁路客运服务质量,为旅客创造一个温馨、舒适的旅行环境,高标准地为旅客服务,中国铁路总公司制定了《铁路旅客运输服务质量规范》(铁总运〔2016〕247号),自2017年1月1日起施行。

《铁路旅客运输服务质量规范》(列车部分)由《动车组列车服务质量规范》《空调列车服务质量规范》《非空调列车服务质量规范》三个部分组成,《动车组列车服务质量规范》是中国铁路总公司对所属铁路运输企业的动车组列车提出的服务质量要求;《空调列车服务质量规范》是中国铁路总公司对所属铁路运输企业的空调普速旅客列车提出的服务质量要求;《非空调列车服务质量规范》是中国铁路总公司对所属铁路运输企业的非空调普速旅客列车提出的服务质量要求。本单元以《动车组列车服务质量规范》例介绍《铁路旅客运输服务质量规范》的部分内容。

相关知识

一、文明服务

(一)仪容仪表

动车组列车乘务人员必须时刻注重自己的仪容仪表、着装佩戴,达到标准、统一。

《动车组列车服务质量规范》对动车组列车乘务人员的仪容仪表的规定:仪容整洁,着装统一,整齐规范。

(1)头发干净整齐、颜色自然,不理奇异发型、不剃光头。男性两侧鬓角不得超过耳垂底部,后部不长于衬衣领,不遮盖眉毛、耳朵,不烫发,不留胡须;女性发不过肩,刘海长不遮眉,短发不短于7厘米。

(2)面部、双手保持清洁,身体外露部位无文身。指甲修剪整齐,长度不超过指尖2毫米,不染彩色指甲。

(3)女性淡妆上岗,唇线与口红的颜色一致;眉毛修剪整齐,眉笔和眼线为黑色或深棕色;眼影的颜色与制服一致;使用清香、淡雅型香水。工作中保持妆容美观,端庄大方。补妆及时,在洗手间或乘务间进行。不浓妆艳抹。

(4)乘务组换装统一,衣扣、拉链整齐。着裙装时,丝袜统一,无破损。系领带时,衬衣束在裙子或裤子内。外露的皮带为黑色。佩戴的外露饰物款式简洁,限手表一只、戒指一枚,女性还可佩戴发夹、发箍或头花及一副直径不超过3毫米的耳钉。不歪戴帽子,不挽袖子和卷裤脚,不敞胸露怀,不赤足穿鞋,不穿尖头鞋、拖鞋、露趾鞋,鞋的颜色为深色系,鞋跟高度不超过3.5厘米,跟径不小于3.5厘米。

(5)佩戴职务标志,胸章牌(长方形职务标志)戴于左胸口袋上方正中,下边沿距口袋1厘米处(无口袋的戴于相应位置),包含单位、姓名、职务、工号等内容。臂章佩戴在上衣左袖肩下四指处。按规定应佩戴制帽的工作人员,在执行职务时戴上制帽,帽徽在制帽折沿上方正中。除列车长外,其他客运乘务人员在车厢内作业时可不戴制帽。

(6)餐车加热、供应餐食时,服务人员戴口罩、手套;女性穿围裙。餐车吧台实行站立服务,不间断售货。

(二)服务用语及服务态度

在服务中,必须使用规范标准的服务用语,礼貌地为旅客服务,拉近乘务人员与旅客之间的距离,真正体现出铁路运输企业优质的服务,使用文明、礼貌用语的同时面带微笑也是动车组列车乘务人员服务中不可缺少的一部分。

《动车组列车服务质量规范》对动车组列车乘务人员服务用语及服务态度的规定如下。

1.表情自然,态度和蔼,用语文明,举止得体,庄重大方

(1)使用普通话,表达准确,口齿清晰。服务语言表达规范、准确,使用“请、您好、谢谢、

对不起、再见”等服务用语。对旅客、货主称呼恰当,统称为“旅客们”“各位旅客”“旅客朋友”,单独称为“先生、女士、小朋友、同志”等。

(2)旅客问讯时,面向旅客站立(工作人员办理业务时除外),目视旅客,有问必答,回答准确,解释耐心。

(3)遇有失误时,向旅客表示歉意。对旅客的配合与支持,表示感谢。

2. 全面服务,重点照顾

(1)无需求无干扰。通过广播、电子显示屏等方式宣传服务设备的使用方法,方便旅客自助服务。

(2)有需求有服务。在各车厢电子显示屏公布中国铁路客户服务中心客户服务电话(区号+电话号码)。实行首问首诉负责制。受理旅客咨询、求助、投诉,及时回应,热情处置,有问必答,回答准确;对旅客提出的问题不能解决时,指引到相应岗位,并做好耐心解释。

(3)重点关注,优先照顾,保障重点旅客服务。按规范设置无障碍厕所、座椅、专用座席等设施设备,作用良好。对重点旅客做到“三知三有”(知座席、知到站、知困难,有登记、有服务、有交接);为有需求的特殊重点旅客联系到站提供担架、轮椅等辅助器具,及时办理站车交接。

(4)尊重民族习俗和宗教信仰。经停少数民族自治地区车站的列车可按规定在图形标志上增加当地通用的民族语言文字,可根据需要增加当地通用的民族语言播音。

(三)行为举止

在服务中,动车组乘务人员的行为举止不但代表着个人形象,同时也代表着铁路运输企业的整体形象,在铁路客运服务工作中起着举足轻重的作用。

《动车组列车服务质量规范》对动车组列车乘务人员行为举止的规定:立岗姿势规范,精神饱满,举止端庄、大方得体。

(1)站立时,挺胸收腹,两肩平衡,身体自然挺直,双臂自然下垂,手指并拢贴于裤线上,脚跟靠拢,脚尖略向外张呈“V”字形。女性可双手四指并拢,交叉相握,右手叠放在左手之上,自然垂于腹前;左脚靠在右脚内侧,夹角为45°,呈“丁”字形。

(2)列车进出站时,在车门口立岗,面向站台致注目礼,以列车进入站台开始,开出站台为止。办理交接时行举手礼,右手五指并拢平展,向内上方举手至帽沿右侧边沿,小臂形成45°角。

(3)清理卫生时,清扫工具不触碰旅客及携带物品。挪动旅客物品时,征得旅客同意。需要踩踏座席、铺位时,带鞋套或使用垫布。占用洗脸间洗漱时,礼让旅客。清洁厕所时,作业人员戴保洁专用手套。

(4)夜间作业、行走、交谈、开关门要轻。进包房先敲门,离开时应倒退出包房。

(5)不高声喧哗、嬉笑打闹、勾肩搭背,定时定点分批用乘务餐,其他时段不在旅客面前吃食物、吸烟、剔牙齿和出现其他不文明、不礼貌的动作,不对旅客评头论足,接班前和工作中不食用异味食品。餐车对旅客供餐时,不在餐车逗留、闲谈、占用座席、陪客人就餐。

(四)列车环境

在服务中,要为旅客创造一个舒适、温馨的旅行环境,使旅客感受到列车大家庭的温暖,除了车厢内的卫生达标外,车厢内的温度适宜也是重中之重。

1.《动车组列车服务质量规范》对动车组列车环境的规定

(1)通风系统作用良好,车内空气清新,质量符合国家标准。始发前对车厢进行预冷、预热,空调温度调节适宜,体感舒适,原则上保持冬季18℃~20℃,夏季26℃~28℃。

(2)车内照明符合规定。夜间运行(22:00~7:00)时,座车照明开关置于半灯位;始发、终到站和客流量大的停站,以及列车途经地区与北京时间存在时差时自行调整。

2.《空调列车服务质量规范》对列车环境的规定

(1)车厢内空气质量符合国家标准。发电车供电的空调客车须在列车始发前60分钟供电并开启空调预冷或预热,机车供电的空调客车须在列车始发前60分钟(特殊情况40分钟)完成机车连挂和供电,对车厢进行预冷或预热;空调温度调节适宜,体感舒适,原则上保持冬季18℃~20℃,夏季26℃~28℃。

(2)车内照明符合规定。夜间运行(22:00~7:00)时,硬卧车和软、硬座车的照明开关置于半灯位,洗面灯开关置于开位;始发、终到站和客流量大的停站,以及列车途经地区与北京时间存在时差时自行调整。列车终到后供电时间不少于30分钟;入库期间以及使用发电车或具备地面电源供电的折返停留列车供电时间不少于4小时,停留不足4小时的不间断供电。

3.《非空调列车服务质量规范》对列车环境的规定

(1)车厢内空气质量符合国家标准。运行途中,车内温度冬季不低于14℃;夏季超过28℃时,使用电风扇。夏季启用单元式空调的车厢,始发前1小时对车厢进行预冷,空调温度调节适宜,体感舒适,原则上保持冬季18℃~20℃,夏季26℃~28℃。

(2)车内照明符合规定。夜间运行(22:00~7:00)时,硬卧车和软、硬座车的照明开关置于半灯位,洗面灯开关置于开位;始发、终到站和客流量大的停站,以及列车途经地区与北京时间存在时差时自行调整。列车终到后供电时间不少于30分钟。

(五)广播视频

1.《动车组列车服务质量规范》对列车广播视频的规定

(1)广播常播内容录音化。使用普通话。经停少数民族自治地区车站的列车可根据需要增加当地通用的民族语言播音。过港列车可增加粤语播音。直通列车可增加英语播报客运作业信息。

(2)广播语音清晰,音量适宜,用语准确,不干扰旅客正常休息。自动广播系统播报正确。

(3)视频系统性能良好,使用正常,始发前开启系统播放节目,播放内容符合规定并定期更新。

(4)广播、视频内容以方便旅行生活为主,介绍宣传安全常识和车辆设备设施的使用方法,提示旅客遵守安全乘车规定,播报前方停站、到站信息等内容,可适当插播文艺娱乐、文明礼仪、沿线风光、民俗风情、餐食供应、广告等节目。

2.《空调列车服务质量规范》和《非空调列车服务质量规范》对列车广播视频的规定

(1)广播常播内容录音化。使用普通话。经停少数民族自治地区车站的列车可根据需要增加当地通用的民族语言播音。过港列车可增加粤语播音。直通列车可增加英语播报客运作业信息。

(2)广播语音清晰，音量适宜，用语准确，内容丰富，更新及时，形式多样，健康活泼，不干扰旅客正常休息。视频播放画面清晰，外放声音不得影响列车广播的正常播放，且音量不得高于30分贝。

(3)广播及集中控制的视频播放时间为7:00～12:30、15:00～21:30。列车在7:00以前或21:30之后始发或终到的，或者根据季节、昼夜变化情况，可以提前或顺延30～60分钟，其他时间只能播报应急广播。途经地区与北京时间存在时差时，可适当调整。

(4)广播内容以方便旅行生活为主。始发前，播放旅客引导、行李摆放提示、列车情况介绍以及禁止携带危险品、禁止吸烟等内容。运行中，播放列车设施设备、旅客安全须知、旅行常识、旅行生活知识、治安法制宣传、卫生健康、餐售经营等宣传及前方停站、到站信息预播报等内容，适当插播文艺娱乐、文明礼仪、地方概况、沿线风光、民俗风情、广告等节目。

(5)列车停站信息预、播报及时。执行“一站两报”，即开车后预告下一到站站名和时刻；到站前(不晚于到站前10分钟)再次通报。开车后、到站前硬座车厢乘务员双车(边)通报。

(六)用水供应

1.《动车组列车服务质量规范》对列车供水的规定

(1)饮用水保证供应，途中上水站按规定上水。

(2)运行途中为有需求的重点旅客提供送水服务；售货车配热水瓶，利用售货时为有需求的旅客提供补水服务。

2.《空调列车服务质量规范》对列车供水的规定

(1)始发开车前电茶炉水开，清空热水瓶存水；开车后及时为热水瓶注水，途中为有需求的重点旅客供水。

(2)车厢不间断供水。上水站到站前、开车后分别核记水位刻度，确认上水情况。

3.《非空调列车服务质量规范》对列车供水的规定

(1)列车编组按硬座车每三辆、卧铺车每四辆编挂不少于一辆茶炉车；热水瓶、保温桶始发开车前灌满开水，途中及时供水。

(2)车厢不间断供水。上水站到站前、开车后分别核记水位刻度，确认上水情况。

二、安全秩序

(一)安全管理制度

《动车组列车服务质量规范》对动车组列车安全管理制度的规定如下：

(1)防火防爆、人身安全、食品安全、现金票据、结合部等安全管理制度健全有效。

(2)出、入动车所前，由车辆、客运人员对上部服务设施状态进行检查，办理一次性交接；运行途中，发现上部服务设施故障时，客运乘务人员立即向列车长报告，并通知随车机械师共同确认、处理。

(二)安全设备设施管理

《动车组列车服务质量规范》对安全设备设施管理的规定如下：

(1)各车厢灭火器、紧急制动阀(手柄或按钮)、烟雾报警器、应急照明灯、防火隔断门、紧急门锁、紧急破窗锤、气密窗、厕所紧急呼叫按钮及车门防护网(带)、应急梯、紧急用渡板、应急灯(手电筒)、扩音器等安全设施设备配置齐全,作用良好,定位放置。乘务人员知位置、知性能、会使用。

(2)安全使用电源,正确使用电器设备。电器元件安装牢固,接线及插座无松动,按钮开关、指示灯作用良好;不乱接电源和增加电器设备,不超过允许负载。配电室(箱)、电气控制柜锁闭,无堆放物品。不用水冲刷车内地板、连接处和车内电器设备。

(3)餐车配置的微波炉、电烤箱、咖啡机等厨房电器符合规定数量、规格和额定功率,规范使用,使用中有人监管,用后清洁,餐车离人断电。

(三)车门管理

《动车组列车服务质量规范》对车门管理的规定如下:

(1)列车到站停稳后,司机或随车机械师开启车门,并监控车门开启状态。开车前,列车长(重联时为运行方向前组列车长)接到车站与客运有关的作业完毕通知后,按规定通知司机或随车机械师关闭车门。

(2)动车组列车停靠低站台时,到站前乘务人员提前锁闭辅助板指示锁并打开翻板,开车后及时将翻板及辅助板指示锁复位。

(3)餐车上货门仅供餐车售货人员补充商品、餐料时使用,无旅客乘降。

(4)列车运行中,车门、气密窗锁闭状态良好。定期巡视,保持通道畅通。发现车门未锁闭或锁闭状态不良时,指派专人看守,并及时通知随车机械师处理。

(四)列车运行中的安全管理

《动车组列车服务质量规范》对列车运行中的安全管理的规定如下:

(1)运行中做好安全宣传和防范,车内秩序、环境良好,无闲杂人员随车叫卖、拣拾、讨要。发现可能损坏车辆设施和影响安全、文明的行为及时制止。

(2)全列各处所禁止吸烟,加强禁烟宣传,发现吸烟行为及时劝阻,并由公安机关依法查处。

(3)行李架、大件行李存放处物品摆放平稳、牢固、整齐。大件行李放在大件行李存放处,不占用席(铺)位,不堵塞通道。锐器、易碎品、杆状物品及重物等放在座(铺)位下面或大件行李存放处。衣帽钩限挂衣帽、服饰等轻质物品。使用小桌板不超过承重范围。

(4)发现旅客携带品可疑及无人认领的物品时,配备乘警(或列车安全员,下同)的列车通知乘警到场处理;未配备乘警的由列车长按规定处理,对危险品做好登记、保管及现场处置,并交前方停车站(公安部门)处理。

(5)发现行为、神情异常的旅客时,重点关注,配备乘警的列车通知乘警到场处理;未配备乘警的由列车长按规定处理,情形严重时交列车运行前方停车站处理。

(6)发生旅客伤病时,提供协助,通过广播寻求医护人员帮助;情形严重的,报告客调。

(7)办理站车交接,短编组动车组列车在4、5号车厢之间;长编组动车组列车在8、9号车厢之间;重联动车组列车在列车运行方向前组第7、8号车厢之间。

(五)列车乘务人员人身安全

《动车组列车服务质量规范》对列车乘务人员的规定如下:

(1)乘务人员进出车站和动车所(客技站)时走指定通道,通过线路时走天桥、人行地道,走平交道时做到“一停二看三通过”,不横越线路,不钻车底,不跨越车钩,不与运行中的机车车辆抢行。进出车站时集体列队。

(2)乘务人员在接班前充分休息,保持精力充沛,不在班前、班中、折返站饮酒。

三、列车设备设施

《动车组列车服务质量规范》对设备设施的规定如下:

(1)车辆设备设施齐全,符合动车组出所质量标准。

①乘务员室、监控室、多功能室、洗脸间、厕所、电气控制柜、备品柜、储藏柜、清洁柜、衣帽柜、大件行李存放处、软卧会客室等不挪作他用或改变用途。多功能室用于照顾重点旅客。

②车辆外观整洁,内外部油漆无剥落、褪色、流坠;车内顶棚不漏水,内外墙板及车内地板无破损、无塌陷、不鼓泡;渡板及各部位压条、压板、螺栓不松动、无翘起;脚蹬安装牢固,无腐蚀破损;手把杆无破损、松动。各部位金属部件无锈蚀。

③广播、空调、电茶炉、饮水机、照明灯具、电子显示屏、电视机、车载视频监控终端、控制面板、电源插座、车门、端门、儿童票标高线、地板、车窗、翻板、站台补偿器、窗帘、座椅、脚蹬、小桌板、靠背网兜、茶桌、座席号牌、衣帽钩、行李架、垃圾箱、洗手盆、水龙头、梳妆台、面镜、便器、洗手液盒、一次性坐便垫盒、卫生纸盒、擦手纸盒、婴儿护理台、镜框、洗脸间门帘、干手器、商务座车小吧台、呼唤应答器、阅读灯、软卧车铺位号牌、包房号牌、卧铺栏杆、扶手、呼叫按钮、沙发、报刊栏、餐车侧门、餐桌、吧台、冰箱、展示柜、微波炉、电烤箱、售货车等服务设备设施齐全,作用良好,能正常使用,外观整洁,故障、破损及时修复。

④车厢通过台外端门框旁设儿童票标高线。儿童票标高线宽10毫米、长100毫米,距地板面分别为1.2米和1.5米,以上缘为限,距内端门框约100毫米。

(2)车内各种服务图形标志型号一致,位置统一,安装牢固,齐全醒目,符合规定。

(3)车厢外部的电子显示屏显示列车运行区间、车次、车厢顺号等信息,车内电子显示屏显示列车运行区间、车次、车厢顺号、停站、运行速度、温度、中国铁路客户服务中心客户服务电话(区号+电话号码)、安全提示等信息,显示及时、准确。

四、服务备品

《动车组列车服务质量规范》对服务备品的规定如下:

(1)服务备品、材料等符合国家环保规定,质量符合要求,色调与车内环境相协调。

(2)服务备品齐全,干净整洁,定位摆放。布制、易耗备品备用充足,保证使用。布制备品按附录规定的时间使用和换洗,有启用时间(年、月)标志。

①软卧车(含高级软卧车):

——包房内有被套、被芯、枕套、枕芯、床单、垫毯、卧铺套、靠背套、茶几布、一次性拖鞋、衣架、不锈钢果皮盘、带盖垃圾桶、热水瓶、面巾纸盒及服务指南、免费读物。

——备有托盘、热水瓶和一次性硬质塑料水杯。

②软卧代座车:

——包房内有卧铺套、靠背套、不锈钢果皮盘。

——包房门框上原铺位号牌处有座席号牌。

——备有热水瓶和一次性硬质塑料水杯。

③商务座车：

——提供小毛巾，就餐时提供餐巾纸、牙签。

——有耳塞、靠垫、鞋套、一次性拖鞋、清洁袋和专项服务项目单、服务指南、免费读物。

——备有防寒毯、耳机、眼罩、托盘、热水瓶和一次性硬质塑料水杯。

④特、一、二等座车：

——有清洁袋、免费读物和服务指南，放置在座椅靠背袋内或其他指定位置。

——有座椅套、头枕片；特、一等座车座椅有头枕。

——电茶炉配有纸杯架的，有一次性纸杯。

——乘务组备有热水瓶、耳塞和一次性硬质塑料水杯。

⑤餐车：

——有座椅套。

——有售货车、托盘、热水瓶、一次性硬质塑料水杯。

——备有餐巾纸、牙签。

⑥洗脸间有洗手液、擦手纸（或干手器）。

⑦厕所内有芳香盒和水溶性好的卫生纸、擦手纸，坐便器有一次性坐便垫圈，小便池内放置芳香球。

(3)贴身卧具（被套、床单、枕套）和头枕片干燥、清洁、平整，无污渍、无破损，已使用与未使用的折叠整齐，分别装袋保管。卧具袋防水、耐磨，干净，无破损。贴身卧具与其他布制备品分类洗涤；洗涤、存储、装运及更换不落地、无污染。

(4)卧车垫毯、被芯、枕芯等非贴身卧具备品干燥、清洁，无污渍、无破损，定期晾晒。被芯、枕芯先加装包裹套，再使用被套、枕套。包裹套定期清洗，保持干燥整洁。

(5)布制备品定位存放在储物（藏）柜内。无储物（藏）柜或储物（藏）柜容量不足的，软卧车定位放置在3、7、11号卧铺下。

(6)有厕所专用清扫工具，与车内清扫工具分开定位存放在清洁柜内；无清洁柜的定位隐蔽存放。商务座、特等座、一等座车厢客室内不存放清洁工具。清扫工具、清洁剂材质符合规定。

(7)清洁袋质地、规格符合规定，具有防水、承重性能。

(8)每标准编组车底配备2辆垃圾小推车，垃圾小推车、垃圾箱（桶）内用垃圾袋，垃圾袋符合国家标准，印有使用单位标志，与垃圾箱（桶）规格匹配，厚度不小于0.025毫米。

(9)列车配有票剪、补票机、站车客运信息无线交互系统手持终端和GSM-R通讯设备；乘务人员配置具备录音功能的手持电台及音视频记录仪。设备电量充足，作用良好。站车客运信息无线交互系统手持终端在始发前登录，途中及时更新信息。

五、整备

（一）出库标准

《动车组列车服务质量规范》对出库标准的规定如下：

(1)车厢内外各部位整洁,窗明几净,四壁无尘,物见本色。

①外车皮、站台补偿器内外、窗门框及玻璃、扶手干净、无污渍。

②天花板(顶棚)、板壁、边角、地板、连接处、灯罩、座椅(铺位)、空调口、通风口、电茶炉、靠背袋网兜内等部位清洁卫生,无尘、无垢、无杂物。

③热水瓶、果皮盘、垃圾箱(桶)、洗脸间内外洁净。

④餐车橱、柜、箱干净无异味,分类标志清晰,商品、餐、饮品和备品等分类定位放置。

⑤厕所无积便、积垢、异味,地面干净无杂物。污物箱内污物排尽。

(2)深度保洁结合检修计划安排在白天作业,范围包括车厢天花板、板壁、遮阳板(窗帘)、灯罩、连接处、车梯、商务座椅表面、座椅(铺位)缝隙、座椅扶手及旋转器卡槽、小桌板、脚踏板、暖气罩缝隙、洗手液盒、车厢边角,以及电茶炉、饮水机内部。

(3)布制品、消耗品和保洁工具等服务备品配备齐全,定位放置,定型统一。

①卧具叠放整齐,摆放统一,床单、头枕片、座席套、茶几布等铺设平整,干净整洁。

②清洁袋、洗手液、卫生纸、擦手纸、一次性坐便垫圈、服务指南、免费读物、商务座专项服务等备品补足配齐,定位放置。服务指南中含有旅行须知、乘车安全须知、本车型的设备设施介绍、主要停靠站公交信息、铁路12306手机客户端和微信公众号二维码及本趟列车销售的商品价目表、菜单。

③垃圾小推车等保洁工具及售货车等备品定位放置,不影响旅客使用空间。

(4)可旋转式座椅转向列车运行方向。

(5)定期进行“消、杀、灭”,蚊、蝇、蟑螂等病媒昆虫指数及鼠密度符合国家规定。

(二)途中标准

《动车组列车服务质量规范》对途中标准的规定如下:

(1)使用垃圾小推车和专用工具适时保洁,保持整洁卫生。旅客下车后及时恢复车容。

①各处所地面墩扫及时,干燥、干净;台面、桌面、面镜擦抹及时,干净、无水渍。

②洗脸(手)池、电茶炉沥水盘清理、擦抹及时,无污渍,无残渣,无堵塞,无积水;垃圾车、垃圾箱(桶)、清洁袋、靠背袋网兜、果皮盘清理及时,无残渣;厕所畅通无污物,无异味,按规定吸污。

③餐车餐桌、吧台、工作台、微波炉及各橱、箱、柜内保持洁净。

(2)清洁袋、洗手液、卫生纸、擦手纸、一次性坐便垫圈等备品补充及时;卧具污染更换及时。

(3)垃圾装袋、封口、无渗漏,定位放置,在指定站定点投放;不向车外扫倒垃圾、抛扔杂物。

(三)终到标准

《动车组列车服务质量规范》对终到标准的规定如下:

终到站时车内无垃圾、污水、粪便、异味。垃圾装袋、封口、无渗漏,到站定点投放。

(四)到站立即折返标准

《动车组列车服务质量规范》对到站立即折返标准的规定如下:

(1)站台侧车外皮、门框、车窗干净,无污物、无积尘。

(2)车内地面清洁,行李架、大件行李存放处、扶手及座椅(铺位)、窗台上和靠背网兜内干净整洁;垃圾箱(桶)内无垃圾,无异味。

(3)热水瓶、果皮盘内外洁净,垃圾箱(桶)、洗脸间四周洁净。

(4)餐车橱、柜、箱干净无异味,分类标志清晰,商品、餐、饮品和备品等分类定位放置。

(5)洗脸间、厕所面镜洁净,洗脸(手)池、便器无污物、无异味。电茶炉沥水盘洁净。

(6)布制品、消耗品和保洁工具等服务备品配备齐全,定位放置,定型统一。

①卧具叠放整齐,摆放统一,床单、头枕片、座席套、茶几布等铺设平整,干净整洁。

②清洁袋、洗手液、卫生纸、擦手纸、一次性坐便垫圈、服务指南、免费读物、商务座专项服务等备品补足配齐,定位放置。

③保洁工具、售货车等备品定位放置,不影响旅客使用空间。

(7)可旋转式座椅转向列车运行方向。

六、应急处置

《动车组列车服务质量规范》对应急处置的规定如下:

(1)火灾爆炸,重大疫情,食物中毒,空调失效,设备故障和列车大面积晚点、停运、变更径路、启用热备车底等非正常情况下的应急处置预案健全有效,预案内容分工明确,流程清晰。日常组织培训,定期组织演练,培训演练有记录,有结果,有考核。

(2)配备照明灯、扩音器、口笛等应急物品,电量充足,性能良好。灾害多发季节增备易于保质的食品、饮用水和应急药品,单独存放。

(3)遇火灾爆炸,重大疫情,食物中毒,空调失效,设备故障和列车大面积晚点、停运、变更径路、启用热备车底等非正常情况时,及时启动应急预案,掌握车内旅客人数及到站情况,维持车内秩序,准确通报信息,做好咨询、解释、安抚、生活保障等善后工作。

①列车晚点15分钟以上时,列车长根据调度、本段派班室(值班室)或车站的通报,向旅客公告列车晚点信息,说明晚点原因、预计晚点时间。广播每次间隔不超过30分钟,可利用电子显示屏实时显示。

②遇列车空调故障时,有条件的,将旅客疏散到空调良好的车厢;需开启车门通风的,按规定安装防护网,有专人防护。在停车站,开启站台一侧车门;在途中,开启运行方向左侧(非会车侧)车门。运行途中劝阻旅客不在连接处停留,临时停车严禁旅客下车。在站停车须组织旅客下车时,站车共同组织。按规定做好旅客到站退还票价差额时的站车交接。

③热备车底的乘务人员、随车备品和服务用品同步配置到位。遇启用热备车底时,做好宣传解释,配合车站组织旅客换乘其他列车,或者按照车站通报的席位调整计划,组织旅客调整席位,按规定做好站车交接。

④遇变更径路时,做好宣传解释,配合车站组织不同径路的旅客下车,按规定做好站车交接。

⑤车门故障无法自动开启时,手动开启车门,并通知随车机械师处理;无法关闭时,由专人看守并通知随车机械师处理。使用车门紧急解锁拉手后,及时复位。

⑥发生烟火报警时,随车机械师、列车长和乘警根据司机通知立即到报警车厢查实确认,查看指定车厢的客室、卫生间,随车机械师重点查看电气设备。若发生客室或设备火

情,列车长或随车机械师立即通知司机按规定实施制动停车,并启动应急预案进行处理;若确认是吸烟等非火情导致烟火报警,由随车机械师做好恢复处理,乘警依法调查,并向旅客通告。

⑦发生人身伤害或旅客突发疾病时,积极采取救助措施,按规定办理站车交接,客运乘务员不下车参与处理。必要时可请求在前方有医疗条件的车站临时停车处理。

七、列车经营

(一)餐饮经营

《动车组列车服务质量规范》对餐饮经营的规定如下:

(1)餐饮经营符合有关审批、安全规定,证照齐全有效。食品经营单位的食品安全管理制度健全。

(2)餐车销售的饮食品符合国家有关规定。销售的商品质价相符,明码标价,一货一签,价签有"CRH"标志,提供发票。餐车明显位置、售货车、服务指南内有商品价目表和菜单,无只收费不服务行为。

(3)餐车整洁美观,展示柜布置艺术,与就餐环境相协调;厨房保持清洁,各种用具定位摆放。商品、售货车等不堵通道,不占用旅客使用空间。售货车内外清洁,定位放置,有制动装置和防撞胶条。

(4)商品柜、冰箱、吧台、橱柜不随意放置私人物品(乘务员随乘携带的餐食等定位存放)。餐食、商品在餐车储藏柜、冰箱内定位放置,不占用旅客使用空间。

(5)餐车配置的微波炉、电烤箱、咖啡机等厨房电器符合规定数量、规格和额定功率,保持洁净。

(6)经营行为规范,文明售货,不捆绑销售商品。非专职售货人员不从事商品销售等经营活动。餐车实行不间断营业,并提供订、送餐服务。销售人员不在车内高声叫卖、危险演示,销售过程中主动避让旅客。夜间运行时,不得进入卧车销售,座车可根据情况适当延长或提前销售时间,但不得超过1小时。

(7)供应品种多样,有高、中、低不同价位的旅行饮食品。尊重外籍旅客和少数民族的饮食习惯。盒饭以冷链为主,热链为辅,常温链仅做应急备用,有清真餐食。

(8)餐饮品、商品有检验、签收制度,采购、包装、贮存、加工、运输、销售符合食品卫生安全要求。

(9)不出售无生产单位、生产日期、保质期和过期、变质,以及口香糖、方便面等严重影响列车环境卫生的食品。超过保质期限的食品单独存放、回收销毁。

(10)一次性餐饮茶具符合国家卫生及环保要求。

(二)广告经营

《动车组列车服务质量规范》对广告经营的规定如下:

广告发布的内容、形式、位置等符合有关规范,布局合理,安装牢固,内容健康,与列车环境协调,不挤占铁路图形标志、业务揭示、安全宣传等客运服务内容或位置,不影响安全和服务功能,不损伤车辆设备设施。

八、高铁快运

《动车组列车服务质量规范》对高铁快运的规定如下：

(1)高铁快运使用专用箱、冷藏箱、集装袋等集装容器以集装件的形式在高铁车站间运输,集装件应装载在列车指定位置,载客动车组列车可将集装件装载在大件行李存放处、二等车厢最后一排座椅后空档处、集装件专用存放柜、动卧列车预留包厢等位置;一节车厢内大件行李存放处和最后一排座椅后空档处预留不少于三分之一的空间供旅客使用;集装件码放在车厢内最后一排座椅后的空档处时,不影响座椅靠背后倾;需中途换向的列车,不使用最后一排座椅后的空档处。利用高铁确认列车运输时,集装件还可码放在二等座车座椅间隔处等位置,但不得码放在座椅上;装载重量不超过列车允许载重量。

(2)有押运员跟车作业的列车,列车长要对押运员的证件进行检查和登记。无押运员跟车作业的列车,列车乘务人员在运行途中巡视、检查高铁快运集装件的码放、外包装、施封等状况。发现高铁快运集装件短少或外包装、施封破损立即报告列车长。列车长到场确认后,组织查找,必要时报警。上述异常情况列车长开具客运记录,载明现有集装件数量、编号或内装物品实际情况,到站时交快运公司工作人员处理。

(3)遇列车故障途中需更换车底或终止运行时,由列车长通知押运员,由押运员负责集装件换乘和后续处置。无押运员时,列车长报告被换乘车所在地铁路局高铁客服调度员(客运调度员)高铁快运装载情况,乘务组临时看管集装件。换乘地点在车站时,原列乘务组在车站协助下组织集装件换乘,不具备换乘条件时集装件随原列回程或交车站临时看管;换乘地点在区间时,集装件随原列回程;列车长在换乘或交车站前开具客运记录附于集装件上。

九、人员素质

《动车组列车服务质量规范》对人员素质的规定如下：

(1)身体健康,五官端正,持有效健康证明。

(2)具备高中(职高、中专)及以上文化程度,保洁人员可适当调整。

(3)持有效上岗证,经过岗前安全、技术业务培训合格。从事餐饮服务的人员有卫生知识培训合格证明。广播员有一定编写水平,经过广播业务、技术培训合格。

(4)列车长从事列车乘务工作满 2 年。列车值班员从事列车乘务工作满 1 年。列车长和商务座、软卧列车员能够使用简单英语。

(5)熟练使用本岗位相关设备设施,熟知本岗位业务知识和职责,掌握担当列车沿途停站和时刻,以及上水、吸污、垃圾投放等作业情况。熟悉本岗位相关应急处置流程,具备应对突发事件的能力。

十、基础管理

《动车组列车服务质量规范》对基础管理的规定如下：

(1)管理制度健全,有考核,有记载。定期分析安全和服务质量状况,有针对性具体整改措施。

(2)按规定配置业务资料,内容修改及时、正确。除携带铁路电报、客运记录外,车上不携带其他纸质资料台账。

(3)各工种在列车长的领导下,按岗位责任各负其责,相互协作,落实作业标准,有监督,有检查,有考核。

(4)业务办理符合规定,票据、台账、报表填写规范、内容准确、完整清晰。配备保险柜,营运进款结算准确,票据、现金及时入柜加锁,到站按规定解款。

(5)客运乘务人员配备统一乘务箱(包),集中定位摆放;洗漱用具、茶杯等定位摆放。

(6)库内保洁作业纳入动车所一体化作业管理,动车所满足一体化吸污、保洁等整备作业条件。

(7)备品柜、储藏柜按车辆设计功能使用,备品定位摆放。单独配置的备品柜与车身固定,并与车内环境相协调。

(8)定期开展职业技能培训,培训内容适应岗位要求,评判准确。

技能练习

(1)6人一组,按照《动车组列车服务质量规范》的规定,检查对方的仪容仪表存在哪些不足,并进行指正。

(2)6人一组,按照《动车组列车服务质量规范》的规定,检查对方的行为举止存在哪些不足,并进行指正。

(3)6人一组,其中3人扮演动车组列车乘务人员,3人扮演旅客,按照《动车组列车服务质量规范》的规定,进行服务语言的练习,检查各自存在哪些不足。

(4)6人一组,其中1人扮演列车长,1人扮演乘务员,2人扮演同行旅客(1名旅客有病),2人扮演乘车旅客,分工明确,合理安排,当2名同行旅客(其中1名旅客有病)突发急病时,如何按照《动车组列车服务质量规范》的规定进行处理?

课后习题

一、填空题

1.《动车组列车服务质量规范》对动车组列车乘务人员仪容仪表的规定:____________,____________,____________。

2.佩戴职务标志,胸章牌(长方形职务标志)戴于左胸口袋上方正中,下边沿距口袋1厘米处(无口袋的戴于相应位置),包含____________、____________、____________、____________等内容。

3.始发前对车厢进行预冷或预热,空调温度调节适宜,体感舒适,原则上保持冬季____________,夏季____________。

4.乘务人员进出车站和动车所(客技站)时走指定通道,通过线路时走天桥、人行地道,走平交道时做到____________。

5.儿童票标高线距地板面分别为____________米和____________米,以上缘为限,距内端门框约100毫米。

6.车内各种服务图形标志__________,__________,__________,__________,__________。

7. 布制备品定位存放在储物(藏)柜内。无储物(藏)柜或储物(藏)柜容量不足的,软卧车定位放置在________、________、________号卧铺下。

8. 一节车厢内大件行李存放处和最后一排座椅后空档处预留不少于________的空间供旅客使用。

9. 业务办理符合规定,________、________、________填写规范、内容准确、完整清晰。

10. 利用高铁确认列车运输时,集装件还可码放在二等座车座椅间隔处等位置,但不得码放在座椅上;装载重量不超过________。

二、选择题

1. 动车组列车乘务人员面部、双手保持清洁,身体外露部位无文身。指甲修剪整齐,长度不超过指尖(　　)毫米,不染彩色指甲。

A. 3　　B. 2　　C. 4　　D. 1

2. 发电车供电的空调客车须在列车始发前(　　)分钟供电并开启空调预冷或预热(　　)。

A. 60　　B. 40　　C. 45　　D. 30

3. 办理站车交接,短编组动车组列车在(　　)号车厢之间;长编组动车组列车在(　　)号车厢之间。

A. 3、4　　B. 4、5　　C. 7、8　　D. 8、9

4. 车厢外部的电子显示屏显示列车运行区间、(　　)、(　　)等信息。

A. 方向　　B. 所在站　　C. 车次　　D. 车厢顺号

5. 夜间运行时,餐车不得进入卧车销售,座车可根据情况适当延长或提前销售时间,但不得超过(　　)小时。

A. 0.5　　B. 1　　C. 2　　D. 1.5

6. 遇列车故障途中需更换车底或终止运行时,由(　　)通知押运员,由押运员负责集装件换乘和后续处置。

A. 随车机械师　　B. 列车乘务员　　C. 列车长　　D. 车站值班员

三、判断题

1. 佩戴的外露饰物款式简洁,限手表一只、戒指一枚,女性还可佩戴发夹、发箍或头花及一副直径不超过4毫米的耳钉。(　　)

2. 站立时,挺胸收腹,两肩平衡,身体自然挺直,双臂自然下垂,手指并拢贴于裤线上,脚跟靠拢,脚尖略向外张呈"丁"字形。(　　)

3. 列车终到后供电时间不少于30分钟。(　　)

4. 列车到站停稳后,司机或列车长开启车门,并监控车门开启状态。(　　)

5. 重联动车组列车在列车运行方向前组第7、8位车厢之间办理站车交接。(　　)

6. 儿童票标高线宽10毫米、长60毫米,以上缘为限,距内端门框约100毫米。(　　)

7. 动车组列车应配备保险柜,营运进款结算准确,报表、账本及时入柜加锁,到站按规定解款。(　　)

8. 需中途换向的列车,不使用最后一排座椅后的空档处码放集装件。(　　)

单元5.2　动车组乘务人员仪容仪表

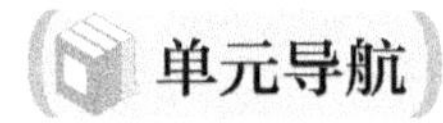

单元导航

形象是一个人在社会中的广告和名片，一个人拥有了好的形象，就可能加快成功的步伐。铁路客运人员的形象代表着整个企业的形象，无论是从着装还是从仪容，展现给旅客的应该是端庄、大方、得体、典雅，所以动车组乘务员在上岗前都要经过仪容仪表的岗前培训，经培训合格后方可上岗。

相关知识

动车组乘务人员每天都在与人打交道，接触面广而繁杂，所以掌握更多的礼节礼貌知识非常重要。"印象管理学"认为个人的职业形象就是企业的形象。职业形象通过外表、沟通、礼仪留给人们印象，这个印象反映了企业的信誉、产品及服务的品质。"三十秒钟"印象学中，外表、仪态占60%，声音、谈话内容占40%，由此可以看出一个人的仪容仪表非常重要，不仅是个人的素质体现，在职场当中还是企业形象的展现。因此，动车组乘务人员必须注重自身的仪容仪表，树立良好的服务形象，展现动车组的服务品牌。

一、高雅的仪容仪表

仪表是指人的外表，一般包括人的容貌、服饰和姿态等，是一个人的精神面貌和外观体现。仪容是指人的容貌。一个人的仪容仪表往往与他的生活情调、思想修养、道德品质和文明程度密切相关。动车组乘务人员必须注意自身的仪容仪表，树立良好的服务形象，其原因是：

(1)注重仪容仪表是动车组乘务人员的基本素质。

(2)动车组乘务人员的仪容仪表反映铁路运输企业的管理水平和服务水平。

(3)注重仪容仪表是尊重旅客的需要。

(4)注重仪容仪表反映职工自重自爱。

(一)着装

1.女性动车组乘务人员的基本要求

(1)衣着合体，不得随意改变制服款式。

(2)制服应洗净，熨烫平整，无污渍、斑点、皱褶、脱线、缺扣、残破、毛边等现象。

(3)制服上不得佩戴任何饰物，着制服当班时，必须佩戴职务标志。

(4)在非工作时间，除集体活动外，不得穿制服出入公共场合和乘坐列车。

2.女性动车组乘务人员夏装着装要求

(1)连裤袜的颜色应统一为肉色或浅灰色，不得出现破洞和抽丝等现象。

(2)统一佩戴领花或丝巾。

(3)制服上装每天都须水洗。

(4)不得将笔插放在衣兜内。

3. 女性动车组乘务人员春秋装、冬装着装要求

(1)外套、上衣、裙子、裤子的纽扣和拉链等应扣好、拉紧。

(2)统一佩戴领带、领花或丝巾;衬衣应束在裙子或裤子内,衬衣的衣袖不得卷起。

(3)裤装必须干净、平整、有裤线,不可有光亮感。

(4)穿着风衣、大衣时,须扣好钮扣,系好腰带。

(5)穿着外套、风衣、大衣时,必须戴工作帽,但在室内服务时可不戴。

(6)不得将笔插在衣服前襟。

4. 女性动车组乘务人员佩戴职务标志要求

(1)佩戴职务标志,胸章(长方形职务标志)佩戴在左胸口袋上方正中,下边沿距口袋1厘米处(无口袋的戴于相应位置),包含单位、职务、工号等内容。臂章(菱形职务标志)佩戴在上衣左袖肩下四指处。按规定应佩戴制帽(大沿帽)的工作人员,在执行职务时戴上制帽(大沿帽),帽徽在制帽(大沿帽)折沿上方正中。

(2)穿围裙时,不可将职务标志佩戴在围裙上。

5. 男性动车组乘务人员的基本要求

(1)衣着合体,不得随意改变制服款式。

(2)制服应洗净,熨烫平整,无污渍、斑点、皱褶、脱线、缺扣、残破、毛边等现象。

(3)制服上不得佩戴任何饰物,着制服当班时,必须佩戴职务标志。

(4)选择皮带时,注意皮带的颜色应比裤子颜色深,一般选择黑色,并且皮带的质地和颜色应与鞋子相协调。关于皮带扣的风格,针扣比自动扣更显品位。纯金的钩扣最能展现高贵、优雅的气质;铜质的钩扣则让人领略到男性的阳刚和力量。宽大的"回"形扣充分显露出男性的刚毅;椭圆形扣展示了男性的成熟;方形扣代表着男性的沉稳。有时,皮带扣的品牌亦是男性身份的象征。

(5)袜子的颜色应统一为深蓝色或黑色。

(6)在非工作时间,除集体活动外,不得穿制服出入公共场合和乘坐列车。

6. 男性动车组乘务人员夏装着装要求

(1)统一佩戴领带,衣领上的扣环必须扣好,衬衣应束于裤内。

(2)裤子必须保持干净、平整,有裤线,不可有光亮感。

(3)制服须每天清洗。

7. 男性动车组乘务人员春秋装、冬装着装要求

(1)袜子的颜色应统一为黑色或深蓝色,每天更换。

(2)外套、上衣、裤子的纽扣和拉链等应扣好、拉紧。

(3)统一佩戴领带,领带应选真丝面料的,不能有褪色、抽丝、变形的迹象。斜纹、小圆点、方格等规则图案容易显示严谨、干练、稳重的风格,适合在会议、谈判、会见领导或长辈时佩戴;不规则图案表现得活泼、随意,适合访谈、聚会等场合佩戴。领带的长度应以底部三角处于皮带扣上端为宜。领带的结法应随西装领口的样式变化,领口越宽,领带的结应该越宽;衬衫的左右领子夹角偏大时,适宜采用结口较大的温莎结。领带夹多与制服配套使用,此时,领带夹成为企业或组织的形象标识。领带夹一般夹在衬衫自上而下的第四和第五粒纽扣之间。

(4)衬衣应束于裤内,忌衬衫露在西服外面。衬衣的衣袖不得卷起,与正装西装相配的衬衫以浅色为佳,花纹越淡越好,越少越好。重要的正式场合中,衬衫宜为素色、单色。竖条纹西装不宜再搭配竖条纹或方格纹的衬衫,否则会让人感到复杂、凌乱。穿西服系领带时,必须将衬衫颈部的纽扣扣上;如果未系领带,应该将衬衫的第一粒纽扣解开。

(5)穿着风衣、大衣时,须扣好纽扣,系好腰带。

(6)穿着外套、风衣、大衣时,必须戴工作帽,但在车内服务时可不戴。

8. 男性动车组乘务人员佩戴职务标志要求

(1)佩戴职务标志,胸章(长方形职务标志)佩戴在左胸口袋上方正中,下边沿距口袋1厘米处(无口袋的戴于相应位置),包含单位、职务、工号等内容。臂章(菱形职务标志)佩戴在上衣左袖肩下四指处。按规定应佩戴制帽(大沿帽)的工作人员,在执行职务时戴上工作帽(大沿帽),帽徽在制帽(大沿帽)折沿上方正中。

(2)臂章应端正别挂在规定位置,不可用松紧带套于臂上。

(二)发型

1. 女性动车组乘务人员的发型要求

(1)每天保持干净,有光泽,无头皮屑。

(2)短发最短不得短于两寸,最长不得超过衣领底线,刘海应保持在眉毛上方,禁止理奇异发型。

(3)任何一种发型都应梳理整齐,使用发胶、摩丝定型,不得有蓬乱的感觉。

(4)头发应保持黑色或自然棕黄色,不得使用假发套。

(5)发夹、头花应为无饰物黑色。(图5-1)

 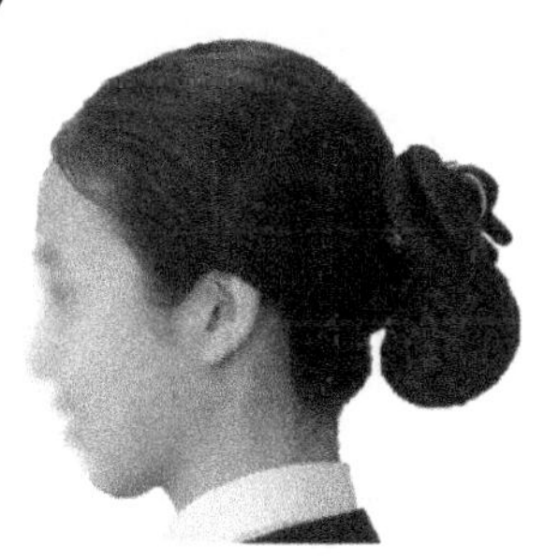

图5-1　女性动车组乘务人员的标准发型

2. 男性动车组乘务人员的发型要求

(1)每天保持干净,有光泽、无头皮屑。

(2)发型要修剪得体,轮廓分明,头发应梳理整齐,使用发胶、摩丝等定型,不得有蓬乱的感觉。

(3)头发两侧鬓角不得长于耳垂底部,发长前面不遮盖眼睛,后部不长于衬衣领。

(4)不得剃光头、烫发。

(5)头发应保持黑色或自然棕黄色,不得使用假发套。

(三)化妆

1. 化妆的程序

面部化妆必须按基本程序依次进行:清洁→涂护肤品→抹粉底霜→定妆→眉的修饰→

眼睛的修饰→鼻子的修饰→脸颊的修饰→唇的修饰→检查效果。

化妆完成后，要做全面、仔细、从局部到整体的检查，看是否达到了化妆的目的，是否体现了美容的效果。

化妆要点主要包括以下几个方面：

(1)妆面干净，浓淡适中，整体协调。

(2)眼、眉、面颊的化妆左右要一致。

(3)局部无缺漏或变形之处。

(4)牙齿不要粘上口红。

2. 女性动车组乘务人员的仪容要求

(1)当班前，必须按标准化淡妆，工作中还应注意及时补妆，补妆应在洗手间进行。

(2)唇线的颜色应与口红颜色一致，不得使用珠光色口红和不健康色的口红。

(3)眉毛的颜色应接近头发颜色，应修剪秀丽、整齐，眉笔应使用黑色或深棕色。

(4)使用眼影时，颜色应与制服颜色一致。

(5)画眼线时，颜色应使用黑色或深棕色。

(6)香水以清香、淡雅型香水为宜，不可过香、过浓。可喷口香剂保持口气清新。

(7)双手要保持清洁健康，指甲修剪整齐美观，指甲保持肉色，可涂透明色指甲油，但不得有脱落现象。指甲长度不超过指尖2毫米，指甲长度应保持一致。

3. 男性动车组乘务人员的仪容要求

(1)不得留胡须。

(2)双手要保持清洁健康，手指不得有抽烟留下的熏黄痕迹，指甲应保持清洁，修剪整齐，无凹凸不平的边角，长度不超过指尖2毫米。

(3)工作中始终保持手和面部的清洁卫生。

(4)可喷口香剂保持口气清新。

4. 化妆的礼节

化妆可使人变得楚楚动人，化妆的礼节则更能体现出一个人的修养。

(1)正式场合要化妆

当出席一个正式的场合时，女士应适当化妆，让自己容光焕发，富有活力，不化妆则被视为失礼。男士也应当进行适当的面容修饰。比如刮干净胡须，嘴唇轮廓和厚度不理想或唇色不正的，均可用唇笔描画并涂上男士专用唇膏来弥补。

(2)不要在公共场所化妆

我们经常会遇见这样的女士，她们对自己的容貌非常在意。不论是工作、学习、上街、社交还是在其他公共场所，一旦有了空闲，就马上掏出化妆盒来对镜修饰一番，旁若无人。然而，孰不知，在众目睽睽之下化妆是非常失礼的，这样做既可能有碍于人，也不尊重自己。如果真的有必要化妆或进行修饰的话，要在化妆间或无人的地方进行，切莫当众表演。

(3)不要非议他人的妆容

由于民族、肤色和个人文化修养的差异，每个人的妆容不可能都是一样的。就拿我国来说，有的省份的女士偏爱浓妆，有的则偏爱淡妆，而外宾的妆容就更具特点了。如美国的一些女性喜欢把脚趾甲涂得鲜红；东南亚一些国家的女性喜欢嚼槟榔，把牙齿染成黑色。对此,我们不要少见多怪,也不要以为自己的妆容就是最好的。对外宾的妆容尤其不要指指点点,也不要同外宾或不很熟悉的人切磋化妆技术。

(4)不要借用他人的化妆品

不要借用他人的化妆品,因为这是极不卫生的,也是很不礼貌的。

目前,我国男士使用的化妆品越来越多了,化妆品已不再为女士所专用。应当注意的是,一般情况下,男士使用化妆品不宜过多,以免给人以轻浮或拒人于千里之外的感觉。

(四)皮鞋

1. 女性动车组乘务人员的要求

(1)必须穿着统一配发的黑色工作鞋,皮鞋保持光亮无破损。不赤足穿鞋,不穿高跟鞋、尖跟(头)鞋、拖鞋、露趾鞋。

(2)自行购买的皮鞋的款式、颜色应与企业配发的工作鞋一致,不得有任何装饰物。

(3)高跟鞋以黑色寸跟、粗跟皮鞋为宜,鞋跟处更换皮胶垫,防止走路时发出响声。

2. 男性动车组乘务人员的要求

(1)必须穿着企业统一配发的黑色制式工作鞋,皮鞋保持光亮无破损。

(2)自行购买的皮鞋的款式、颜色应与企业配发的工作鞋一致。

(五)饰物

制服本身是一种不需要装饰用品的朴素服装。在使用饰品时必须谨慎行事。

(1)在穿制服时不适合带镶宝石的装饰品,如手镯、悬垂物、胸针、踝饰等。佩戴的外露饰物仅限款式简单的手表一只、戒指一枚,女性动车组乘务人员还可佩戴一副直径不超过3毫米的耳钉,发夹(发箍、头花)自然简洁。不允许戴显眼的眼镜,不戴彩色隐形眼镜。

(2)当班时,必须佩戴走时准确的手表,手表的设计以简单大方为宜,应体现服务人员的成熟个性,表带宽度不得超过2 厘米 ,颜色一般以黑色、棕色、棕褐色、灰色为宜,不得佩戴卡通、工艺、广告等形态夸张的手表,不得系挂怀表。

二、仪态礼仪

动车组乘务人员的专业形象是:活力、热情、文明、自信。

(一)面部表情

微笑是一种健康的、文明的、令人愉悦的举止,它是无声的语言,是人际交往的润滑剂,是自信、友好、善意的表示。正像一首法国诗里所说的:“微笑一下并不费力,但它却能产生无穷魅力,受惠者变得富有,施予者也并不贫穷。它转瞬即逝,却往往留下永久的回忆……”由于微笑可以迅速带来融洽的沟通氛围,它已成为一种基本的服务岗位礼仪规范(图5-2)。

1. 微笑的意义

日常生活中,笑容有很多种,包括大笑、微笑、偷笑、冷笑、嘲笑、怪笑、狞笑、狂笑等等。每一种笑容都传达出不同的心理,并产生不同的感受。只有微笑,给人以平静、柔和、亲切、善意、信任之感,也成为交往中通行的礼貌举止。人际交往中,保持微笑,至少具有以下作用:

(1)表现心境良好。面露平和欢愉的微笑,说明心情愉快,充实满足,乐观向上,善待人生,这样的人更容易展示性格的魅力,也更容易吸引他人。

(2)表现充满自信。保持微笑,表明对自己的能力有充分的信心,以不卑不亢的态度与人交往,使人产生信任感,容易被别人真正地接受。

(3)表现真诚友善。微笑反映自己心底坦荡,善良友好,待人真心实意,而非虚情假意,使人在与其交往中自然放松,不知不觉地缩短了心理距离。

(4)表现乐业敬业。工作岗位上保持微笑,是热爱本职工作,乐于恪尽职守的表现。同时,微笑更可以创造一种和谐融洽的气氛,让服务对象倍感愉快和温暖。

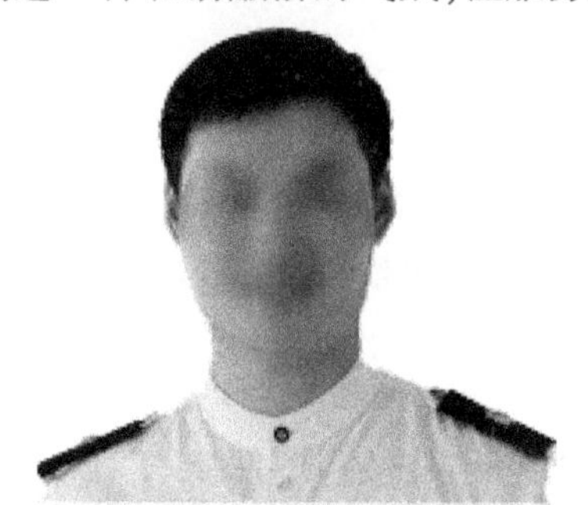

图 5-2　最美微笑

2. 微笑的要领

(1)微笑是指嘴角上扬的浅笑,往往笑不露齿。但是,在服务接待工作中,尤其是女性动车组乘务人员,露出牙齿的笑容看上去更加甜美、亲切。不论露齿与否,微笑都应面含笑意,笑不作声。微笑时,先要放松自己的面部肌肉,然后让自己的嘴角两端平均地向上翘起,使嘴唇呈现弧形。

(2)平时可以多进行微笑练习。练习时,可以站在镜子前,按照上述方法反复做微笑动作。每次微笑后,保持几秒钟的定型,对比寻找自己感觉最美的微笑。之后多次重复这一微笑动作。然后闭上眼睛,继续重复刚才的动作,感觉面部肌肉的位置。当最美的微笑动作熟练成自然后,你就可以随时、轻松地呈现自己美丽的微笑了。微笑时,嘴角微翘,嘴唇微启,表情真诚、自然。女性动车组乘务人员的微笑要甜美,男性动车组乘务服务人员的微笑要亲切。

今天,你微笑了吗?

美国希尔顿酒店创立于1919年,在不到90年的时间里,从一家酒店扩展到100多家,遍布世界五大洲的各大城市,成为全球最大规模的酒店之一。80多年来,希尔顿酒店生意如此之好,财富增长如此之快,其成功的秘诀在于牢牢确立自己的企业理念并把这个理念贯彻到每一个员工的思想和行为之中,酒店创造"宾至如归"的文化氛围,注重企业员工礼仪的培养,并通过服务人员的"微笑服务"体现出来。

希尔顿酒店的董事长,89岁高龄的唐纳·希尔顿在50多年里,不断到他分设在各国的希尔顿酒店视察业务。每到一处，他同职工说得最多的一句话是“你今天对客人微笑了吗？”即使在美国经济萧条的1930年，旅馆业80%倒闭，希尔顿酒店同样难免噩运的情况下，他还是信念坚定地鼓舞职工振作起来，共度难关；即使是借债度日，也要坚持“对客人微笑”。他坚信困难是暂时的，“希尔顿”事业一定会步入新的繁荣时期。他向同事们郑重呼吁：“万万不可把心中愁云摆在脸上。无论遭受何种困难，‘希尔顿’服务员脸上的微笑永远属于顾客。”他写的《宾至如归》一书，多年来被希尔顿职工视为“圣经”，而书中的核心内容就是“你对顾客笑了吗？”希尔顿就是在微笑中提供优质的综合服务。如今，“宾至如归”和微笑服务已成为希尔顿酒店的品牌和质量的象征。

（二）站姿（图5-3）

（1）挺胸收腹，双肩下沉，颈部正直，收下颚，身体自然挺直，面带微笑。

（2）女性动车组乘务人员：双脚并拢，右脚略向后，脚尖分开约45°，成“丁”字形，双手四指并拢，交叉相握，右手叠放在左手之上，自然垂于腹前。

（3）男性动车组乘务人员：双脚脚跟并拢，脚尖外张约成60°，双手自然叠放在身前，右手搭在左手上。

（4）车门口立岗时，头部可以微微侧向自己的服务对象，但一定要保持面部的微笑。手臂可以持物，也可以自然地下垂。在手臂垂放时，从肩部至中指应当呈现出一条自然的垂线。双脚之间可以以适宜为原则张开一定的距离，重心要放在脚后跟与脚趾中间。列车晃动或过弯道时，叉开的双脚不宜宽于肩部，把稳站牢。女士双脚一前一后站成“丁字步”，即右脚的脚后跟紧靠在左脚的脚窝处；双膝在靠拢的同时，前后略为重叠。

（5）进出站立岗时脚后跟位于翻板后缘（也可以位于翻板中心位置）；无翻板列车比照相同位置站立，身体不要贴于玻璃。

（三）坐姿（图5-4）

（1）入座时要轻、要稳。走到座位前，转身后轻稳地坐下，女士入座时，若是裙装，应用手将裙稍稍拢一下，不要坐下后再站起来整理衣服。

图5-3　站姿

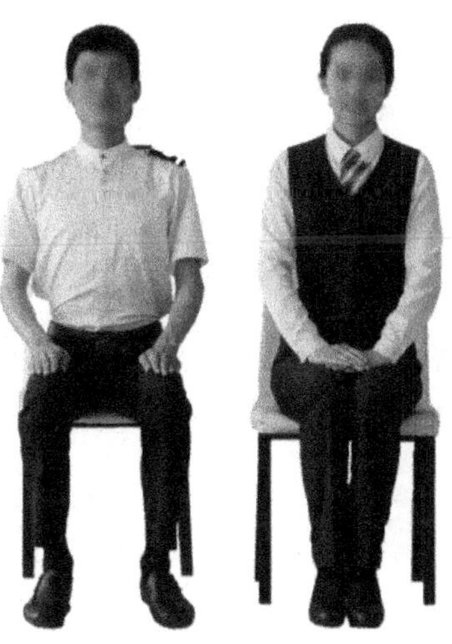

图5-4　坐姿

(2)面带笑容,双目平视,嘴唇微闭,微收下颌。不得打趣、玩笑和直接面对旅客整理个人仪容仪表,注意保持专业的坐姿和良好的精神面貌。

(3)双肩平正放松,两臂自然弯曲放在膝上,亦可放在椅子上或是沙发扶手上,掌心向下。

(4)入座时立腰、挺胸,上体自然挺直。

(5)两手相交放在腹部或两腿上,或者放在座位两边的扶手上。

(6)双膝自然并拢,双腿正放或侧放,双脚并拢或交叠。(男士动车组乘务员坐时双腿可略分开,男士两膝盖间的距离以一拳为宜,女性动车组乘务员两膝盖并拢,不能分开。)

(7)坐在椅子上时,应坐满椅子的2/3,脊背轻靠椅背。

(8)起立时,右脚向后收半步,而后站起。

(9)入座跟客人交谈时,要把身体不时转向左右两边的客人。谈话时可以有所侧重,此时上体与腿同时转向一侧。

(10)交谈结束后应慢慢站起,然后从左侧走出。

(四)走姿(图5-5)

(1)挺胸收腹,颈部正直,目视前方,身体自然挺直,以肩关节为轴,上臂带动前臂自然摆动,双脚内侧在同一直线上,不左右摇摆,脚步不过重、过大、过急(特殊情况除外)。

(2)行走要礼让,与旅客走对面时要主动停下,伸手示意让路,不与旅客抢道、并行。如需从正在交谈的旅客中间穿过,要客气地招呼,请求协助,可说“对不起”,得到旅客允许后,方可通过,并向旅客致谢。

(3)女性动车组乘务人员在车厢内或旅客周围巡视时,双手可自然相握,抬至腰间。

(4)动车组乘务人员集体进出站车时,要列队行走,女性在前,男性在后,列车长在队列左侧中后部同步行走。

(5)携带箱包行走时,拎(背)包或拉箱时,应队列整齐,步伐一致,箱(包)应在同一侧。

a)

b)

图5-5　走姿

（五）蹲姿（图5-6）

下蹲时，一腿在前，一腿在后，双脚内侧呈直线状，上身保持正直，右手压左手，叠放于两腿正中，轻蹲轻起，直蹲直起，起身后及时整理衣裙。在较低位置取拾物品时，不得弯腰，必须下蹲。蹲姿最常用于拾捡物品，设置翻板，为车厢通道两侧座位上的旅客清理餐板、地面，清点备品、与小朋友交谈等等。

a)

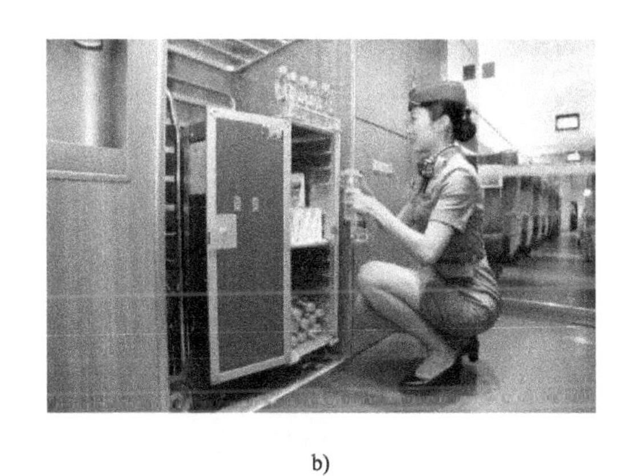

b)

图5-6　蹲姿

（六）鞠躬（图5-7）

鞠躬时应面带微笑，双脚并拢，脚尖略分开，双手四指并拢，交叉相握，右手叠放在左手之上，自然垂于腹前，身体向前，腰部下弯，头、颈、背自然成一条直线，上身抬起时，要比向下弯时稍慢些，视线随着身体的移动而移动。

（1）向旅客致意时，身体鞠躬为15°。与对方平视，有适当眼神交流，但眼光不离开对方的视线。

（2）迎送旅客和还礼时，身体鞠躬为30°。视线的顺序是：对方的眼睛—胸部—眼睛。

（3）向旅客致歉时，身体鞠躬为45°。切记要诚恳，不能面带微笑。视线的顺序是：对方的眼睛—脚尖—眼睛。

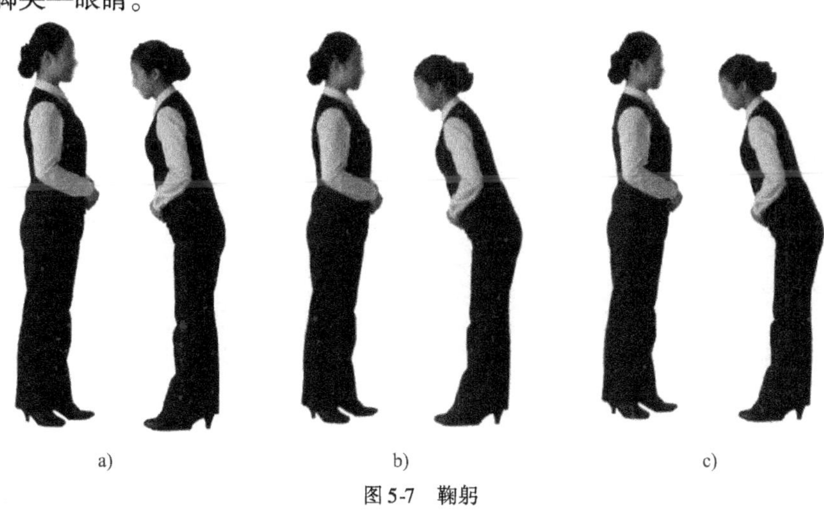

a)　　b)　　c)

图5-7　鞠躬

（七）指示方位（图5-8）

指示方位时，自然优雅，规范适度，应五指并拢，以肘关节为轴，小臂带动大臂，根据指示距离的远近调整手臂的高度，身体随手的方向自然转动，目光与所指示的方向一致。收回时，小臂向身体内侧略成弧线自然收回，手势动作应与表情和表意相一致，不能用单手指指点旅客或为旅客指向。

图5-8　指示方位的手势动作

（八）端拿递送（图5-9）

(1)服务时面带微笑，和旅客有适当的语言交流和眼神交流。

(2)端托盘时，双手端住托盘的后半部分，大拇指握紧托盘内沿，其余四指托住托盘底部。托盘的高度应在腰部以上，胸部以下，托盘端平，微向里倾斜。托盘上放置的物品不应过高，以不超过胸部为宜。

(3)拿东西时，应轻拿轻放。拿水杯时，应该一手握住水杯把（无把手水杯应拿水杯的下1/3处），一手轻托水杯底部。

(4)递送东西时，应站在旅客的正面与之成45°角的地方，双手递送；递送东西应到位，当对方接稳后再松手。

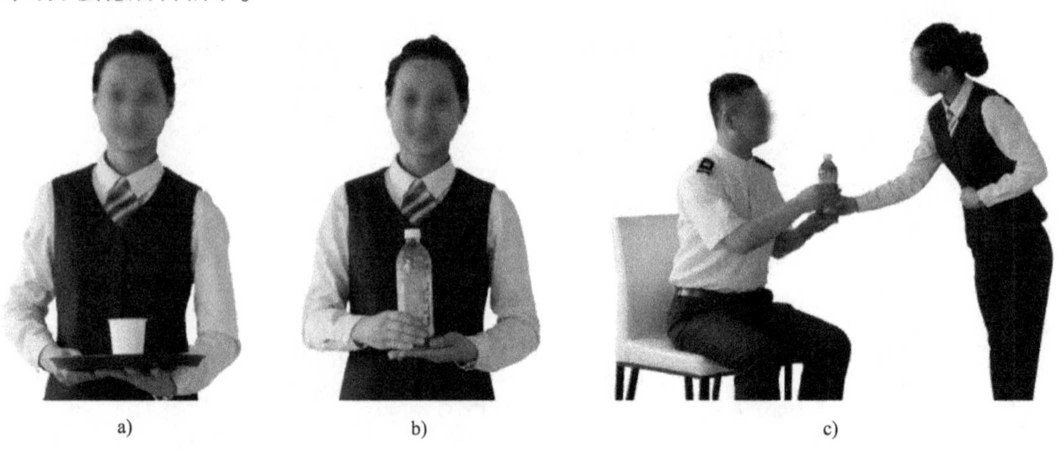

a)　b)　c)

图5-9　端拿递送

单元 5.3　动车组列车各岗位服务标准

单元导航

列车长是列车的行政负责人，领导乘务员质量良好地全面完成旅客和行包运输任务。严格执行安全制度，组织乘务人员落实“三品”查堵工作，严防火灾、爆炸事故。坚持全心全意为人民服务的宗旨，组织乘务员做好列车服务、广播宣传、饮食供应和卫生整容。认真听取并正确处理旅客意见，做到“三要、四心、五主动”，不断提高服务质量。精通本职业务，组织乘务员练好基本功。查验车票，正确填写票据、表报，妥善保管票款。加强班组管理，发挥群管组织作用，认真组织社会主义劳动竞赛，掌握评比资料，认真抓好典型，总结推广先进经验，密切站车协作，良好地完成每趟乘务工作。

相关知识

一、动车组列车长服务标准

（一）出乘作业

1. 出乘准备

(1)请领票据。按规定的时间请领票据、补票机，确认补票机日期、车次、票号准确，存根清零，签字确认。指派专人领取手持电台，作用良好，电量充足，签字确认。列车长根据车体监控配装情况领取监控卡包。

(2)登录出乘。使用手机 App 登录客运管理信息系统，修改车次、日期、车体号、定员、乘务人员分工等信息，完善本趟班重点工作内容，确认出乘。

(3)携带资料。检查客运记录、电报、客货票据交接登记簿、车补进款交接单、地面送餐交接单、动车组保洁质量验收单。

(4)检查终端。检查确认站车交互系统电量充足、作用良好。

2. 出乘学习

(1)值乘前，按规定的时间进行出乘前的学习(图 5-10)。

(2)检查仪容仪表。头发干净整齐、颜色自然，不理奇异发型，不剃光头。面部、双手保持清洁，身体外露部位无文身。女性淡妆上岗，指甲修剪整齐，长度不超过指尖 2 毫米，不染彩色指甲。着装统一，职务标志规范，胸章牌戴于左胸口袋上方正中，下边沿距口袋 1 厘米处（无口袋的戴于相应位置），臂章佩戴在上衣左袖肩下四指处。鞋袜颜色为深色系，鞋跟高度不超过 3.5 厘米，跟径不小于 3.5 厘米。佩戴的饰物限手表一只、戒指一枚，女性可佩戴一副直径不超过 3 毫米的耳钉(图 5-11)。

(3)检查持证上岗。检查健康证、上岗证、红十字会救护员证、防护员证携带情况，证件齐全，人证一致。

(4)传达上级文电。学习前对近期上级文件、电报提炼摘抄，组织学习传达，结合现场实际做好部署。

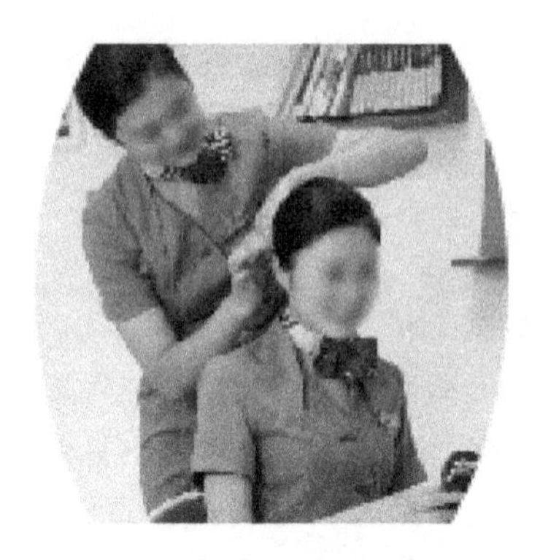

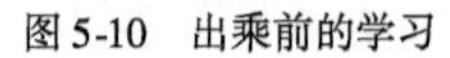

图 5-10　出乘前的学习　　　　图 5-11　女性乘务员佩戴饰品标准

(5)总结上趟班工作。对上趟班乘务工作进行总结,逐人点评,公布趟班考核情况。

(6)布置本趟班重点。结合当前重点工作,围绕“三个一”推进计划,对本趟班工作任务有针对性地做好部署。

3. 出乘点名

(1)指纹出勤。按照规定的时间组织乘务员列队,列车长在队伍尾部,整理着装,右手拎包,录入指纹。

图 5-12　列队出乘

(2)闯关答题。列车长打开闯关答题系统,抽取答题人进行答题闯关。

(3)接受命令。接受传达命令的指示,回答抽考提问,记录准确,乘务任务明确。

(4)列队出乘。按照指定行走路线行走,准备出乘(图 5-12)。

(二)接车作业

1. 接车准备

(1)检查保洁员。检查确认随车保洁员着装规范整洁,上岗证、健康证等证件人证相符,工具配备齐全,收取手机、烟火,加锁管理,做好登记。

(2)站台接车。在站台安全线内指定车门处列队,面向股道,箱包直立体前,呈一字横队,等候列车进站。列车到站停稳后,由指定车门统一登车。

2. 备品定置

(1)票据入柜。第一时间将票据、补票机放入金柜,修改初始密码,密码设置不能过于简单、规律性过强,金柜钥匙随身携带,密码不得外泄。

(2)检查定置。按照定置标准检查乘务箱包、专项服务备品、反恐备品、医药箱、应急备品、安检仪、超员凳、餐售备品、清扫工具等列车备品的定位存放情况。

3. 办理交接

(1)乘务备品。办理消耗品、坐席套、头枕片、防寒毯等乘务备品交接。

(2)保洁质量。办理保洁整备质量交接,掌握出库质量验收分数及存在问题,途中组织班组补强。

(3)上水确认。组织列车员核实各车厢净水箱水位及污水箱状态,录入客运管理信息系统。发现缺水较多及时报告高铁客服调度员联系车站补水。

(4)高铁快件。与高铁快件交接人员按装载清单办理交接,核对无误后签字确认,交接单一式三份,发站、到站、列车各一份,列车长终到后将交接单上交车队。有随车押运员的,列车长要对押运员的证件检查登记,回收烟火。

4. 检查确认

(1)设备检查。复查确认故障设备修复情况,检查确认视频、广播、电子显示屏担当车次等信息显示准确,音量适中,对新出现的设备故障及时通知随车机械师进行处理,无法修复时与随车机械师进行确认,由机械师在"动统 15"上做好记载(图 5-13)。

(2)餐售检查。检查委外餐售人员着装、上岗证、健康证、经营许可证、价格表、售货车等资料备品配备情况,抽查商品保质期。收缴烟火,由列车长统一保管并做好登记,检查餐售人员手机回收情况(图 5-14)。

图 5-13　设备检查

图 5-14　餐售检查

(3)监控检查。对视频监控的运行状态、安装状态进行复查,发现故障异常做好登记,及时上报。

(三)开车前作业

1. 联控对时

(1)司机对时。始发前列车长通过对讲与司机核对时间,确保时间一致。对时用语:"××次司机,请核对时间。""现在时间×点×分×秒,时间一致,××次列车长明白。"

(2)列车员对时。列车长与司机对时后立即与列车员核对时间。对时用语:"××次各车列车员请核对时间,现在时间×点×分×秒。"

(3)登录终端。开车前 5 分钟登录站车客运信息无线交互系统,输入车次、担当单位、列车长姓名、电话。登录客运管理信息系统,输入列车长个人账号、密码。

2. 组织乘降

(1)组织立岗。始发前按规定的时间由列车长通知列车员、随车保洁员到指定位置立岗,迎接旅客上车。列车长立岗位置:短编组动车组列车在 4、5 号车厢之间;重联时,前组列车长在 7、8(9、10)号车厢之间,后组列车长在 4、5(12、13)号车厢之间(具体位置可由担当列车单位根据实际情况确定)。

(2)站台引导。在指定位置立岗,解答问询,引导旅客乘车。

(3)业务交接。与车站办理重点旅客、遗失物品转送等客运业务交接。

(4)重点帮扶。对车站移交和列车发现的重点旅客组织列车员引导入座,安放行李,做好安全提示和重点服务(图5-15)。

图5-15 帮扶重点旅客

3. 广播播报

(1)播放广播。开车前按规定的时间提示兼职广播员手动播报开车前音乐,开车前按规定的时间手动播报开车前预告。

(2)监听确认。列车长要随时监听广播音量及播报内容,发现异常及时通知随车机械师处理。

4. 联控发车

(1)列车员确认。始发站开车前,列车长与列车员确认旅客乘降情况。

(2)前后组确认。重联时,后组列车长确认本组作业完毕后,向前组列车长报告。联控用语:"××次前组车长,后组旅客乘降完毕。"

(3)站车确认。车站停止检票后,列车长要与站台客运人员确认旅客乘降、上水吸污等客运作业是否完毕。

(4)瞭望确认。列车长在关门前,再次瞭望确认:旅客乘降完毕、高铁快件装卸完毕、餐售装卸作业完毕(图5-16)。

(5)联控关门。列车长确认具备关门条件后,联控司机进行关门作业。联控用语:"××次司机,旅客乘降完毕,请关闭车门。"

(6)应急处置。遇动车组初起叫停等特殊情况时,及时采取措施,妥善处理。

图5-16 瞭望确认

(四)开车后作业

1. 广播播报

(1)播放广播。开车后提示兼职广播员手动播报始发通告和其他安全类、服务类广播。

(2)监听确认。列车长要确认视频、广播、电子屏的播放及显示内容准确、音量适中、播放及时。

2. 巡视检查

(1)安检查危。由列车长牵头组织客运人员开展车上安全检查。手持金属探测仪原则上适用于对旅客进行人身检查,在检查金属行李架等处放置的行李包裹时以开包抽查为主。

(2)安全巡视。列车长开车后要进行全面巡视,重点检查车门、翻板、各柜门锁闭状态。提示旅客遵守安全乘车规定,及时制止可能损坏车辆设施和影响安全的行为。落实动车组列车禁烟制度,及时检查卫生间、通过台等重点部位,发现吸烟的旅客及时制止,按规定移交公安部门依法处理。未配备乘警的,会同随车机械师对灭火器、安全锤等防火、安全设备进行检查，发现问题及时报告公安部门。

(3)确认监控。检查车厢视频监控设备的安装、运行状态，发现问题及时处理。

(4)车容检查。检查行李架、衣帽钩、大件物品摆放及商品、高铁快件堆码情况；巡视电茶炉、卫生间等部位，做到通道畅通，卫生整洁，备品充足，温度适宜。

(5)专项备品交接。根据商务座、一等座专项备品的配备情况与餐车长、列车员核对领取数量，准确无误后签字确认。

(6)掌握旅客动态。掌握车内旅客动态，积极做好服务工作，耐心解答问询，落实"首问首诉"负责制，积极响应旅客诉求，遇有重点旅客主动提供帮助。

3. 召开会议

(1)总结上趟班工作。列车长根据列车人员配备和党员分布情况组织召开"多乘一体"和乘务党支部会议，对上趟班工作情况进行总结，总结内容要包括上趟班重点工作落实情况和存在问题。

(2)布置本趟班重点任务。列车长结合当前重点工作和各岗位工作特点对本趟班重点任务进行布置，并负责组织监督落实。

(五)途中作业

1. 业务办理

(1)席位核对。列车长根据站车信息交互系统提供的乘车席位信息，对儿童票、学生票、减价优待票、挂失补票等特殊票种进行核对，确保"票、证、人"一致。同时，驻足车厢抽查列车员席位核对执行情况。

(2)票务办理。按章办理实名制补票、挂失补及电子票等业务，处理违章态度和蔼，执行规章熟练准确，减少对旅客的干扰。

2. 作业检查

(1)检查列车员作业。途中车内巡视，要驻足车厢监督检查列车员商务座专项服务、席位核对、文明用语、车内整容，发现问题及时指正，督促整改，并按规定进行考核，纳入星级管理。

(2)检查保洁作业。清洁车作用良好、定位停放，督促保洁员途中加强电茶炉、卫生间、通过台等重点部位的保洁，易耗品及时补充，卫生间及时清理，车内卫生随脏随扫，对满溢垃圾袋及时更换，系紧扎严，定位放置。加强卫生间巡检，始发(折返)开车后，列车长首次巡检时间为开车后1小时。运行途中，列车长每2小时对全列卫生间进行一次全面巡视，及时督促列车员、保洁员对卫生间进行清理，并及时将检查情况记录在《动车组列车卫生间保洁作业巡检记录》中。

(3)检查餐售作业。每1小时检查餐车后厨及商品、特产、盒饭售卖工作，商品无过期、变质，价签完整、包装完好，按规定提供发票。检查售货员赠品发放工作。始发后10分钟、终到前20分钟和途中到站前、开车后5分钟内不进入车厢内流动售货。

(4)检查高铁快件。运行途中巡视、检查高铁快件押运人员"两纪"、集装件码放、外包装、施封等状况，发现异常及时上报，并妥善处理。

(5)检查订餐配送。网络订餐站开车后，先行组织列车员依据餐食派送单于30分钟内将餐食配送完毕，再进行其他作业。派发时需通过车票或手机号核验旅客身份，通过手机

App 标记异常订单,无反馈信息订单视为正常订单。无座订餐旅客应在票面标记车厢号,等候列车派发人员送餐或联系餐车服务人员,凭订单手机号码后 5 位领取餐食。终到后将餐食派送单交车队。

(6)组织用餐。组织班组列车员按规定区间,在指定位置用餐。用餐时段安排列车员轮换用餐,组织其他工作人员加强车内巡视,做好服务工作。

(7)检查深度保洁。在指定区间组织列车员和随车保洁员进行深度保洁、卫生补强,做到有布置、有检查。

3. 车厢巡视

(1)安全巡视。落实安全巡视制度,运行途中,列车长每隔 1 小时巡视一次车厢,全程运行不足 1 小时的动车组列车,按始发站、中途站和终到站对车厢进行巡视(图 5-17)。

图 5-17　安全巡视

(2)设备检查。加强设备设施检查,做好爱车宣传,发现故障及时通知机械师到场处理,对不能立即修复的设备问题,督促机械师在动车组随车机械师手册(动统 15)中引记,终到前确认。

(3)首问首诉。掌握车内旅客动态,有问必答,答必准确,积极做好服务工作,落实"首问首诉"负责制,掌握重点旅客,主动提供帮助。

(4)播放广播。运行中确认视频、广播、电子屏的播放及显示内容准确、音量适中、播报及时。提示兼职广播员播放便捷换乘广播,做到及时准确,正确引导。对餐车位置、餐食品种供应服务的广播介绍(时段仅限 7:00 ~ 9:00、11:00 ~ 13:00、17:00 ~ 19:00),时长不超过 30 秒,每时段广播不超过两次。遇有中途调向时,到达调向站前和开车后,播报座椅调向广播。安全宣传、文明出行、征信宣传等安全服务类广播单程运行 3 小时以内的,仅始发开车后播报;3 小时以上的,单程播报累计不超过 3 次。7:00 前、13:00 ~ 14:00、21:30 后运行的列车,不播放服务营销广播。凡以录音化播报的一站三报、文明出行和安全宣传等内容,乘务人员均不得在车内大声口头宣传。遇自动播报故障时,及时人工广播或人工宣传,到站前提示列车员宣传到位,到指定车门处引导。

(六)到站前作业

1. 作业检查

(1)检查卫生间清理。到站前,列车长对全列卫生间全面巡视一次,发现问题及时督促列车员、保洁员进行清理。

(2)检查备品补充。到站前对车内消耗性备品补充情况进行检查,发现消耗品缺少及时组织随车保洁员和列车员进行补充,确保旅客正常使用。

(3)检查车容卫生。到站前对全列车容和车内卫生情况进行检查,车内垃圾回收及时,地面洁净,对旅客下车前使用过的座椅、小桌板、窗帘及时组织列车员和保洁员进行复位,确保整齐规范。

(4)检查垃圾定置。到站前检查垃圾袋更换及定位存放情况,确保垃圾袋系紧扎严,防止渗漏,放于非乘降车门侧。

(5)组织重点帮扶。到站前,检查列车员对重点旅客和商务座、特等座、一等座旅客的到站提醒作业,为需要帮助的旅客提前联系车站,与车站办理重点旅客交接。

2. 出场立岗

(1)掌握旅客乘降。到站前,查看站车客运信息交互系统,掌握旅客乘降情况,有针对性地做好安排部署。

(2)播放换乘广播。便捷换乘站到站前,到站通报播报后,提示兼职广播员手动点播便捷换乘广播。

(3)提前出场立岗。到站前,提前到指定位置出场立岗,做好业务交接准备。

(七)站停作业

1. 组织乘降

(1)全面瞭望。列车到站停稳开门后,列车长要对全列车门开启情况和旅客乘降组织情况进行瞭望。

(2)重点组织。对上下车客流较大的车厢,列车长要提前到岗到位,重点组织,有效预防上下车对流等问题的发生。

(3)安全宣传。督促乘务人员对在车门处逗留和吸烟的旅客加强安全提示,组织提前上车,避免漏乘。

(4)扶老携幼。对立岗车门处上下车的旅客做好安全提示和扶老携幼工作,重点提示儿童旅客注意站台缝隙,确保安全。

2. 业务交接

(1)定餐交接。指派专人在网络订餐站和地面送餐站与送餐人员办理交接,核对无误后签字确认。

(2)站车交接。在指定位置出场,与车站办理遗失物品、特殊重点旅客等客运业务交接。

(3)车递款袋。遇有车递款袋交接时,核对准确无误后签字确认,一式三份,发站、到站及列车各一份,重款袋放入金柜加锁,妥善保管。

3. 发车确认

(1)列车员确认。开车前,列车长与列车员确认旅客乘降情况。

(2)前后组确认。重联时,后组列车长确认本组作业完毕后,向前组列车长报告。

(3)站车确认。车站停止检票后,列车长要与站台客运人员确认旅客乘降、上水吸污等客运作业是否完毕。

(4)瞭望确认。列车长在关门前,再次瞭望确认:旅客乘降完毕、高铁快件装卸完毕、餐售装卸作业完毕。

(5)联控关门。列车长确认具备关门条件后,联控司机进行关门作业。

4. 应急处置

(1)初起叫停。列车停站或初启动,站车客运人员发现危及旅客人身安全或行车安全,需紧急叫停列车时,使用全路统一的站车无线通信频率(467.200)呼叫司机停车。呼叫用语为:“××次司机,请立即停车,××次列车长报告。”相关人员做好应急处置。紧急事件处理完毕后,呼叫者通知列车长,列车长通知司机紧急事件处置完毕,同时按规定程序通知司机关闭车门。初起叫停范围:客运营业站开车后至列车尾部过出站信号机前。

(2)联控不畅。因设备故障或频道长时间占用等,列车长通知司机关闭车门连续三次无应答后,应立即通过 GSM-R 电话联系司机进行关门作业,如司机仍然无应答应立即会同机械师到现场确认,及时妥善进行应急处置。

(3)车门故障。动车组列车到站停稳后,自动开关门装置发生故障(停车超过 5 秒钟,车门仍未激活)时,司机使用对讲机通知随车机械师和列车长,列车长负责组织列车员手动开车门,随车机械师到场处理相关故障。发车前车门出现故障时,立即通知随车机械师到场处理。

(八)终到前作业

1. 检查作业

(1)检查车容卫生。全面巡视车厢,全面卫生清理。检查乘务人员使用清洁车收取垃圾,垃圾袋撤换及空余座位小桌板、遮光帘(幕)收起复位等情况。提醒旅客整理好随身携带物品,做好下车准备。

(2)检查餐售作业。检查餐售到站前作业,餐台、后厨、前厅卫生全面清理,按规定时间收取商品、货物。

(3)检查设备设施。检查防火安全、设备设施状态,终到前将上部服务设施故障问题报机械师确认,机械师在"动统 15"上做好引记。到站前监控广播、电子屏、视频播放及显示,确保内容准确、音量适中、播放及时。

2. 清点确认

(1)清点票款。终到前列车长清点票据票款,核实准确无误后填写《车补进款交接单》,一式四份,一份交车站,三份回段交审核室,票款入柜加锁。

(2)专项赠品。与餐车长、列车员核对专项服务赠品使用数量,签字确认,一式两份,一份交餐车长,一份列车长留存上交。

(3)保洁认证。对随车保洁员往返工作质量进行认证,填写《动车组保洁质量验收单》,保洁员签字确认,一式两份,一份交随车保洁员,一份列车长留存上交。

(4)备品交接。根据列车剩余备品数量和应急备品、药箱内备品使用情况,据实与接车质检员交接,并且发送备品交接微信群。

3. 出场立岗

(1)掌握旅客乘降。到站前,提醒旅客整理好随身携带的物品,帮助特殊重点旅客提前到车厢门口处做好下车准备。对团体和军运等重点任务提前到场组织,确保乘降有序。

(2)播放终到广播。终到前 10 公里,到站前预告后,播放终到音乐,监控广播、电子屏、视频播放及显示。内容准确、音量适中、播报及时。

(3)出场立岗。列车长在指定位置提前出场,做好站车交接准备。

(九)终到(折返)作业

1. 办理交接

(1)站车交接。列车到站停稳后,在指定车门处与车站办理客运业务交接。

(2)快件交接。在立岗位置与高铁快件交接人员按集装件交接单和装载清单办理签字交接,一式两份,快件快运公司及列车各留存一份。

(3)库乘交接。与客运质检员办理设备设施、终到卫生及乘务备品交接。组织列车员收取剩余消耗品,整理商务防寒毯、应急备品、药箱、安检仪及脏污座席套、剩余消耗品等乘务备品,定位存放。

(4)换班交接。涉及客运班组中途开口换班的,终到后组织列车员将商务饮品赠品、消耗品、乘务备品定位放置,与接班列车长、列车员办理设备设施、卫生质量、餐售保洁及乘务备品等事项交接。

2. 巡视检查

(1)检查乘降情况。旅客下车过程中,全面监控各车厢乘降情况,遇有重点旅客或下车人数较多的车门,安排列车员或亲自到场组织,确保安全。

(2)检查遗失物品。旅客下车完毕后,对车厢进行全面巡视,发现旅客遗失品,与乘警共同开包查验,编制记录,交站处理。

(3)检查卫生质量。全面检查终到卫生质量及垃圾投放情况,对不达标处所,立即督促保洁员、列车员整改补强。

(4)组织撤除监控。旅客下车后,针对车体监控配备情况,按照段、车队要求,组织列车员撤除监控卡,清点数量,装入监控卡包。

3. 折返整备

(1)保洁整备。乘务折返交路时,客运班组督促折返保洁,做好转椅转向、消耗品补充、卫生清理工作,确保质量。

(2)质量认证。折返保洁作业完毕后,检查验收保洁质量,发现问题及时督促整改,做好质量认证工作,填写《动车组保洁质量验收单》,与保洁班长签字交接。

(3)上水确认。折返站有上水作业时,组织列车员对车厢水位进行逐车确认,发现问题及时与车站沟通协调,确保辆辆满水。遇有终到吸污作业,及时组织列车员锁闭卫生间。

4. 异地待乘

(1)入驻公寓。终到作业完毕后,列车长组织站台列队,按照列车员、餐饮服务员、保洁员、乘警、列车长的顺序(重联时前后组统一列队,分列两队),列队到公寓待乘保休。

(2)票款加锁。列车长入住房间必须放有金柜,办理完入住手续后,第一时间将票款入柜加锁,更改密码。重联时前后组票款分别锁装款袋入柜。

(3)检查“两纪”。公寓待乘期间,列车长为管理第一责任人,加强待乘纪律、保休质量及内务卫生的督促检查,确保人身安全及待乘房间整洁、达标。

(4)折返出乘。按照规定时间组织召开出乘会,收缴手机、烟火,抵达车站接车。

(十)退乘作业

1. 列队退乘

(1)恢复密码。终到作业完毕后,取出票款,入票据包加锁管理,随身携带,不得交于他人代管,金柜恢复初始密码。

(2)终到缴款。组织乘警、中号列车员一同护送押款,到终点站指定窗口缴款,笔迹工整清晰,印章齐全,账款相符,在终到押款交接记录簿上签字。

(3)指纹退乘。列队或乘坐班车到段派班室,录入指纹退乘。

(4)趟班总结,总结往返趟班工作,指出存在问题,提出整改要求。

2. 备品交接

(1)票据入柜。派班室退乘后,第一时间到段审核室上交车移报告,检查确认补票机内无票据遗留,与审核员办理签字交接,票据入柜,加双锁管理。

(2)监控卡交接。按照段要求,指派专人至段调度指挥中心交接视频监控卡。

3. 汇报统计

(1)终到汇报。遇有上级检查,终到后或终到次日到车队及相关科室汇报检查情况。将检查记录、乘务餐交接单、赠品交接单、保洁认证单、网络订餐单、快件运输单等纸质资料表报按规定上交车队。

(2)报表填记。列车长按时填写收入日报表、互联网订餐统计表、保洁分数统计表等基础表报,填记规范,数据准确,上报及时。

二、动车组列车员作业标准

(一)出乘作业

1. 一看

(1)仪容仪表。着装规范,换装统一。头发干净整齐、颜色自然,不理奇异发型,不剃光头。面部、双手保持清洁,身体外露部位无文身。女性淡妆上岗,指甲修剪整齐,长度不超过指尖2毫米,不染彩色指甲。职务标志佩戴规范,胸章牌戴于左胸口袋上方正中,下边沿距口袋1厘米处(无口袋的戴于相应位置),臂章佩戴在上衣左袖肩下四指处。鞋袜颜色为深色系,鞋跟高度不超过3.5厘米,跟径不小于3.5厘米。佩戴的饰物限手表一只、戒指一枚,女性可佩戴一副直径不超过3毫米的耳钉。

(2)持证上岗。携带健康证、上岗证、红十字会救护员证、防护员证,证件齐全。

(3)终端调试领取视频监控卡,检查确认站车交互系统电量充足,作用良好,监控卡齐全,签字确认。

2. 二交

上交烟火、手机。主动将手机、香烟、打火机上交车长。

3. 三学

(1)上级文电。听取列车长传达上级文件精神、命令指示,认真做好记录。

(2)趟班重点。对上趟乘务工作中存在的问题吸取经验教训,掌握本趟乘务工作重点,乘务中认真落实。

(3)一招一式。按照月度演练计划,结合现场实际,进行一招一式服务礼仪演练,提高服务技能。

4. 四出乘

(1)按指纹。按规定时间录入指纹后整理仪容,准备出乘。

(2)答题闯关。被抽中的答题人出列到电脑前,进行答题闯关,答题完毕后归队。

(3)接命令。闯关答题后,接受命令指示,回答抽考提问,重点明确。

(4)出乘。整齐列队,按规定行走线路图进站接车。

（二）接车作业

1. 一定

(1)定时接车。始发前 30 分钟(站台交接时,列车进站前 15 分钟)统一列队到站台接车。

(2)定位登车。到达站台后,于站台指定车门处列队。面向股道,箱包直立体前,呈一字横队,等候列车进站。列车到站停稳后,统一登车。

(3)定置备品。上车后,将乘务箱包按照定置标准摆放在备品柜内。做好应急备品、药箱、清洁车、安检仪及靠枕、拖鞋、暖瓶、饮品、休闲食品等专项服务备品的定置摆放。安装开启视频监控设备。

2. 二查

(1)查设施。检查担当车厢各柜门、镜门锁、安全锤、灭火器、逃生窗、紧急制动阀等安全设备状态良好,作用正常;视频、广播、电子显示屏等信息显示准确,音量适中。检查反恐备品、医药箱、应急备品、安检仪等配备齐全,作用良好。

(2)查整备。清点商务座、特等座、一等座的饮品、休闲食品及专项服务备品数量,整理消耗品、坐席套、头枕片、防寒毯等乘务备品。检查保洁整备质量,对列车出库存在的问题,途中重点补强。核实各车厢净水箱水位及污水箱状态。

(3)查快件。检查车站高铁快件装卸、码放、施封、外包装及件数。

3. 三报告

确认报告。对设备故障、缺水情况、整备质量、高铁快件装载情况及时向列车长报告。

（三）开车前作业

1. 一校对

(1)校对时间。接到列车长核对时间指令后与列车长对时。对时用语:“现在时间 × 时 × 分 × 秒, × 车列车员收到。”

(2)登录终端。开车前 5 分钟登录站车客运信息无线交互系统,输入车次、担当单位,下载数据。

2. 二组织

(1)引导入座。车站检票时,在车厢内解答旅客问询,引导重点旅客就座。

(2)摆放行李。旅客上车后,巡视帮扶,协助旅客安放行李,确保通道畅通,大件行李存放处及行李架物品平稳牢固、整齐美观。

3. 三确认

(1)确认广播。开车前 10 分钟兼职广播员播放开车前音乐,开车前 5 分钟播放始发前通告。乘务人员监听广播音量,监控电子屏、视频播放情况,发现异常及时报告列车长。

(2)确认乘降。开车前 5 分钟,回到指定车门处立岗,确认旅客乘降、高铁快件和餐车物品装卸情况。

立岗位置:单组小号列车员 1 车,中号列车员 5、6 车,大号列车员 8 车;重联时列车员立岗位置不变。

(3)联控报告。车站停止检票,确认旅客乘降完毕后,使用对讲机向列车长报告。报告用语:“××次×~×车旅客乘降完毕。”

(四)开车后作业

1.一巡视

(1)看通道。列车驶出站台后,列车员对值乘的车厢进行巡视,清理通道,对最后一排座椅后部放置的行李串动现象进行提示和整理,保证通道畅通。

(2)看需求。通过巡视掌握旅客动态,通过眼神交流掌握旅客需求,积极做好服务工作,遇有重点旅客主动提供帮助,并及时告知列车长。

(3)看设备。检查值乘车厢的车门、翻板、站台补偿器、各柜门状态,发现问题及时告知列车长。

(4)看角落。落实动车组禁烟管理,及时检查卫生间、通过台、座椅下、垃圾箱等重点部位和阴暗角落,发现异常情况及时处置报告。

(5)衣帽钩、扶手无挂包现象,旅客下车后对使用过的座椅、脚踏、小桌板、窗帘及时复位,确保车容整洁。

2.二劝阻

(1)儿童跑动。对儿童旅客车内随便跑动、座席站立、坐卧茶桌板等安全隐患行为,及时劝阻和制止,对同行人做好安全宣传和提示。

(2)行李脱落。巡视过程中,对行李架物品及时整理,行李架物品摆放平稳牢固,无铁器、锐器,提示旅客将背包侧兜内的水杯、饮料瓶、雨伞等物品及时取下,以免滑落砸伤他人。

(3)热水烫伤。加强防烫宣传,为有需求的重点旅客送水到座,对接水过满、水杯敞口的旅客及时进行安全提示,确保安全。

(4)违规用电。对旅客使用公共区域电源连接插排、使用大功率电器、给充电宝充电等违规用电行为进行制止。

(5)不文明行为。对旅客霸座、越席、脚蹬墙板、大声喧哗、手机外放声音过大、影响社会公德等不文明乘车行为及时劝阻制止,做好舆情防控。

3.三服务

(1)专项服务。主动为商务座旅客介绍服务项目,提供饮品、餐食、小食品、小毛巾、耳塞、防寒毯等服务,逢用餐时间(供餐时间为:早餐8:00以前,正餐11:30~13:00、17:30~19:00),免费供应餐食。G字头跨局动车组特等座、一等座车提供饮品、小食品、送水服务。

(2)首问首诉。接待旅客主动热情,使用统一规范的服务用语,保证旅客的求助、问询和投诉在最短的时间、以最快的方式得到解决。对旅客提出的问题不能解决时,指引到相应岗位,并做好耐心解释。

(五)途中作业

1.一核实

(1)核席位。始发站全面验票,途中站利用核票终端对上车旅客、无座旅客及空余席位进行重点核验(特殊区段另有规定除外)。核对时,小号、中号列车员“面对面”核验,中号、大号列车员“背对背”核验(一长四员时,1~4车、5~8车分别“面对面”核验)。核票时发现挂失补、票证人不一致或其他乘车条件不符情况及时报告列车长。

(2)核重点。车票核验过程中对老、幼、病、残、孕等重点旅客及使用辅助器具的特殊重点旅客在核票终端中做好标记。重点对挂失补票、学生票、儿童票、军残票、铁路乘车证等特殊票种重点核验，发现不符及时报告列车长。

2. 二盯控

(1)保洁作业。运行途中，巡视检查电茶炉、洗面间、卫生间、车厢内等保洁质量，督促保洁员落实卫生随脏随扫制度，对满溢垃圾袋及时更换，系紧扎严，防止渗漏，定置于非乘降车门侧。列车员和保洁员应定时对卫生间进行巡检，保洁员每半小时巡检一次，列车员每一小时巡检一次。乘务中主动上手，协助保洁补充易耗品和卫生清理工作。

(2)餐售作业。监督委外人员商品、盒饭售卖作业，规范经营行为，发现问题及时报告列车长。始发后10分钟、终到前20分钟和途中到站前、开车后5分钟内不进入车厢内流动售货。

3. 三服务

(1)专项服务。随时关注商务座呼叫器，及时回应，提供服务；不定时对商务座、特等座、一等座车厢进行巡视，掌握旅客服务需求，饮品及时续杯，保证不间断供应。

(2)重点服务。对重点旅客做到“三知二有”，发现旅客乘坐轮椅时，应引导至残疾乘客专用区域，并协助旅客固定轮椅。为有需求的特殊重点旅客联系到站提供担架、轮椅等辅助器具。对视力残疾携带导盲犬的旅客，应检查相关证件并予以协助。

4. 四整理

(1)整理车容。加强车内巡视，随时对空余座位的小桌板、遮光帘(幕)、杂志、座椅扶手、脚蹬等进行复位；及时清理座席面上的杂物；对行李架、衣帽钩、大件行李存放处及时整理，确保车容整洁。

(2)补充备品。督促并协助保洁员及时更换、补充清洁袋、纸杯、坐便垫、卫生纸、擦手纸等服务备品。

(3)深度保洁。结合车体出库卫生状况，利用列车运行的大区间对重点部位进行卫生补强作业。

5. 五用餐

轮换用餐。在指定用餐区段，列车员、保洁员、售货员采取轮换用餐制度。轮换用餐时，其他工作人员加强车内巡视，保证车厢不空岗。

(六)到站前作业

1. 一巡查

(1)卫生保洁。到站前，对值乘车厢和卫生间进行一次全面巡视，发现问题及时督促保洁员进行整改。

(2)消耗品补充。到站前巡视车厢时，督促保洁员及时更换、补充纸杯、清洁袋、坐便垫、卫生纸、擦手纸等服务备品。

(3)车容整理。到站前，整理行李架、衣帽钩、大件行李存放处，到站通报后，对下车旅客的小桌板、脚踏、座椅、窗帘等及时复位。

2. 二提示

(1)提示到站。利用核票终端掌握车内旅客乘降情况，对睡觉、戴耳机观看影音的下车旅客进行重点提示,到指定车门口等候下车。

(2)提示重点。到站前,对重点旅客及商务座、特等座、一等座下车旅客逐人提醒,提示旅客携带好随身物品,做好引导。

3.三出场

(1)播放换乘广播。便捷换乘站到站前,兼职广播员手动点播便捷换乘广播。同城两站都是便捷换乘车站且都经停时,两站均播放便捷换乘广播;其中一站是始发站时,不播放便捷换乘广播。

(2)提前到岗出场。提前出场,到指定位置立岗,提前组织下车旅客到车门口等候。

(七)站停作业

1.一宣传

(1)安全乘降。对车门口乘降的旅客加强安全宣传,组织先下后上,提示旅客注意脚下,同时做好扶老携幼工作。

(2)旅客吸烟。中途站停时,监控值乘车厢旅客乘降情况,对站在车门处吸烟的行为予以制止,对在车门周围逗留和吸烟的旅客加强安全提示,避免漏乘。

2.二确认

(1)旅客乘降。对值乘车厢乘降情况进行瞭望,确认车上无到站未下车的旅客,站台无滞留未上车的旅客。

(2)快件装卸。确认高铁快件装卸完毕。

(3)垃圾投放。在垃圾投放站,旅客乘降完毕后,协助并提示保洁员将垃圾袋投放在站台指定位置,无敞口、渗漏。

3.三报告

(1)旅客乘降。确认旅客乘降及高铁快件装卸完毕后,及时向列车长报告,乘降过程中应不间断瞭望,确保安全。

(2)司机换乘。在司机换乘站,列车员应加强车门口乘降组织,提示旅客让司机先行上车,保证司机换乘作业,司机换乘完毕后向列车长报告。报告用语:“××次列车长,×~×车旅客乘降完毕,司机换乘完毕。”

(八)终到前作业

1.一保洁

(1)卫生保洁。协助保洁员全面清理卫生,使用清洁车收取垃圾,清理小桌板、座椅面、地面上的杂物,对车内地面、通过台、电茶炉、卫生间、洗手盆进行全面擦拭,对满溢垃圾袋及时更换,系紧扎严,在垃圾投放站指定位置投放。垃圾袋损坏时要及时套袋,防止渗漏。

(2)车容整理。组织旅客对遮光帘(幕)、小桌板、座椅(扶手)和脚踏等进行全面复位,确保车容整洁。

2.二检查

(1)设备设施。全面巡视车厢,检查灭火器、安全锤、紧急制动阀、电茶炉、洗手盆等设备设施状态。对发现的问题及时向列车长汇报,通知机械师修复。对不能修复且影响旅客使用的设备问题要做好解释和服务工作。

(2)清点备品。到站前对剩余备品进行清点,对药箱和应急备品箱内的备品进行检查,将备品剩余数量和需要更换补充的药品、应急备品准确向列车长汇报。

(3)交接赠品。商务座、一等座列车员与餐售人员核对领取、发放专项赠品、饮品及商务餐的数量,并将往返使用情况向列车长汇报。

3.三宣传

(1)广播播报。兼职广播员播放终到前音乐,乘务人员监控广播、电子屏、视频播放及显示,发现异常及时报告列车长。

(2)携带品提示。到站前,列车员整理车容时,提醒旅客带好随身携带的物品,做好下车准备。

(3)重点帮扶。帮助重点旅客提前到车厢门口处做好下车准备,对行动不便需要辅助器具的特殊重点旅客做好重点照顾,提前到指定车门位置立岗。

(九)终到(折返)作业

1.一立岗

(1)安全宣传。对车门口乘降的旅客加强安全宣传,提示旅客注意脚下,确保安全。

(2)扶老携幼。对下车重点旅客做好帮扶,对有轮椅、担架等服务需求的特殊重点旅客报告列车长,联系车站提供辅助器具。

2.二巡视

(1)车容备品。旅客下车后,对遮光帘(幕)、小桌板、座椅(扶手)和脚踏等进行复位,协助随车保洁员全面清理垃圾,回收消耗品。

(2)遗失物品。全面巡视检查值乘车厢,发现旅客遗失物品,及时告知列车长,按章办理。

(3)垃圾投放。对车内各垃圾桶内的垃圾袋全面撤除,在指定地点投放,确保无敞口,无渗漏。

(4)折返整备。折返站协助保洁员旋转座椅方向,对车厢水位进行检查确认并报告列车长。

(5)撤除监控。旅客下车后,针对车体监控配备情况,按照要求撤除监控卡,清点数量,装入监控卡包。

3.三保休

(1)入住公寓。终到作业完毕后,在列车长的组织下在站台列队,按规定线路或乘班车到公寓保休。

(2)遵守"两纪"。待乘期间遵守纪律,严禁私自外出,特殊情况需外出时,执行请假制度,坚持两人以上同去同归,确保安全。

(3)折返出乘。折返出乘前整理内务,参加出乘会,掌握返程工作重点,主动上交烟火、手机。

(十)退乘作业

1.一交接

(1)剩余易耗品。将剩余消耗品装入专用备品袋,将使用过的防寒毯集中定位放置,与质检员交接。

(2)乘务备品。整理收取专项服务备品,遇有车体甩换时,将垃圾车、医药箱、应急备品箱、安检仪、超员凳、乘务餐箱、深度保洁工具等乘务备品清点清楚,协助质检员送至备品周转库。

2.二退乘

(1)站台列队。车内客运作业完毕后,在站台面向车体,箱包直立体前,呈一字横队,按照列车长口令统一列队。

(2)退乘。听取列车长口令,按指定行走线路列队出站。

(3)协助押款。中号列车员与乘警负责终到押款,陪同列车长到车站指定窗口缴款,并签字确认。

(4)指纹退乘。按指定线路或乘班车到段派班室录入指纹退乘。

技能练习

(1)6人一组,其中3人扮演动车组列车长,3人扮演动车组列车员,进行出乘准备的演练。

(2)6人一组,其中3人扮演动车组列车长,3人扮演动车组列车员,进行途中作业的演练。

(3)6人一组,其中3人扮演动车组列车长,3人扮演动车组列车员,进行终到作业的演练。

课后习题

一、填空题

1.____________是列车的行政负责人,领导乘务员质量良好地全面完成旅客和行包运输任务。

2.列车长应认真听取并正确处理旅客意见,做到____________,不断提高服务质量。

3.列车长应加强____________,发挥群管组织作用,认真组织社会主义劳动竞赛,掌握评比资料,认真抓好典型,总结推广先进经验,密切站车协作。

4.头发干净整齐、____________,不理奇异发型,不剃光头。面部、双手____________,身体外露部位无文身。

5.鞋袜颜色为____________,鞋跟高度不超过3.5厘米,跟径不小于3.5厘米。

6.列车长应按照规定的时间组织乘务员列队,列车长在队伍尾部,整理着装,____________拎包,录入指纹。

7.列车长应检查确认随车保洁员着装规范整洁,上岗证、____________等证件人证相符,工具配备齐全,收取手机、烟火,加锁管理,____________。

8.站在站台安全线内指定车门处列队,面向股道,箱包直立体前,呈____________,等候列车进站。

9.办理保洁整备质量交接,掌握出库质量验收分数及存在问题,____________组织班组补强。

10.对新出现的设备故障及时通知____________进行处理,____________时与随车机械师进行确认,由机械师在“动统15”上做好记载。

二、选择题

1. 着装统一,职务标志规范,胸章牌戴于左胸口袋上方正中,下边沿距口袋(　　)处(无口袋的戴于相应位置),臂章佩戴在上衣左袖肩下四指处。

A. 1厘米　　B. 2厘米　　C. 3厘米　　D. 1.5厘米

2. 列车长应结合当前重点工作,围绕(　　)推进计划,对本趟班工作任务有针对性地做好部署。

A. “两个重”　　B. “三个一”　　C. “五个计划”　　D. “旅客”

3. 站在站台(　　)指定车门处列队,面向股道,箱包直立体前,呈一字横队,等候列车进站。

A. 安全线内　　B. 安全线外　　C. 末端　　D. 首端

4. 列车长应组织列车员核实各车厢净水箱水位及污水箱状态,录入(　　)。

A. 水箱管理系统　B. 安全隐患系统　C. 客运管理信息系统

5. 接车作业时,列车长与高铁快件交接人员按装载清单办理交接,核对无误后签字确认,交接单一式三份,(　　)各一份。

A. 发站、中途站、终到站　　B. 发站、换乘站、终到站

C. 发站、中途站、换乘站　　D. 发站、到站、列车

6. 列车长开车前(　　)登录站车客运信息无线交互系统,输入车次、担当单位、列车长姓名、电话。

A. 10分钟　　B. 5分钟　　C. 8分钟　　D. 3分钟

7. 对车站移交和列车发现的(　　)组织列车员引导入座,安放行李,做好安全提示和重点服务。

A. 一等座旅客　　B. 儿童旅客　　C. 重点旅客　　D. 商务座旅客

8. (　　)在关门前,再次瞭望确认:旅客乘降完毕、高铁快件装卸完毕、餐售装卸作业完毕。

A. 信号员　　B. 列车长　　C. 值班员　　D. 随车机械师

9. 网络订餐站开车后,先行组织列车员依据餐食派送单于(　　)内将餐食配送完毕,再进行其他作业。

A. 20分钟　　B. 15分钟　　C. 25分钟　　D. 30分钟

10. 到站前检查垃圾袋更换及定位存放情况,确保垃圾袋系紧扎严,防止渗漏,放于(　　)。

A. 非乘降车门侧 B. 乘降门侧　　C. 座位下　　D. 卫生间内

三、判断题

1. 到站前,查看站车客运信息交互系统,掌握旅客乘降情况,有针对性地做好安排部署。(　　)

2. 监督委外人员商品、盒饭售卖作业,规范经营行为,发现问题及时报告餐车长。(　　)

3. 立岗位置:单组小号列车员1车,中号列车员4、5车,大号列车员8车;重联时列车员立岗位置不变。(　　)

4. 重联时,前组列车长确认本组作业完毕后,向后组列车长报告。(　　)

5. 随时关注商务座呼叫器，及时回应，提供服务；不定时对商务座、特等座、一等座车厢进行巡视。（　　）

6. 列车到站停稳开门后，列车长要对全列车门开启情况和旅客乘降组织情况进行瞭望。（　　）

7. 到站前，列车长整理车容时，提醒旅客带好随身携带的物品，做好下车准备。（　　）

8. 对值乘车厢乘降情况进行瞭望，确认车上无到站未下车的旅客，站台无滞留未上车的旅客。（　　）

9. 对下车重点旅客做好帮扶，对有轮椅、担架等服务需求的特殊重点旅客报告列车长，联系车站提供辅助器具。（　　）

10. 对发现的问题及时向列车长汇报，通知司机修复。（　　）

单元 5.4　动车组列车服务备品定置标准

单元导航

为规范复兴号动车组列车服务备品管理，切实提升复兴号作业标准及服务质量，按照规范有序、整齐美观、便于取用、定位交接的原则，将动车组列车上的乘务服务备品存放位置进行规范。本任务以 CR400BF-G 型、CRH380BG 型、CRH5A 型、CRH5G 型动车组列车为例对服务备品定位放置的标准进行解读。

相关知识

一、CR400BF-G 型动车组列车服务备品定置标准

（一）1、8 车备品定置

（1）增品推车：定置于 1 车大件行李存放处下层右侧（图 5-18）。

（2）商务备品箱：定置于 1、8 车备品柜下层（图 5-19）。

（3）箱包制帽：大号、小号列车员箱包、制帽、水杯分别定置于 1、8 车备品柜上层（图 5-20）。

图 5-18　增品推车存放位置

图 5-19　商务备品箱存放位置

图 5-20　箱包制帽存放位置

（4）商务饮品：商务赠品、饮品、凉水杯、暖瓶、小毛巾整齐摆放于商务区外备品柜内，三

种拖盘立放于柜内右侧(圆盘:赠品饮品;方盘:送餐;白盘:收取杂物)(图 5-21)。

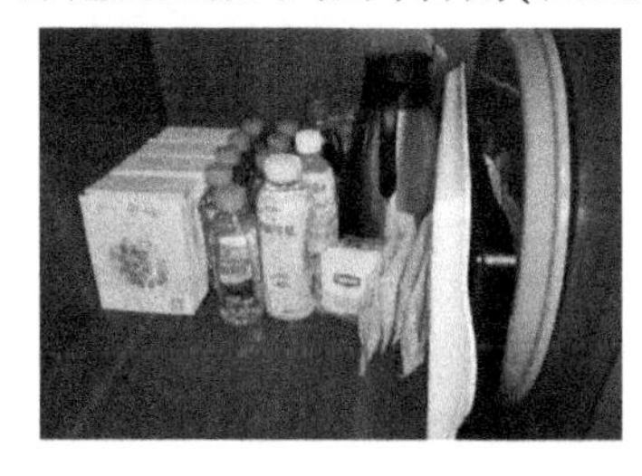

图 5-21　商务饮品摆放位置

(5)服务备品:为便于途中服务使用,将 5 条防寒毯及若干眼罩、耳塞、耳机等服务备品定置于商务座衣帽柜内,其他备品放于备品箱中备用(图 5-22)。

(6)商务衣架:挂放于衣帽柜内,用于商务旅客挂放大衣、外套(图 5-23)。

(7)商务靠枕:运行中正向放于商务座椅处;终到后,定置于 1、8 车备品柜上层,加锁定位交接(图 5-24)(其他商务座备品于备品箱中交接)。

图 5-22　服务备品摆放位置

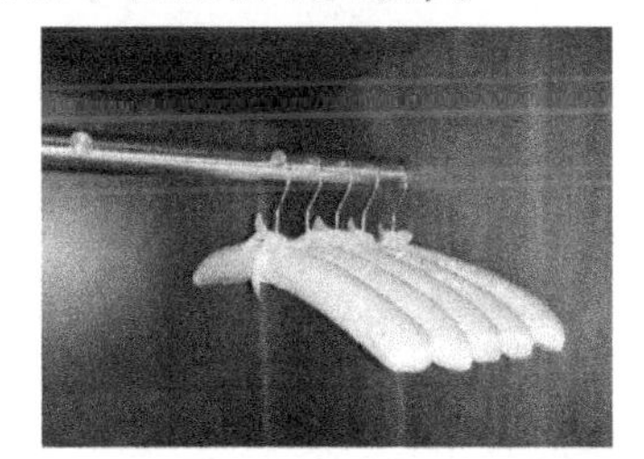

图 5-23　商务衣架摆放位置

图 5-24　商务靠枕摆放位置

(8)空气喷雾器:定置于 1、8 车卫生间内台面里角,喷口朝前(图 5-25)。

(9)商务装饰花:定置于商务区外洗面间台面里角(图 5-26)。

(10)商务纸抽:分别定置于商务座前侧台面,便于旅客取用,返程及时调整(图 5-27)。

图 5-25　空气喷雾器摆放位置

图 5-26　商务装饰花摆放位置

图 5-27　商务纸抽摆放位置

(二)2、7 车备品定置

保洁拖布:定置于 2、7 车清洁柜白钢拖盘内(图 5-28)。

(三)3、6 车备品定置

(1)清洁推车:定置于 3、6 车备品柜内(图 5-29)。

(2)扫帚簸箕:定置于 3、6 车备品柜清洁车旁(图 5-29)。

(3)消耗备品:途中用垃圾袋、抽纸、纸杯、清洁袋等消耗性用品及深度保洁工具整齐码放于 3、6 车备品柜上层(图 5-30)。

图 5-28 保洁拖布摆放位置

图 5-29 清洁推车、扫帚簸箕摆放位置

图 5-30 消耗备品摆放位置

（四）4、5 车备品定置

(1)箱包制帽：中号列车员箱包、制帽、水杯置于 4 车备品柜上层(图 5-31)。列车长箱包定置于 5 车备品柜上层(图 5-32)，水杯放于乘务室桌面里角。餐售人员箱包定置于 5 车后厨微波炉下方的备品柜内(图 5-33)。特产人员、保洁员乘务箱包定置于 4 车行包专用柜内(图 5-34)。

图 5-31 列车员箱包制帽存放位置

图 5-32 列车长箱包存放位置

图 5-33 餐售人员箱包存放位置

(2)乘务餐箱：定置于 5 车备品柜下层(图 5-35)。

(3)消耗品箱：折返用消耗品箱、备用头枕片定置于 4 车备品柜下层(图 5-36)。

图 5-34 特产人员、保洁员箱包存放位置

图 5-35 乘务餐箱存放位置

图 5-36 消耗品箱存放位置

(4)应急药箱：应急备品、安检仪、药箱、产包定置于 5 车灭火器箱后角柜内(图 5-37)。

(5)防抢箱包：定置于 5 车乘务室金柜上(图 5-38)。

(6)电报记录：电报记录及列车长印章等物品定置于 5 车乘务室抽屉内(图 5-39)。

图 5-37 应急药箱存放位置

图 5-38 防抢箱包存放位置

图 5-39 电报记录存放位置

（五）其他备品定置

（1）厕所香包：挂放于卫生间衣帽钩，隐蔽于厕所巡检簿下（图5-40）。

（2）餐售备品：餐车整理箱定置于后厨售货车存放处，箱装赠品、货品等码放于餐车后厨备品柜内，长途车货品较多时，余下的箱装货品及盒饭箱定置于4车行包专用柜内（图5-41）。

图5-40　厕所香包摆放位置

图5-41　餐售备品存放位置

（3）应急梯：2组应急梯定位存放于4、5车工具柜内（图5-42）。

（4）防护网：13套车门防护网（规格：1套900，12套800）及13根扎带定位存放于4车工具柜内（图5-42）。

（5）反恐备品：反恐备品定置于4车行包专用柜内（图5-43）。

图5-42　应急梯、防护网存放位置

图5-43　反恐备品存放位置

二、CRH380BG型动车组列车服务备品定置标准

（一）1、8车备品定置

（1）商务座书报栏：商务座书报栏内依次摆放清洁袋、《商务座服务指南》《时尚之旅》《旅伴》，《人民铁道报》定置于左前侧，一次性拖鞋放于杂志右后侧（2AC处书报栏内放2双精品拖鞋和2个清洁袋）（图5-44）。

（2）商务座专项备品服务箱：商务座专项备品服务箱备品配备标准：靠枕配备5个、备用靠枕套2个、耳机5个、防寒毯10床、送水托盘1个、暖瓶1个、一次性精品拖鞋10双、一次性鞋套10双、一次性眼罩5个、一次性湿巾10个等。防寒毯、精品拖鞋分别放于箱底左右两侧，理顺摆齐并用扣带系紧，其余物品放于箱盖网兜内。箱体内侧配有品名及数量目录（图5-45）。

（3）商务座饮品、备品：商务座1、8车吊柜内摆放商务座旅客赠品、饮品及部分服务备品。外侧自左至右依次放置休闲食品、矿泉水、咖啡茶叶盒、果汁饮品、拖盘（含垫布）；里侧自左至右依次放置冷饮杯（含搅拌棒）、太空杯、湿巾、暖瓶（图5-46）。

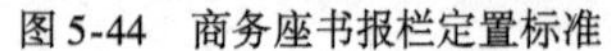

图 5-44　商务座书报栏定置标准

图 5-45　商务座专项备品服务箱定置标准

图 5-46　商务座饮品、备品定置标准

(4)赠品车及赠品：赠品车停放于 1 车大件行李架处，两端加锁，踩闸制动。始发站根据乘车人数，于开车前将休闲食品摆放在赠品车上，保证数量，堆码整齐。车内上层格内放置休闲食品，下层格放置矿泉水箱。为商务旅客服务或中途站一等座上车人数少于 8 人时，使用托盘发放休闲食品，前部放置赠品，后部放矿泉水(图 5-47)。

(5)备品柜

①大、小号列车员箱包分别放于 3、6 车备品柜，横向摆放，把手朝外(冬季大衣叠放于箱包上部，绒面朝外)；制帽放于箱包(冬季为大衣)上方，小包定置于箱包右侧，列车员水杯放于左外侧(图 5-48)。

图 5-47　赠品车及赠品的摆放标准

图 5-48　大、小号列车员箱包的摆放标准

②2 号柜：专项备品服务箱定置在 1、8 车 2 号备品柜内(图 5-49)。

③3 号柜：消耗性备品整齐码放于 1、8 车 3 号备品柜内(图 5-50)。

④4 号柜：消耗品箱分别放于 1、8 车 4 号备品柜内(图 5-51)。

图 5-49　专项备品服务箱定置于 2 号柜内

图5-50　消耗性备品定置于 3 号柜内

图 5-51　消耗品箱定置于 4 号柜内

(二)2、7 车备品定置

(1)上层备品柜：摆放途中深度保洁工具框，内有蓝、褐两块抹布(蓝色用于擦抹茶桌、

照面镜、洗面池等处，褐色用于擦抹便器、地面等较脏处所）、海棉、百洁布、洗衣粉、去污粉、消毒喷壶、保洁刷（图5-52）。

（2）下层备品柜：大号、小号清扫工具放于2、7车柜下层白钢托盘内，拖布放于左侧，笤帚、簸箕放于右侧，厕所刷子放于左侧里角（图5-53）。

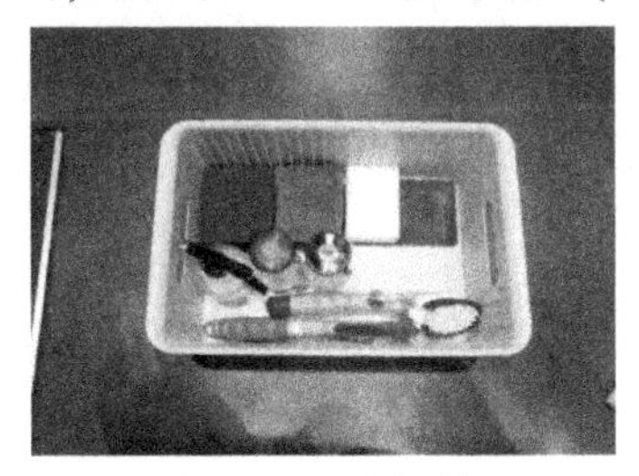

图5-52　上层备品柜

图5-53　下层备品柜

（三）3、6车备品定置

（1）垃圾车：分别放于3、6车最后一排三人座椅后侧，踩闸制动，与端部墙壁保持一定距离，且不影响旅客座椅调节（图5-54）。

（2）3车备品柜：

①上层备品柜：放置中号列车员箱包，冬季时大衣叠放于箱包上侧，制帽放于箱包或大衣上方正中，水杯放箱包左前侧（图5-55）。

②中层备品柜：放置消耗品，码放整齐美观，用于中号列车员途中消耗品的补充（图5-55）。

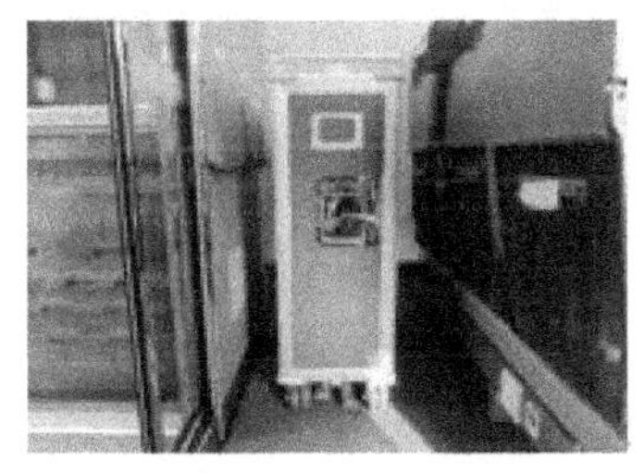

图5-54　垃圾车存放位置

图5-55　上层备品柜和中层备品柜

③下层备品柜：放置备用头枕片包，摆放整齐，棱角分明（图5-56）。

（3）6车备品柜：班组药箱定置于6车备品柜上层，产包放于药箱里侧。应急备品箱定置于6车备品柜中层，金属探测仪置于应急备品箱右侧（图5-57）。

图5-56　下层备品柜

图5-57　6车备品柜

（四）5车备品定置（图5-58）

（1）金柜放于乘务室办公桌下方，移动抽屉组右侧，防盗防抢包放于金柜上方，把手朝外，正面朝上。抽屉内放置笔袋、印章等办公用品(图5-58)。

(2)列车长水杯放于办公桌左侧桌角处，制帽挂放于乘务室衣帽钩上(图5-58)。

(3)列车长箱包放于乘务室备品柜下部，冬季挂放大衣(图5-58)。

a)

b)

c)

图5-58　5车备品定置

(五)卫生间备品定置

(1)卫生纸、擦手纸：卫生纸、擦手纸底端折成三角形，整齐美观，便于取用，途中随时整理，不间断供应(图5-59)。

(2)一次性座便垫：正向叠放于座便垫盒内，便于旅客取用，每个卫生间始发放置5个，途中不断供(图5-59)。

(3)清香盒：定置于卫生间座便垫上方(图5-59)。

图5-59　卫生间备品定置

(4)消毒条：座便器式卫生间始发、折返消毒结束后，于卫生间座便盖正中安放带有"已消毒"标志的消毒条，正向放置，两端折放于座便盖下，始发开车后撤除(图5-60)。

(5)洗手液：洗手液始发不少于容器2/3，途中满足供应，并保持容器表面干净整洁(图5-61)。

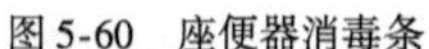

图5-60　座便器消毒条

图5-61　洗手液

(六)餐车备品定置

(1)5车1号柜：中、上层放置餐车服务员箱包，下层放置餐车货品及清扫工具袋(暑期时放防洪食品)[图5-62a)]。

(2)5车2号柜:返货箱放于中层,下层放置货品[图5-62b)]。

(3)餐车商品整理箱、保温箱:餐车商品整理箱及冷链保温箱定置于4车座椅后,不得影响旅客座椅调节(图5-63)。

a)

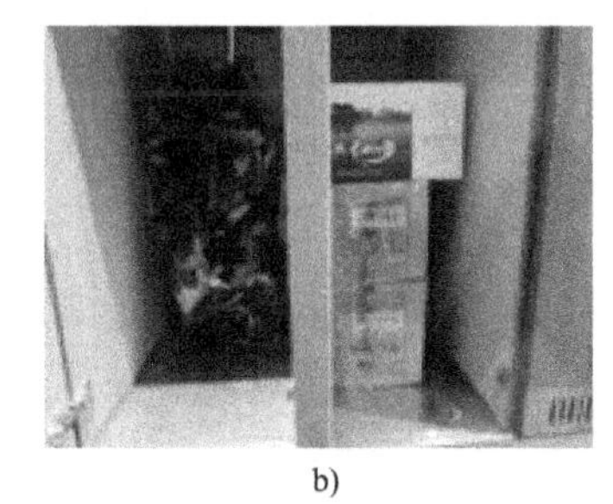

b)

图5-62　5车1号柜和2号柜

图5-63　餐车商品整理箱、保温箱摆放位置

三、CRH5G型动车组列车服务备品定置标准

(一)1、8车备品定置

(1)1车洗面池旁备品柜:

①小号列车员箱包定置于1车洗面池旁备品柜上层,制帽放于箱包上方正中,帽徽冲外(图5-64)。

②超员凳于1车洗面池旁备品柜下层整齐码放(图5-64)。

(2)8车洗面池旁备品柜:

①大号列车员箱包定置于备品柜上层(冬季大衣叠放于箱包上部),制帽放于箱包上方正中,帽徽冲外(图5-65)。

②应急备品箱定置于中层左侧,班组药箱及防护服放于中层右侧(图5-65)。

③头枕片包(箱)定置于备品柜下层(图5-65)。

(3)8车电茶炉旁备品柜:消耗品箱(含备用洗手液等备品)放于备品柜内,班组剩余备品包、中号车厢清扫工具包整齐叠放,定置于8车电茶炉旁备品柜消耗品纸箱内,隐蔽放置。纸箱不敞口,备品不外露(图5-66)。

图5-64　1车洗面池旁备品柜

图5-65　8车洗面池旁备品柜

图5-66　8车电茶炉旁备品柜

（二）2、7 车备品定置

(1)上层备品柜：大号、小号列车员抹布（蓝、褐两块抹布，蓝色用于擦抹茶桌、照面镜、洗面池等处，褐色用于擦抹便器、地面等较脏处所）、胶皮手套、拖布备用抹布、消毒喷壶依次叠放于2、7车柜上层右侧，工具袋叠放于左侧（图5-67）。

(2)下层备品柜：大号、小号清扫工具分别放于2、7车下层备品柜内，拖布放于左侧，笤帚、簸箕放于右侧，厕所刷子放于左侧里角，厕纸夹子放于右侧里角（图5-68）。

（三）3、6 车备品定置

垃圾车：每组车体配备2台垃圾车，分别放于3、6车最后一排三人座椅后侧，踩闸制动，与端部墙壁保持一定距离，且不影响旅客座椅调节（图5-69）。

图5-67　2、7车上层备品柜

图5-68　2、7车下层备品柜

图5-69　3、6车垃圾车存放位置

（四）4 车备品定置

(1)清扫工具：中号清扫工具定置于4车冲洗池内，拖布放于左前侧，笤帚、簸箕放于右前侧，厕所刷子放于左侧里角，厕纸夹子放于右侧里角（图5-70）。

图5-70　4车备品存放位置

(2)抹布及消毒喷壶：中号列车员抹布、胶皮手套、拖布备用抹布叠放于冲洗池里侧边沿，消毒喷壶放于冲洗池里侧平台处（图5-70）。

（五）5 车备品定置

①金柜定置于乘务室办公桌下方，金柜上放防盗防抢包，把手朝外，班组文件袋放于防盗防抢包上方，列车长、中号列车员水杯放于办公桌左侧里角[图5-71a)]。

②列车长箱包放于乘务室右下侧备品柜，中号列车员箱包放于乘务室左下侧备品柜[图5-71b)]。

③安检仪定置于乘务室左上侧备品柜下层，笔袋、印章等办公用品定置于乘务室左上侧备品柜中层，摆放整齐[图5-71c)]。

④中号列车员制帽定置于乘务室右上侧备品柜中层，下层摆放消耗品，用于中号列车员途中补充使用[图5-71d)]。

⑤冬季，列车长及中号列车员的大衣整齐叠放于1车洗面池旁备品柜中层，绒面朝外，

棱角分明[图 5-71e)]。

a)　b)　c)　d)　e)

图 5-71　5 车备品定置

冬季防寒备品放于 5 车监控室对面储藏室(图 5-72)。

（六）消耗性备品定置

(1)卫生纸、擦手纸:手纸盒、抽纸盒外露部分,底端折成三角形,保证整齐美观,抽取方便,途中随时整理,满足供应(图 5-73)。

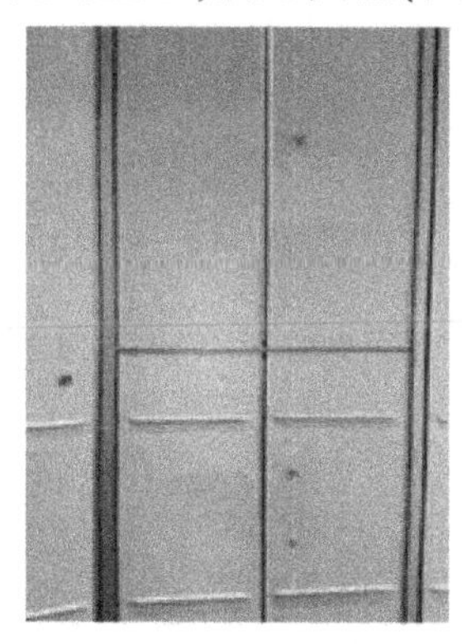

图 5-72　防寒备品存放位置

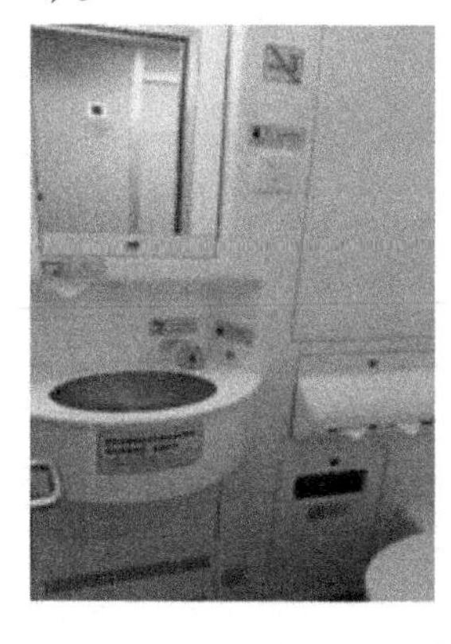

图 5-73　消耗性备品定置

(2)洗手液:始发不少于洗手液容器的 2/3,途中满足供应,盒盖安放到位,并保持容器表面洁净。

(3)一次性座便垫:正向叠放于座便垫盒内,便于旅客取用,每个卫生间始发放置5个,途中不断供。

(4)清香盒:挂放于卫生间门后衣帽钩处(图5-74)。

(5)消毒条:座便器式卫生间始发、折返消毒结束后,于卫生间座便盖正中安放带有"已消毒"标志的消毒条,正向放置,两端折放于座便盖下,始发开车后撤除(图5-75)。

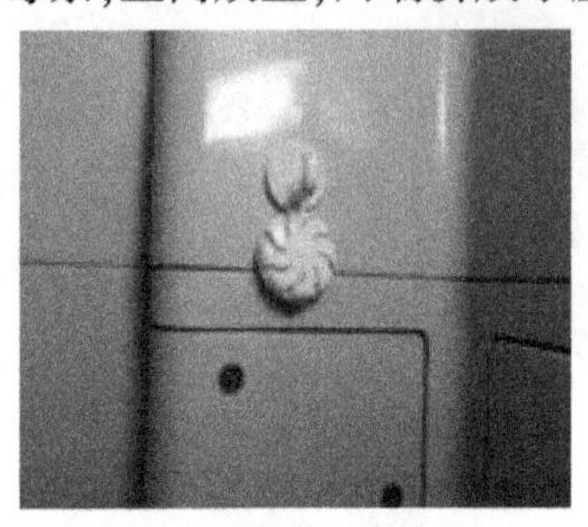

图5-74 清香盒摆放位置

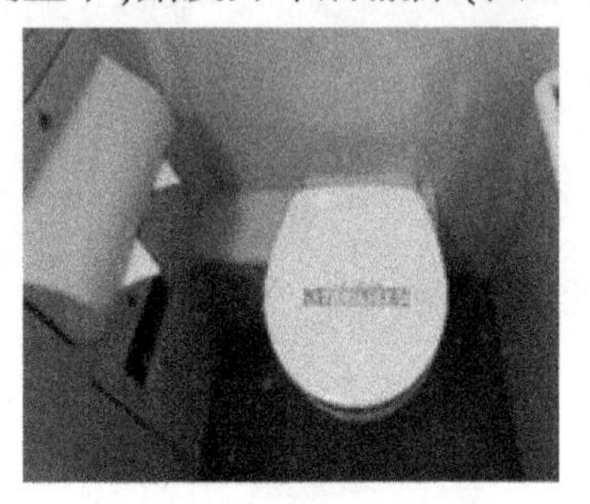

图5-75 座便器消毒条

(七)餐售备品定置

餐售商品码放整齐、规范,待售商品、返货箱、整理箱、清扫工具、暑期防洪食品等整齐摆放于5车左侧储藏室(图5-76)。

图5-76 餐售备品存放位置

四、CRH5A型动车组列车服务备品定置标准

(一)1、8车备品定置

水杯:大号、中号列车员水杯定置于1、8车最后一排座椅A座网兜内(图5-77)。

(二)2、4、6车备品定置

(1)垃圾车:每组车体配备2台垃圾车,分别放于2、6车最后一排三人座椅后侧,踩闸制动,与端部墙壁保持一定距离,且不影响旅客座椅调节(图5-78)。

(2)消耗品:大、小号车厢途中消耗品用纸箱盛装(外套垃圾袋,防止污染),定置于2、6车垃圾车内,整齐摆放,一次性纸杯有塑料外包装,与其他物品分开存放(图5-79)。

(3)清扫工具(图5-80):

①大、小号车厢抹布、喷壶依次放于垃圾车前侧,厕所刷子、废纸夹子放于垃圾车后部。

②大、小号车厢笤帚、拖布定置于2、6车最后一排三人座椅下，隐蔽放置。

③中号车厢笤帚、拖布、厕所刷子、废纸夹子定置于4车最后一排三人座椅下，隐蔽放置。

图5-77　列车员水杯存放位置

图5-78　垃圾车摆放位置

图5-79　消耗品存放位置

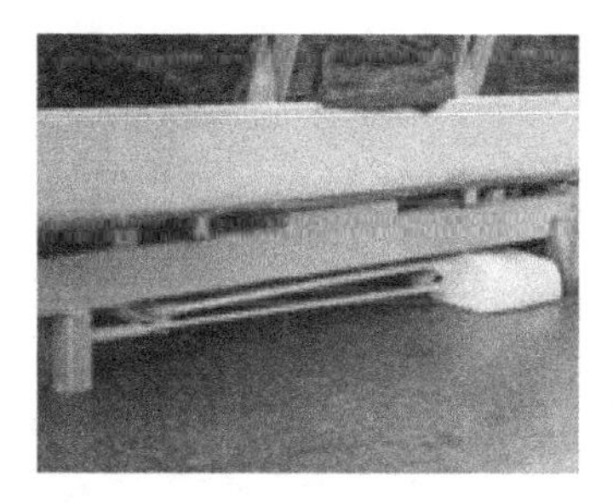

a)

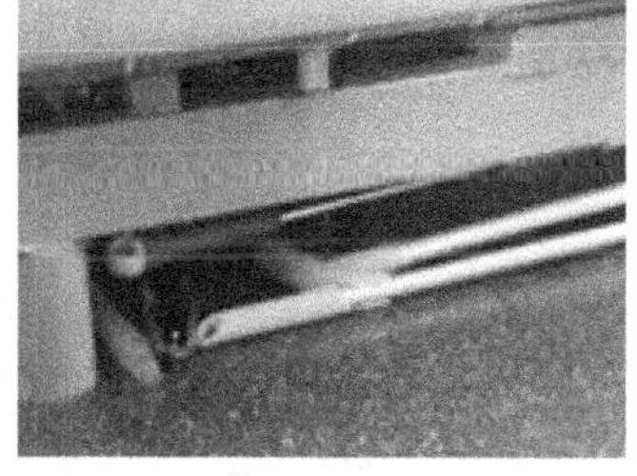

b)

图5-80　清扫工具

（三）5车备品定置

(1)中号车厢消耗品：中号车厢途中消耗品用纸箱盛装，定置于5车防寒柜内右侧，整齐摆放（图5-81）。

(2)中号车厢抹布、喷壶：中号车厢抹布、喷壶定置于5车防寒柜右侧消耗品纸箱前侧（图5-81）。

(3)折返消耗品：折返消耗品箱放于5车防寒柜中部（图5-82）。

(4)爱心凳：爱心凳定置于5车防寒柜折返消耗品箱右侧（图5-82）。

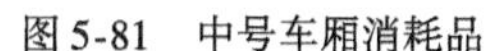

图5-81　中号车厢消耗品

图5-82　折返消耗品存放位置

(5)防寒备品：冬季防寒备品放于5车防寒备品柜内左侧，途中消耗品、爱心凳放于防寒备品柜右侧（图5-83）。冬季折返消耗品箱定置于残疾人座椅区（图5-84）。

(6)监控室:列车长、中号列车员水杯放于5车监控室左侧备品柜下层(图5-85)。

图5-83　防寒备品、途中消耗品、爱心凳存放位置

图5-84　冬季折返消耗品存放位置

(四)7车备品定置

(1)头枕片:折返站更换的头枕片放于7车三位端行李架上方,装袋存放,棱角分明(图5-86)。运行途中备用的20个头枕片放于7车备品柜内消耗品箱中,终到后与保洁员交接。

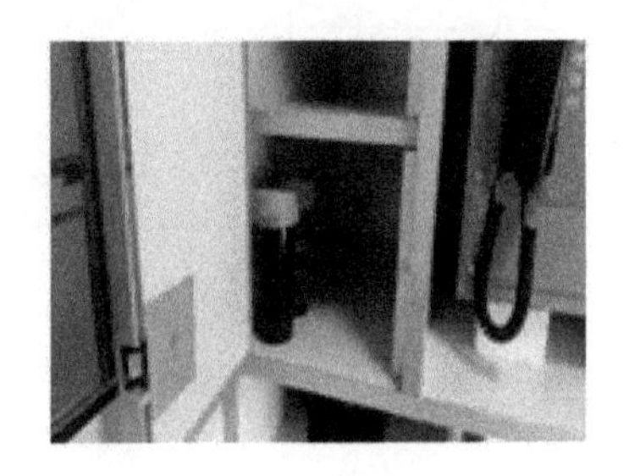

图5-85　5车监控室

图5-86　头枕片存放位置

(2)7车备品柜:

①急救药箱:定置于7车备品柜上层右侧,箱体顺放,侧面朝外(图5-87)。药箱内内服药与外用药(器械)分开存放,上层放内用药,下层放外用药及器械等。

②应急备品箱:定置于7车备品柜上层,侧面朝外,与药箱并排放置(图5-87)。

③金属探测仪:金属探测仪及备用电池定置于7车备品柜上层应急备品箱上部,交接使用(图5-87)。

④乘务箱包:"一长三员"共计4个乘务箱包,并排摆放在7车备品柜中层,拉杆端朝外,方向一致(图5-87)。

⑤制帽:列车员制帽放于箱包上部,帽徽冲外,靠外放置(图5-87)。

⑥金柜:定置于7车备品柜下层右侧(图5-87、图5-88)。

⑦票据防盗防抢箱:定置于7车备品柜下层金柜上方,票包加锁,把手冲外(图5-87、图5-88)。

⑧班组资料包:定置于7车备品柜下层票包上方(图5-87、图5-88)。

⑨消耗品箱:定置于7车备品柜下层左侧,纸箱不敞口,备品不外露,含备用洗手液、剩余消耗品包、清扫工具袋等,备品隐蔽放于消耗品箱内(图5-88)。

⑩冬季大衣:班组大衣整齐叠放于7车备品柜上层左侧,绒面朝外,棱角分明(图5-89)。

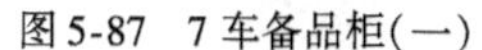

图 5-87　7 车备品柜(一)

图 5-88　7 车备品柜(二)

图 5-89　7 车备品柜(三)

(五)消耗性备品定置

(1)清洁袋:

①座椅靠背(端墙)网兜内清洁袋:放置 1 个,正向,不外露。

②端墙茶桌上清洁袋:按座位数横向摆放于茶桌上,背对运行方向的茶桌不予摆放(图 5-90)。

(2)擦手纸:始发前整包放入抽纸盒,底端折成三角形,保证抽取方便(图 5-91)。

(3)洗手液:始发前保证洗手液灌装 2/3 以上且不过满,盒盖安放到位,防止运行中溢出,并保持洗手液容器表面干净(图 5-91)。

(4)一次性座便垫:正向摆放于座便垫盒内,便于旅客取用,每个座便器式卫生间不少于 5 个(图 5-92)。

图 5-90　清洁袋

图 5-91　擦手纸、洗手液

图 5-92　一次性座便垫

(5)消毒条:座便器式卫生间始发、折返消毒结束后,座便盖要安放“已消毒”标志,正向放置于卫生间座便盖正中,两端折放于座便盖下(图 5-93)。

(6)卫生纸:放入手纸盒内,外露部分折成三角形,整体美观、抽取方便,备用纸盒内手纸用完后及时补充(图 5-93)。

(7)清香剂:挂放于卫生间门后衣帽钩处(图 5-94)。

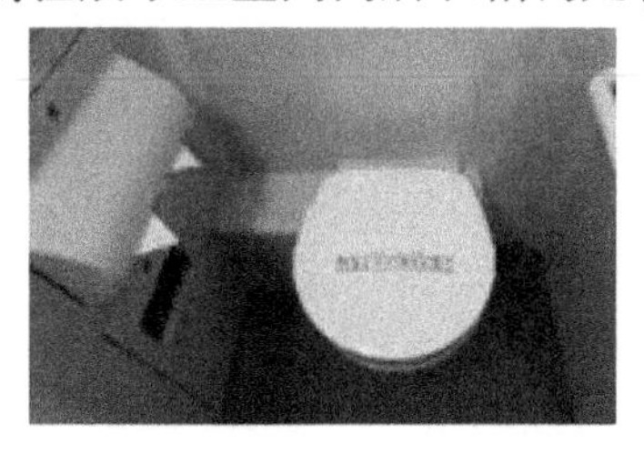

图 5-93　消毒条、卫生纸

图 5-94　清香剂

(六)餐饮备品定置

(1)餐饮资料:单据、健康证、上岗证等放入吧台内垃圾箱右侧柜(图 5-95)。

(2)个人备品:餐饮班组箱包放于操作间下面的个人备品柜内;大衣放于操作间中间的个人备品柜内;水杯及其他临时用品放于操作间上面个人备品柜内(图5-96)。

图5-95　餐饮资料存放位置

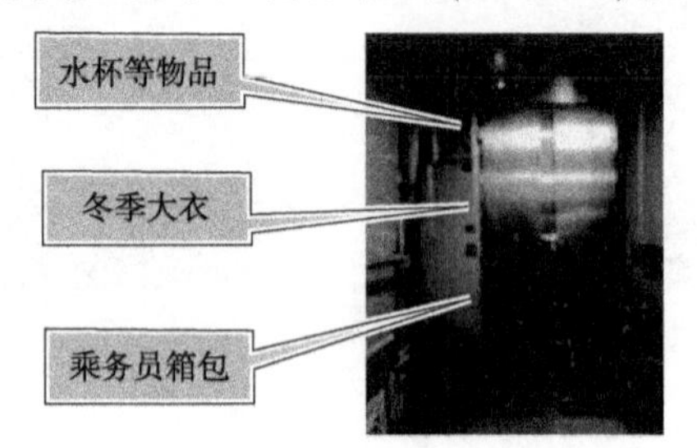

图5-96　个人备品存放位置

一、填空题

1. 商务赠品、饮品、凉水杯、暖瓶、小毛巾整齐摆放于____________。

2. 为便于途中服务使用,将____________条防寒毯及若干眼罩、耳塞、耳机等服务备品定置于商务座衣帽柜内。

3. ____________挂放于衣帽柜内,用于商务旅客挂放大衣外套。

4. ____________运行中正向放于商务座椅处。

5. ____________定置于2、7车清洁柜白钢拖盘内。

6. ____________定置于3、6车备品柜清洁车旁。

7. ____________定置于5车备品柜下层。

8. ____________及列车长印章等物品定置于5车乘务室抽屉内。

9. 擦手纸始发前整包放入抽纸盒,底端折成____________,保证抽取方便。

10. 始发前保证洗手液灌装____________以上且不过满,盒盖安放到位,防止运行中溢出,并保持洗手液容器表面干净。

二、选择题

1. 商务纸抽分别定置于(　　)前侧台面,便于旅客取用,返程及时调整。

A. 二等座　　B. 一等座　　C. 商务座　　D. 特等座

2. (　　)箱包定置于5车备品柜上层。

A. 列车员　　B. 列车长　　C. 餐车长　　D. 随车机械师

3. 垃圾车分别放于(　　)车最后一排三人座椅后侧,踩闸制动,与端部墙壁保持一定距离,且不影响旅客座椅调节。

A. 4、6　　B. 3、5　　C. 2、7　　D. 3、6

4. 列车长水杯放于办公桌(　　)桌角处,制帽挂放于乘务室衣帽钩上。

A. 左侧　　B. 右侧　　C. 上侧　　D. 下侧

5. 一次性座便垫正向叠放于座便垫盒内,便于旅客取用,每个卫生间始发放置(　　)个,途中不断供。

A. 6　　B. 5　　C. 4　　D. 3

6. 爱心凳于(　　)车洗面池旁边备品柜下层整齐码放。

A. 4　　B. 3　　C. 2　　D. 1

7. 头枕片包(箱)定置于备品柜(　　)。

A. 中层　　B. 上层　　C. 下层

8. 中号清扫工具定置于(　　)车冲洗池内,拖布放于左前侧,笤帚、簸箕放于右前侧。

A. 4　　B. 3　　C. 2　　D. 1

9. (　　)列车长及中号列车员的大衣整齐叠放于1车洗面池旁备品柜中层,绒面朝外,棱角分明。

A. 夏季　　B. 冬季　　C. 秋季　　D. 春季

10. 冬季防寒备品放于(　　)车监控室对面的储藏室。

A. 5　　B. 4　　C. 3　　D. 2

三、判断题

1. 清香盒挂放于卫生间门后衣帽钩处。(　　)

2. 单据、健康证、上岗证等放入吧台内垃圾箱左侧柜。(　　)

3. 始发前保证洗手液灌装1/3以上且不过满,盒盖安放到位。(　　)

4. 一次性座便垫正向叠放于座便垫盒内,便于旅客取用。(　　)

5. 端墙茶桌上清洁袋按座位数竖向摆放于茶桌上。(　　)

6. 列车员制帽放于箱包上部,帽徽冲外,靠外放置。(　　)

7. 票据防盗防抢箱定置于7车备品柜下层金柜上方,票包加锁,把手冲内。(　　)

8. "一长三员"共计4个乘务箱包,并排摆放在7车备品柜中层,拉杆端朝外,方向一致。(　　)

9. 金柜定置于7车备品柜下层左侧。(　　)

10. 应急备品箱定置于7车备品柜上层,侧面朝外,与药箱并排放置。(　　)

参 考 文 献

[1] 中国铁路总公司. 铁路旅客运输服务质量规范[M]. 北京:中国铁道出版社,2017.
[2] 宋玉佳. 铁路客运服务与礼仪[M]. 成都:西南交通大学出版社,2018.
[3] 石瑛. 铁路客运服务礼仪[M]. 北京:人民交通出版社股份有限公司,2016.
[4] 宋洁. 你的形象价值百万[M]. 北京:中国华侨出版社,2010.